스포츠 인문학 다이제스트

원형경기장에서 스포츠 메타버스까지

스포츠 인문학 다이제스트

초판 1쇄 발행일 2023년 03월 17일
초판 2쇄 발행일 2023년 12월 05일

지은이 장대순 이중열 조성은
펴낸이 양옥매
디자인 표지혜
마케팅 송용호
교   정 금영재 조준경

펴낸곳 도서출판 책과나무
출판등록 제2012-000376
주소 서울특별시 마포구 방울내로 79 이노빌딩 302호
대표전화 02.372.1537 **팩스** 02.372.1538
이메일 booknamu2007@naver.com
홈페이지 www.booknamu.com
ISBN 979-11-6752-275-7 (03690)

스포츠 인문학 ✳

원형경기장에서
스포츠 메타버스까지

장대순 * 이종율 * 조성은

다이제스트

책과나무🌳

가장 오래된 인류의 DNA는 스포츠였다

닥 리버스라는 감독이 있다. 2004년부터 미국 NBA 보스턴 셀틱스를 맡아 10년간 미국 농구인에게 가장 많은 존경을 받은 사람이다. 그는 만년 하위였던 보스턴 셀틱스를 2007년 동부콘퍼런스의 왕좌에 올려놓았다. 물론 우승 경험에 있어서는 마이클 조던과 함께 시카고 불스의 황금기를 만들었던 명장 필 잭슨에 비할 바는 아니다. 필 잭슨은 명예의 전당(2007)에 헌액될 정도로 공인된 명장이었지만, 닥 리버스는 NBA 올해의 감독상(2000)을 받은 정도였다. 하지만 닥 리버스는 선수들에게 깊은 영감을 안겨 준 뛰어난 지도자이자 아버지로 기억되고 있다. 그는 입버릇처럼 말했다.

"나는 훈련이라는 말을 좋아하지 않아요. 대학 시절에도 친구들이 어디 가냐고 물어보면 난 농구를 하러 간다고 말했지, 훈련하러 간다고 한 적이 한 번도 없어요. 종일 훈련해도 나는 농구가 즐거웠어요. 나는 정말 농구를 사랑합니다."

이는 손흥민 선수의 철학과도 닮았다. 손 선수 역시 가장 황홀한 경험은 경기장 안에 있을 때이며 모든 훈련이 즐겁다고 말하곤 했다. 손흥민에게 중요한 것은 꿈의 무대에서 축구를 하며 이를 즐기는 것이다.

닥 리버스가 LA 클리퍼스 감독이었을 때 구단주 도널드 스털링의 통화 내용이 폭로된 적이 있다. 스털링이 자신의 여자 친구에게 "왜 하필 매직 존슨과 함께 사진을 찍고 흑인을 경기장에 데려와 함께 앉은 사진을 전 세계가 다 보는 인스타그램에 올리느냐?"며 거칠게 욕설을 퍼붓는 녹취 파일이었다. 사태는 일파만파로 번졌고, 분노한 LA 클리퍼스 선수들은 결장(보이콧)으로 항의하는 방안을 논의했다. 경기장에 모인 선수들의 분위기는 흉흉했다. 닥 리버스는 선수들이 어떤 결정을 해도 따르겠다면서 한마디 덧붙였다.

"우린 피해자가 되지 않을 것이다. 어렸을 때 난 집 마당에서 골이 들어갈 때마다 혼자 양팔을 들고 관중들이 환호하는 소리를 상상했다. 그런 내 상상 속에 도널드 스털링은 없었다. 전혀 없었지. 그러니 그 인간이 내 꿈에 난입해 끝장내도록 두는 짓은 절대 하지 않을 거야. 하지만 우리가 경기를 안 하면 스털링이 이기는 거야."

그는 모든 스포트라이트가 구단주에게만 향하길 원했고, 선수들이 단결한 흑인 집단의 강한 정신력을 보여 주길 원했다. 그가 우려한 것은 선수 한 명이 개별적으로 의견을 피력해서 이슈가 스털링이 아닌 그 선수에게 향하거나 보이콧으로 인해 NBA의 징계가 구단주가 아닌 팀에게로 오는 것이었다. 오바마 대통령까지도 나서서 스털링의 징계를 촉구하면서 결국 스털링은 NBA에 영구 제명되었다. 스털링은 이후 어떤 팀도 소유하거나 관여할 수 없게 되었고, 심지어 경기장 출입마저 금지당했다. 즉, NBA와 관련된 모든 영역에서 완벽히 제거된 것이다.

닥 리버스가 이후 보스턴 셀틱스로 옮겨 감독을 맡았을 때 팀의 조직력은 형편없었다. 선수들의 사인은 잘 맞지 않았고, 수비에 실패할 때마다 서로에게 책임을 전가했다. 그는 선수들에게 '우분투(Ubuntu)'라는 아프리카 토속철학을 소개했다. 우분투 사상은 한 사람은 다른 사람과 관계를 통해서 비로소 한 사람이 될 수 있다는 자연의 섭리를 뜻한다. 즉, 우리는 사회적으로 서로 연결되어 있고 결코 혼자선 목표를 성취할 수 없다는 말이다.

닥 리버스는 기량이 뛰어나 팀 내에서 기 싸움을 하는 에이스 선수들에겐 이렇게 말했다. "공을 잡았다고 마음대로 슛을 던지고 싶다면, 팀을 잘못 고른 것이다." 이후 보스턴 셀틱스의 시합 전 구호는 "우분투!"가 되었고 결국 우승 트로피를 들어 올렸다.

스포츠는 위대한 슈퍼스타들의 경이로운 기록과 카리스마로 발전해 왔다. 오늘날 스포츠 브랜드 마케팅 역시 수백만의 팔로워를 거느린 슈퍼스타에게 의존하고 있다. 하지만 인류가 스포츠에 매료된 것은 단지 승리와 아름다운 퍼포먼스 때문만은 아니다. 스포츠가 전하는 메시지가 울림을 주기 때문이다.

포기하지 않는 것. 넌 안 될 것이라는 지도자의 편견에 당당히 맞서는 것. 팬들의 비난에도 버티고 기다려 결국 자신만의 퍼포먼스를 보여 주는 것. 동료의 헌신과 노력을 배신하지 않는 것. 상대 선수의 아픔과 뛰어난 실력에 존중을 표하는 것. 그리고 공정한 룰 안에서 당당하게 몸으로 겨루는 것들 말이다.

고대의 열광은 로마 원형경기장의 선혈 위에서 피어났다. 하지만 이제 인류는 더 본질적인 이유로 스포츠를 추앙한다. 압도적인 전력 차를 극복하고 마침내 역전을 일군 장면에 감동하고, 오랜 시간 자신의 모든 것을 쏟아부었지만 패배한 선수의 눈물에 박수를 보낸다. 스포츠는 이렇게 인류의 영성을 진보시키고 관계를 강화했으며, 사람들의 세계관을 변화시켰다.

누군가는 지금의 스포츠가 근대에서부터 정립된 것이라고 주장할지도 모른다. 하지만 본질적인 면에서 스포츠는 인류가 직립보행을 하면서부터 시작되었다. 그것의 이름을 체육이나 스포츠 또는 게임으로 불러도 마찬가지다. 인류의 진화는 애초 걷고 달리는 것으로부터 시작되었다. 진화 과정에서 생존에 가장 유리한 DNA는 달리는 쪽이었다. 그들의 후손이 더 많이 생존했기에 '달리기' 유전자는 우성 유전자가 되었다.

달리기는 꼭 맹수를 피할 때만 필요한 것은 아니었다. 포위망을 좁히고 들짐승을 사냥하기 위해서도 달리기는 필수였다. 인간이 달리는 과정에서 뇌의 용적량은 더욱 커졌고, 뇌는 보다 다양하고 복잡한 신경물질을 인체에 전달했다. 늘어난 뇌로 인해 인간은 언어를 이용해 이야기를 만들 수 있었다. 그렇게 탄생한 인류의 첫 번째 민담은 거대한 매머드나 고래, 사자를 잡은 부족 전사의 영웅담이었다. 스포츠는 인류의 본성이었고, 앞으로도 그럴 것이다.

4차 산업혁명으로 인한 로봇 기술의 발전으로 몸으로 하는 스포츠가 줄어들 것이라는 우려 역시 기우에 불과하다. 물론 우리가 미래에 그런대로 살 만한 세상을 만드는 데 실패한다면, 사람들은 약물과 비디오 게임에 자신의 영혼을 의탁한 채 살아갈지도 모른다.

하지만 대체로 인류는 그 본성이 가리키는 곳을 향해 달리고 점프하며 뒹굴고 하이파이브를 하면서 웃을 것이다. 코로나 팬데믹으로 만남이 차단되자 사람들이 찾은 곳은 산과 바다, 사막과 같은 원초의 자연이었다. 그 속으로 들어가 그저 걷고 뛰면서 비로소 깨달았다. 인간을 인간답게 만드는 그 태고의 자연스러움이 그 자연 안에 있었다.

이 책은 스포츠와 관련된 일을 꿈꾸고 있는 청년을 위해 썼다. 스포츠와 연관된 직업은 많다. 선수를 비롯해 스포츠 마케터, 스포츠 에이전트와 같은 스포츠 경영에서부터 스포츠 분석관, 스포츠 심리사, 스포츠 카운슬러, 스포츠 해설가, 스포츠 기자, 스포츠 지도자와 트레이너, 스포츠 재활치료사까지.

스포츠를 사랑하는 사람이면 누구나 재미있게 읽고 영감을 얻을 수 있는 내용으로 추렸다. 또 책이 딱딱한 논문이나 의미 없는 개론서로 전락하길 원치 않았다. 그래서 독자들이 의미를 찾을 수 있는 이 이야기를 선별하고 여기에 사회학적 분석이나 역사적 맥락 또한 설명했다. 책의 어느 부분을 펴든 쉽게 읽을 수 있을 것이다.

이 책의 상당 부분을 축구로 예시를 들었다. 축구가 한국을 포함해서 지구상에서 가장 대중화된 스포츠이기 때문이다. 야구와 축구를 비슷한 비중으로 즐기는 나라는 한국과 일본, 대만, 멕시코, 미국 정도다. 하지만 축구의 경우 FIFA 가입국만 211개국으로 UN 회원국의 수를 뛰어넘는다. 야구의 최대 국제대회라는 베이스볼 클래식 지역 예선에 참가하는 국가 역시 30개국 미만이다.

조사기관들은 대체로 축구를 즐기는 팬을 대략 35억 명으로 추산하고 크리켓 인구를 25억 명, 하키 인구를 20억 명으로 추산한다. 야구는 테니스, 배구, 탁구, 농구 다음인 5억 명 수준에 머물고 있다. 그래서 축구의 사례가 독자들의 공감을 얻기 쉽겠다고 판단했는데, 이 점 독자들의 양해를 부탁드린다.

스포츠 경영을 하겠다고 경영만을 공부하고, 지도자가 되겠다고 전술과 트레이닝 능력만을 갖추던 시대는 지났다. 오늘날의 스포츠는 시대정신과 변화에 대한 높은 감수성과 인문학적 사유 능력을 가진 이들의 공간이기도 하다.

세상의 변화가 스포츠를 견인하기도 하지만, 스포츠는 사람들에게 선한 메시지와 건강한 관계, 품위 있는 정신력을 선사하며 사회를 추동하기도 한다. 이 책이 스포츠를 사랑하는 이들에게 좋은 영향을 미쳤으면 좋겠다.

4장 심미주의의 종언과 스포츠 과학

5장 스포츠 이데올로기

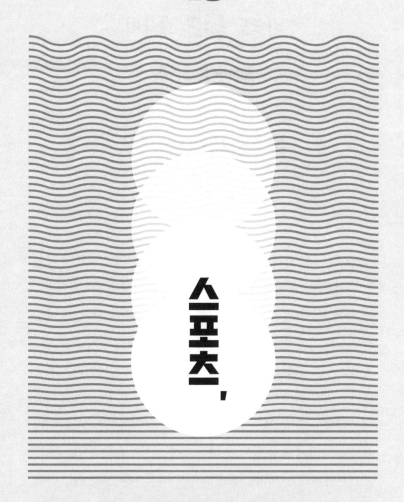

★ 1장 ★

스포츠,

그 열광의 탄생

바둑도 올림픽 종목이
되어야 하나

스포츠의 본질에 대한 탐구

2004년 6월 국제경기연맹연합이 국제바둑기구인 IGF의 가입을 승인했다. 이 말인즉슨 바둑도 스포츠의 하나로 받아들이겠다는 것이다. 바둑이 스포츠라고? 그렇다면 체스나 장기, 포커도 스포츠로 이해해야 하나? 한국기원은 두뇌 게임 역시 스포츠로 받아들이는 세계적 추세, 무엇보다 한국이 바둑 강국이라는 점을 근거로 2005년에 대한체육회에 가맹 신청을 했다. 그리고 이참에 상무와 같은 군 축구팀처럼 청년 프로기사들이 군에서도 역량을 꾸준히 유지할 수 있는 군 바둑 부대 창설을 제안하기도 했다.

그런데 바둑을 '두뇌 스포츠'라고 부르는 것과 스포츠라고 분류하는 것은 또 다른 문제다. 당시 대한체육회는 한국기원의 가맹 신청을 거들떠보지도 않았다. 그래서 가맹을 위한 이사회조차 소집하지 않았다. 당시 분위기는 김승곤 당시 대한체육회 사무차장의 발언으로 확인할 수 있다.

"체육은 대근육 운동을 수반하는 신체 활동, 이를 체육의 개념으로 보기 때문에 현재 두뇌 스포츠만 가지고는 체육이나 스포츠로 분류할 수 없다."

대한체육회의 입장은 스포츠에 대한 전통적인 접근이다. 몸을 움직이는 것, 뛰어서 활공하며 완벽한 타이밍에 착지하는 것과 같이 신체를 활용한 미학적 움직임이 스포츠의 정수라고 보는 입장이다. 하지만 대한체육회의 전통에 대한 애착은 그리 오래가지 못했다. 중국과 러시아가 체스와 바둑을 2002년 솔트레이크 동계올림픽의 시범 종목으로 추진했고, 2010년 광저우 아시안게임 운영위는 바둑을 정식 종목으로 채택한 것이다. 정부 역시 바둑과 e스포츠를 적극 지원하기 시작했다.

이런 변화로 인해 2009년 한국기원은 대한체육회 가맹에 성공했고, 2010년 광저우 아시안게임에선 금을 3개나 쓸어 왔다. 2020년 항저우 올림픽에서도 바둑과 체스는 정식 종목으로 채택되었다. 하지만 아직 법규로서는 체육이나 스포츠에 바둑이 포함되지는 않고 있다. 입법 계류 중인 상태다.

| 국민체육진흥법 제2조 |

"체육"이란 운동경기 · 야외 운동 등 **신체 활동을 통하여** 건전한 신체

와 정신을 기르고 여가를 선용하는 것을 말한다.

"스포츠"란 건강한 신체를 기르고 건전한 정신을 함양하며 질 높은 삶
을 위하여 자발적으로 행하는 **신체 활동을 기반으로** 하는 사회문화적
행태를 말한다.

한국기원이나 체스, e스포츠계의 입장에서는 당연히 위의 조
문에 "두뇌 활동을 포함하여 신체 활동을 통하여", "질 높은 삶을
위해 여가를 선용하는"이라는 문구를 추가하고자 한다. 이에 반
해 전통적인 입장에 선 이들은 바둑이나 e스포츠가 체육 또는 스
포츠라는 이름으로 불릴 경우 스포츠의 본질과 기능이 훼손될 수
있으며 왜곡되어 인식될 수 있다고 우려한다. 일부 인사들은 이
논쟁을 미국에서의 '우유와 고기 논쟁'으로 비유했다.

논쟁의 주인공은 모두 콩으로 만든 '대체식품'이다. 미국의 낙
농업자들은 콩을 갈아 만든 것에 어떻게 'milk'를 붙일 수가 있
으며 또 '고기 맛 콩 요리'에 'meat'를 사용하는 것은 어불성설이
라며 소송을 제기했다. 미국에선 두유를 'soy milk', 대체육을
'plant-based meat'라 표기하고 있었다. 그 결과 2019년 미국
정부는 고기가 아닌 상품에 고기(Meat)라는 용어를 사용하는 것
을 금지하는 '육류광고법'을 공표했다.

이에 대해 유럽연합은 더 엄격하다. 식물성 원료로 만든 제품

에 버거, 스테이크, 소시지라는 표현을 아예 사용하지 못하도록 규제하고 있다. 하지만 milk의 경우 역사적으로 반드시 소젖만을 의미하지 않았고 염소와 양, 말 젖 역시 의미했기에, 두유는 'soy' 또는 'soymilk'로 표기하도록 규제하고 있다.

그렇다면 바둑은 과거에 무엇으로 분류되었을까. 바로 문화(게임)와 예술의 영역이었다. 우리는 지금 즐기고 있는 스포츠 종목들에 대해 아주 오래전부터 스포츠였을 것이라고 오해한다. 하지만 오늘날 스포츠에 대한 분류는 인류가 몸을 움직이며 싸우고 놀았던 종류에 비해 매우 협소하다. 올림픽 종목은 더욱 그렇다. 올림픽 종목의 변천사를 살펴보면 정식 종목으로 채택하거나 취소했던 그 근거를 발견하기 어려울 때가 더 많다.

오늘날 원반던지기나 창던지기, 투포환을 생활 스포츠로 즐기는 인구는 극소수다. 하지만 이 종목들은 단 한 번도 올림픽 종목에서 배제된 적이 없는 그야말로 스포츠의 원형으로서 인정받고 있다. 즉, 올림픽 종목은 대중성과 관련 없이 유지되거나 소멸되어 왔다. 초기 상당수의 근대올림픽 종목이 그리스의 '올림피아' 종목에서 가져왔기 때문이다. 원반던지기, 창던지기, 달리기, 멀리뛰기, 복싱, 레슬링[1], 승마가 바로 그렇다.

---

1 판크라티온의 청소년용 종목. 청소년용 종목과 달리 당시 즐겼던 정식 '판크라티온(Pankration)'은 매우 거친 격투기였다. 물기와 눈 찌르기를 제외한 모든 격투술이 허용되었다.

1896년 근대올림픽이 열리기 전인 1859년 11월 27일 올림피아 제전 형식의 올림픽이 아테네에서 개최되었다. 종목은 한 바퀴 달리기, 두 바퀴 달리기, 일곱 바퀴 달리기, 수평 방향과 수직 방향으로 원반던지기, 도약, 도랑 뛰어넘기, 유연하게 높이뛰기, 균형 잡기, 과녁 맞히기, 나무 오르기 등이었는데, 모두 인간의 강한 신체 능력을 과시하는 종목이었다. 몸을 활처럼 구부렸다가 창공 저편으로 원반을 날리는 모습은 당시에도 꽤나 매력적으로 보였나 보다.

로마의 작가 오비디우스(BC. 43~AD. 17)의《변신 이야기》[2]에 이 원반던지기 놀이가 등장한다. 아폴론과 제피로스는 미소년 히아킨토스를 애인으로 차지하려 노력했는데, 히아킨토스와 연인이 된 아폴론은 원반던지기 놀이를 하다 이를 질투한 바람의 신 제피로스가 원반의 방향을 돌려 히아킨토스의 머리를 맞혀 죽인다.

최초의 근대올림픽(1896)은 그리스 아테네에서 개최되었는데, 그 종목은 육상, 레슬링, 역도, 사이클, 수영, 사격, 체조, 테니스, 펜싱이었다. 육상과 레슬링, 역도(돌 들기)가 고대 올림피아의 전통을 유럽이 계승한 것이라면, 테니스와 펜싱, 사격은 중세 이후의 전통, 특히 체조는 이집트의 국가 제의와 독일에서의 열

---

2 오비디우스. 이종인 역.《변신 이야기》. 열린책들. 2018.

풍을 반영한 것이었다.

왜 근대올림픽의 종목이 고대 그리스의 전통을 계승했는지에 대해선 설명이 필요하다. 1723년 프랑스인 베르나르 드 몽포콩이 고대 올림피아 유적지의 위치를 분석해 추정했고, 이후 영국의 고고학자 리처드 챈들러가 유적지를 발견했다. 1829년 올림피아에서 제우스 신전을 발굴했고 1875년부터 시작된 본격적인 발굴로 프락시텔레스의 '헤르메스', 파이오니오스의 '승리의 여신 니케'가 세상에 공개되었다.

유럽인들이 고대 그리스 유적의 발굴에 흥분했던 이유가 있다. 1453년 콘스탄티노플 함락 이후 19세기 중반까지 유럽의 문화는 오스만제국의 지배력 아래에 있었다. 하지만 유럽인 다수는 자기 민족의 기원이 종교적으로나 언어적으로 그리스에 더 가깝다고 믿었다. 오스만제국이 힘을 잃어 가자, 유럽의 민족주의자들은 국적과 상관없이 그리스 독립운동을 지원하곤 했다. 1833년 그리스가 독립적인 군주국으로 해방되자, 유럽은 과거 찬란했던 문명(범헬레니즘)을 복원하자는 열풍에 휩싸인다.

그것이 바로 '올림피아 부활 운동'이었다. 쿠베르탱은 "더 빠르게, 더 높게, 더 힘차게"라는 슬로건을 내걸며 민족의 경계를 벗어난 국제대회를 원했다. 고대 그리스의 올림픽을 국제대회 형식으로 부활시키자는 제안은 유럽의 지지를 얻었다. 다만 그들의 '국제'라는 개념은 '유럽'이라는 점을 잊어서는 안 된다. 당시 그들은 미국과 호주, 아시아를 문명의 경계 밖의 대륙이라고 생각했다.

근대올림픽의 종목이 고대 올림피아를 계승했다곤 하지만, 많은 종목에서 근대적 이념에 걸맞은 것들만 선별했다. 원래 고대 올림피아의 경기는 훨씬 거칠었다. 기원전 1세기 말 키르쿠스[3] 원형경기장에서 로마 시민이 가장 열광했던 스포츠는 '전차 경주'였다. 2마리 또는 4마리의 말이 질주하는 이 경기를 보기 위해 15만 명의 군중이 키르쿠스에 운집했다.

그리스신화에는 반인반마의 켄타우로스가 등장한다. 켄타우로스는 고대 그리스인들이 변방의 '기마민족'에 대한 두려움을 형상화했다는 학설이 많다. 그리스 변방 트라키아 지방의 기마민족과 페르시아군의 기마 궁수들은 자유자재로 마상(馬上)에서 활을 쏘고 창을 휘둘렀는데, 이를 인마일체의 형상으로 보았다는 것이다. 전차 경주가 유행한 시점도 로마가 페르시아의 침략을 물리친 이후였다. 전차는 어느새 로마인들에게 절대적인 군사력의 상징이 되어 있었다.

하지만 동로마제국 멸망 이후 전차 경주는 소멸했다. 고대 올림피아의 종목 중 전차 경주, 무장 경주, 판크라티온만은 근대 올림픽이나 국제 스포츠로 부활하지 못했다. 너무나 거칠어 사람이 죽는 일이 많아서 그랬다는 주장이 있지만, 펜싱과 복싱, 사격은 변형된 룰로 살아남았다.

---

3 키르쿠스(circus): 로마제국의 경주용 원형경기장.

우린 왜 사격을 체육과 스포츠로 분류하고 있었을까. 당시 유럽의 황제와 귀족, 군 장교들이 즐겼던 문화였기 때문이다. 사격은 1896년 1회 아테네 올림픽에서부터 정식 종목으로 채택되었다. 당시 사격 경기에는 군인 출신 또는 어려서부터 사냥꾼(엽사) 훈련을 받은 이들이 출전했고, 1908년 런던올림픽에선 사슴 모양의 목판을 궤도 위에 얹어 빠른 속도로 밀면 사수가 사슴에 그려진 동심원을 향해 총을 쏘았다.

1900년 파리 올림픽에선 비둘기 사격 종목이 있었는데, 300마리가 넘는 비둘기가 죽었다. 경기장 바닥은 비둘기 피와 깃털로 끔찍한 광경을 연출했다. 그리고 1912년 스톡홀름 올림픽에선 권총 결투 종목이 신설되었는데, 꽤 정교하게 디자인된 사람 모양의 마네킹을 20미터 밖에서 쏘는 경기였다. 1972년 뮌헨 올림픽에서 북한의 이호준 선수는 소총복사 종목에서 금메달을 땄는데, 그는 "수령님이 원수를 쏘듯 쏘라고 지도하셨다."고 수상 소감을 밝혀 논란이 일기도 했다.

근대올림픽의 종목은 무슨 오랜 역사적 전통이 있어서 채택된 것이라기보다는 당시 올림픽을 개최할 당시 유럽의 보편적인 문화를 반영했을 뿐이라는 근거다.

고대 로마의 키르쿠스에선 전차 경주뿐 아니라 검투 경기도 상당한 인기를 끌었다. 108년 트라야누스 황제가 다키아 승전 기념으로 개최했던 검투 경기는 무려 123일 동안 진행되었고, 출전한 검투사는 1만 명에 달했다. 이 경기는 모두 국비로 치러졌고, 우승자에게 주어지는 상금은 환율과 물가 인상률을 고려하면 오늘날 최고의 축구 스타 연봉보다도 많았다. 당시 거상(巨商)들은 검투사를 후원해 올리브유와 와인을 홍보하기도 했다.

오늘날의 나이키나 아디다스가 월드컵과 올림픽을 후원하는 것처럼 일부 거상들은 아예 검투 경기를 후원하기도 했다. 리비우스 안드로니쿠스(Livius Andronicus)라는 석유상은 검투 경기를 후원해서 수만의 군중들 앞에서 환호를 받았다. 그의 명성과 신뢰는 그의 사업으로 이어졌다. 그는 검투 경기에 후원한 돈 이상으로 사업적 성취를 얻었다. 이는 고대에도 스포츠 후원이 어떻게 브랜드 이미지를 구축하고 대중의 지지를 높이는 데 사용될 수 있었는지를 보여 준다. 스포츠 마케팅은 우리 생각보다 꽤나 오래되었다.

티투스 황제는 서기 80년에 콜로세움을 준공했는데, 이 거대한 원형경기장에서 로마인들은 제국의 영광을 느꼈고 티투스에 대한 강력한 지지를 표현했다. 로마 역사상 가장 강력한 통치자로 번영을 이끌 수 있는 정치적 자산이 스포츠였던 셈이다. 황제가 검투사를 후원하기도 했고, 고대의 '스포츠 마케터'들이 이들을 영입하거나 트레이드하는 관행 또한 오늘날과 별로 다르지 않았다.

'베나티오네스'라는 경기는 사자와 표범, 하마와 코뿔소, 기린과 같은 이국적인 아프리카 동물과 검투사가 대결하는 경기였다. 인간 500명이 두 팀으로 나뉘어 코끼리 20마리 또는 맹수 수십 마리에 대항해 싸웠다.

유럽의 중세와 근대 태동을 살펴야 현대 스포츠의 탄생을 이해할 수 있다. 이 경기들은 고대 로마 시대에 크리스천의 피가 배어 있던 '키르쿠스'에서 열렸다. 교황을 비롯한 사제들은 이런 종류의 경기를 혐오했다. 고대의 복원이라는 기치를 들었던 르네상스 열풍에도 이 종목들은 부활하지 못했다.

중세 유럽에선 기사도의 확산에 따라 펜싱이나 마상 경기가 군주의 스포츠로 대접받았다. 중세에 새로운 제국들이 탄생하고 십자군 원정에 따라 기사 제도가 확립되었다. 그래서 1170년 무렵 유럽은 마상 시합의 전성기였다. 최초의 마상 시합이라고 알려진 1095년 뢰벤의 백작 하인리히 3세는 상대방의 창에 심장이 찔려 그 자리에서 즉사했다.

영국의 헨리 8세는 광적인 스포츠팬이었다. 그는 곰 몰이사냥을 즐겼고, 볼링, 테니스, 레슬링, 궁술 시합에서 뛰어난 실력을 과시했다. 1524년 그는 서퍽 공작과 마상 시합을 했는데, 얼굴을 보호하는 면갑을 잠가야 한다는 걸 깜빡했다. 서퍽 공작의 창은 헨리 8세의 투구를 관통했고, 결국 그는 평생 두통에 시달려야 했다.

실제로 마상 시합으로 죽는 귀족들이 많았다. 이후에 창끝을 뭉툭하게 만들어서 시합했지만, 창과 부딪혀 부러진 부위가 날카롭게 벼려져 상대의 목을 관통하기도 했고, 파편으로 눈을 잃기도 했다. 사람의 목숨을 앗아 가는 마상 시합을 반기지 않았던 교회는 1130년, 클레르몽 공의회에서 "기사들이 자신들의 힘과 용맹함을 확인하기 위해서 역겨운 시장이나 연시에서 마상 시합을 개최하는 풍습은 남자들을 종종 죽음으로 내몰고 영혼을 위협한다."며 마상 시합을 금지했다.

하지만 십자군 원정이 본격화되자, 교회는 마상 시합이 전투력 향상에 도움이 된다고 판단했는지 1316년에 마상 시합 금지령을 철회했다. 말에서만 싸운 것은 아니다. 말 위에서 승부를 가리다 말에서 내려 창이나 검, 둔기로 싸우는 격투 경기도 열렸는데, 이 시합에서 이기기 위해서 펜싱은 필수였다.

이런 이유로 제1회 아테네올림픽 종목은 당시 유럽에서의 인기 종목과 그리스 올림피아에서 진행되었던 원형 스포츠로 압축되었다. 레슬링·역도·육상·사이클(마상 경주)이 고대 그리스에서 가져온 것이라면, 사격·펜싱은 당시 유럽의 결투 문화를 그대로 옮겨 온 것이다. 1900년 파리 올림픽에선 심지어 포격 경기까지 열렸다. 오늘날 올림픽 종목은 하계 올림픽 32개, 동계 올림픽은 8개 부분 15개이다.

왜 태권도는 정식 종목으로 채택되고 우슈, 가라데, 무에타이는 정식 종목으로 채택되지 않는 것일까. 물론 2020년 도쿄올림픽부터는 개최국이 추가 종목을 임의로 상정해 IOC 총회에서 거수로 결정하게 되어 있다. 가라데와 서핑, 브레이크 댄스가 일시적으로 추가 종목에 선정된 이유다. 하지만 해당 종목의 유지와 퇴출은 총회의 의결 사항이다. 해당 스포츠를 즐기는 인구가 많을 경우 메달 획득의 가능성이 조금이라도 있는 국가들은 그 종목을 유지하는 데 찬성한다. 우리나라 태권도가 '발 펜싱'과 오심 논란으로 한때 퇴출 위기에 있었지만, 여전히 핵심 종목의 지위를 유지하고 있는 이유이기도 하다.

다시 원래 하려던 질문으로 돌아오자. 바둑은 스포츠일까. 한국에서 스포츠는 체육(體育)과 유사한 개념으로 법제화되었지만, 이 말의 어원과 정립 과정을 따라가면 애초 스포츠는 노동에서 벗어난 유희와 기분 전환을 위한 놀이와 경쟁을 뜻했다. 스포츠는 라틴어의 'Desportare(저쪽으로 옮기다)'에서 비롯했다고 하는데, 이것이 유럽으로 전파되며 '목숨을 건 경쟁'이라는 개념에서 유희와 만족이라는 뜻을 내포하게 되었다. 'Desportare'는 'Deporter → Desporter → Desport → dispott'의 과정을 거쳐 영국에서 'sports'라는 명칭으로 전파되었다.

물론 sports라는 용어와 개념이 정립되던 시절에도 스포츠는 ① 육체적 활동, ② 규칙성, ③ 경기(대항)의 성격을 내포하고 있었다. 다트 게임, 보드게임, 장기, 연날리기, 제기차기, 팽이치기, 팔씨름과 같이 몸의 일부 또는 몸을 소극적으로 사용하는 게임 역시 현재는 스포츠라는 이름으로 불리고 있다. 스포츠의 개념이 이렇게 점차 확장되는 근거의 핵심엔 바로 e스포츠가 자리 잡고 있다.

2000년 무렵에 출생한 세대는 스포츠에 대해 기성과는 확실히 다른 태도를 보여 준다. 이들 중 30%는 스포츠 경기를 단 한 번도 끝까지 시청한 적이 없으며, 야구는 경기 시간이 지나치게 길어 '아재들의 스포츠'로 여긴다. 올림픽 시청 인구는 4년마다 매회 줄어들고 있다. 그렇다고 이들이 몸을 움직이는 것을 싫어하는 것은 아니다. 메타버스를 활용한 증강현실 속에서 이들은 전투를 하고 스쿼트 동작을 따라 한다. 이들은 어렸을 때부터 피시방에서 e스포츠를 즐겼다. 과거의 PC방은 이제 가정의 랩톱과 스마트폰으로 완전히 옮겨졌다. 스포츠에 대한 태도 역시 이런 세상의 변화에 따른 것이다.

스포츠의 범주에 바둑과 체스와 같은 두뇌 게임이 들어가야 하나. 이 논쟁의 근거는 의외로 싱겁다. "바둑과 체스에 스포츠와 같은 경기적·대항적 요소가 있고 무엇보다 두뇌 발달도 신체 기능 발달의 핵심"이라는 주장이다. 사람의 두뇌가 신체의 일부가 아니라고 그 누가 주장할 수 있겠는가. 스포츠 활동의 핵심 기능을 두뇌가 담당하고 있는데. 하지만 바둑을 스포츠 종목으로 추진하려는 동기를 가진 국가는 중국, 한국, 일본 외엔 그리 많지 않은 것 같다.

만약 바둑이 올림픽 종목이 된다면 앞으로 올림픽은 대항적 성격을 가진 인류의 두뇌 게임 유산을 거부할 명분이 없어 보인다. 오히려 e스포츠가 올림픽 정식 종목으로 채택될 가능성이 높다. e스포츠를 즐기는 인구는 2022년 현재 5억 명가량으로 추산된다. 참여 인구는 10대에서 50대까지 꽤 다양하다. e스포츠가 올림픽 정식 종목으로 되었을 때의 변화는 상상을 초월할 것이다. 경쟁은 역대 스포츠 그 이상으로 치열할 것이며, 중계를 통해 경기를 보려는 열풍 또한 대단할 것이다. 어려서부터 레슬링에 친숙한 이들은 극소수이지만, 어려서부터 피시방이나 집에서 전략 게임을 즐겨 온 인구는 둘 중 하나일 정도로 다수다.

현대 스포츠는 스포츠 자본과 대중의 참여만 보장되면 그 무엇이든 스포츠로 만들어 내는 힘이 있다. e스포츠가 올림픽이나 아시안게임의 핵심 종목으로 부상할 가능성은 거의 100%다(2020 도쿄올림픽에서 가장 높은 시청률을 기록한 경기가 '서핑'이라는 사실이 놀랍지 않은가?).

올림픽의 전통 종목들은 축구와 농구를 제외하면 '관심으로부터의 소멸'과 싸우고 있다고 봐도 과언이 아니다. 두뇌 활동이 신체 활동의 핵심이라는 주장은 뇌 과학자들이 입증한 지 오래다. 하지만 필자는 신체 활동을 본연으로 한 스포츠만이 줄 수 있는 감동은 다른 게임 유형이 주는 것과는 다르다고 생각한다. 두뇌 게임을 스포츠로 수렴할지의 문제는 차치하더라도 사람의 몸만이 줄 수 있는 사연과 감동, 사회적 기능이 있다. 이에 대해선 다음 장에서 더 자세히 살펴보도록 하자.

스포츠의
본질에 대하여

과거 인류학자들은 스포츠의 기원을 종교적 제의와 사냥과 전투 훈련 등에서 찾았다. 스포츠의 본질은 나와 내 집단의 우월한 전투력을 확인하는 것이라는 주장도 많았다. 그래서 스포츠의 본질을 승리를 갈구하는 게임의 속성에서 찾곤 했다. 자신의 우월성을 확인하는 경쟁이 스포츠라는 것이다. 실제로 ISPE(국제 스포츠 체육협의회)의 〈스포츠 선언〉에서는 스포츠에 대해 다음과 같이 정의했다.

"플레이의 성격을 갖고, 그리고 자기 또는 타인과의 경쟁, 혹은 자연의 장애와의 대결을 포함하는 운동은 모두 스포츠이다."

어떤 분야에서 자기의 우수함을 타인에게 인정받고 이를 실증하기 위해 평등한 조건하에서 오직 자력에 의지해 타자나 타 집단과 경쟁하는 것, 또는 어려운 장애를 극복하는 경쟁 또는 투기(鬪技)가 스포츠라는 관점이다. 야코프 부르크하르트는 고대 그리스의 작가 호메로스의 《일리아스》에 나오는 구절을 인용해 스포츠의 특성을 규정했다. "항상 1등이 되고 주목받으려는 것"이 인간의 욕망이며 스포츠는 이를 반영한 게임이었다는 것이다.[4]

문화예술은 고대 종교적 제의(祭儀)에 놀이가 합쳐진 시점부터 비약적으로 발전했다. 그리고 여기에 전쟁 기술이 당대에 가장 중요한 남성들의 역량으로 평가받자, 자연히 전투 형식의 스포츠가 발전했다. 앞에서 살펴보았던 올림피아 제전의 종목에 더해 중국의 고대 스포츠 역시 비슷한 경향을 보였다. 고대 레슬링의 일종인 각력(角力), 활쏘기를 변형한 투호(投壺), 말을 타며 공을 치던 마구(魔球), 돌격 진(陣) 전술을 활용했던 축국(蹴鞠)은 모두 병영에서 군사를 훈련하기 위해 실시했던 종목들이었다.

이집트에서 펼쳐진 경기는 근대 올림픽의 종목에 많은 영감을 주었다. 조정, 역도, 궁도, 수영, 승마, 구기, 레슬링, 펜싱, 복싱과 같은 경기 모습이 기원전 5천 년경 제작된 이집트의 각종

4 볼프강 베링거. 강영옥 역. 《스포츠의 탄생》. 까치. 1977.

벽화에 남아 있다. 이를 근거로 스포츠의 탄생은 애초 국가 정체성을 의식화하기 위한 국가주의와 뗄 수 없는 관계라고 주장하는 학자들도 많다. 대부분의 팀 대항 국제 경기가 국가 대항으로 치러진다는 점에서 스포츠에서 국가 이데올로기를 분리하는 것은 거의 불가능에 가깝다는 의견도 많다.

일부 학자들은 "스포츠는 국가의 폭력적인 제도화 자치의 일환이며, 효과적인 국가 동원의 기제이자 정치에 대한 비판의식을 무마하는 우민화 제도"라고 규정하기도 한다. 실제 로마는 키르쿠스 경기장에서의 경기와 빵을 통해 로마 시민의 관심을 돌리는 데 성공했고, 포르투갈 독재정권(제2공화국)은 지식인이 많아지면 정권 유지가 어려울 것이라는 판단으로 지식인을 극단적으로 탄압하며 정규교육 제도를 파괴했다.

그리고 '3개의 F정책(Três F)'을 추진했다. 3F는 Futebol(축구), Fatima(파티마), Fado(파두)를 뜻한다. 축구를 통해 본국과 식민지의 화합을 선전하고 파티마에서의 성모 발현 기적을 활용해 독재정권의 지지 세력이었던 가톨릭에 대한 신심을 얻고 전통 민요인 파두를 장려하는 등의 우민화 정책을 펼쳤다. 이는 전두환 정권의 3S 정책(sex, screen, sports)과 흡사하다.

스포츠 그 자체의 아름다움이나 기원에 대한 인문학적 연구는 거의 백지상태라고 봐도 무방할 정도다. 논문 대다수가 스포츠 그 자체가 아니라 철학으로서의 미학, 또는 스포츠와 정치문화와의 연관성으로 채워져 있다. 특히 인체의 아름다움과 심미주의에 대한 연구는 있어도 스포츠에 대한 연구는 없다. 한국의 경우, 있다손 치더라도 서구의 기성 논문을 편집하거나 해석한 수준에 지나지 않는다. 그리고 논문 상당수는 '스포츠 산업'에 집중되어 있다. 인류가 '달리기' 시작한 시점부터 있었던 스포츠의 순기능에 대해 특별한 학술적 검토가 별로 없다는 사실도 놀랍다.

학자들의 스포츠에 대한 냉소적 관점을 지적한 이는 의외로 문학 교수인 굼브레히트다.

학자들이 실제로 스포츠에 관한 글을 쓰기 위해 노트북을 열 때 상황은 더욱 악화된다. 심지어 스포츠를 사랑하는 학자라도, 막상 자신이 갈고닦은 개념을 적용할 때면 결국 스포츠를 바람직하지 않은 경향들의 어떤 증상으로 해석해야 한다는 의무감에 빠지곤 한다. 몇몇 이론적 비평가들은 스포츠를 국가권력이 미시권력에 위임하는 과정에서 나타나는 생정치적(biopolitical: 정치가 인간 생활의 모든 측면에 영향을 끼치는 특성을 지닌 것을 말함) 음모라고 비난하기까지 한다.
이런 견해에 따르면 스포츠를 실행하고 관전하는 행위를 통해 우리는 우리의 개인적인 이해관계에 반하여 우리의 육체를 규제하고 제한한다고 한다. 또한 전례 없는 프로 스포츠의 인기를 언급할 때조차 항상 학자들은 그것을 데카당스의 징후, 또는 한 번도 명확하게 정의된 적 없는 가상의 개념인 스포츠의 '진정성'으로부터의 소외 징후라고 해석

한다. 그리고 이렇게 스포츠에 공격적인 역사학자와 사회과학자들조
차 거의 예외 없이 스포츠를 더 크고 강력한 체제 내에서 언제나 부수
적인 기능만을 수행한다고 여긴다.

예를 들어 위대한 문화역사학자 노르베르트 엘리아스는 근대 초기 스
포츠의 부상을 인간의 육체에 대한 통제와 종속이 서구문화의 영원한
목표였다고 설명한 바 있다. 프랑스의 사회학자 피에르 부르디외의 분
석에 따르면, 스포츠는 사회적 차별화와 구별에 기여한다. 테니스와
골프를 치는 일은 사회적 지위 향상을 위한 유용한 도구라는, 이미 잘
알고 있는 사실을 우리는 부르디외에게 감사하며 배운다. 냉정한 통
계학적 관점에서 스포츠의 경제적 중요성은 거의 무시할 만한 수준인
데도(한 메이저리그 야구팀의 고문은 예전에 가장 유명한 프로 스포츠 팀의 연
수입이 평균 수준의 백화점 순익보다도 적다는 말을 한 적이 있다), 스포츠 경
기의 배후에는 재정적인 이해관계만이 존재한다는 말을 우리는 수도
없이 들어 왔고 또 그렇게 믿어 왔다.[5]

물론 스포츠가 사회에 미치는 현상이나 스포츠의 발전 과정을
살피면 굼브레히트가 인용한 성격이 모두 있다. 하지만 모든 스
포츠가 자신의 우월성을 입증하기 위해 존재했던 것은 아니다.

---

5 한스 U. 굼브레히트. 한창호 역. 《매혹과 열광》. 돌베게. 2008. pp.37~38.

한국의 장년층이 어린 시절 마을 공터에서 다방구, 오징어 이상[6], 술래잡기, 고무줄놀이, 비사(비석)치기를 하고 놀았듯이 중앙아시아 대초원에선 주사위 놀이와 씨름, '샤가이 쏘아 맞히기(Монгол Шагайн Харваа)'[7]를 하며 놀았다. 벨기에 아이들은 나무 공 던지기 놀이인 '코롤볼'과 공을 막대기로 쳐서 좁은 골에 넣는 '베우제렌(beugelen)', 실뭉치 게임인 펠로타 등을 하고 놀았다.

당시 아이들은 과연 기록 경신과 우월성 입증을 위해 이런 스포츠를 즐겼을까? 그렇지 않다. 스포츠의 목적과 본질은 바로 '즐거움'이다. 팀을 조직해 대항하는 놀이는 집단적 협력이 필요한데, 이 과정에서 협동심과 팀워크가 좋아지면 그만큼 큰 기쁨을 느낀다. 단체 줄넘기를 생각하면 이해하기 쉬울 것이다.

게다가 오늘날 우리가 스포츠라고 부르는 것은 근대 시기에 '근대화'라는 필터링을 거친 것들이다. 근대화의 핵심은 제도화이며, 경기는 세세한 규칙으로 규정되었다. 중세 시절 황제나 귀족의 후원을 통해 정립된 스포츠 제도는 인쇄술의 발전으로 전파되었고, 유럽 군주들의 교류를 통해 국제적 룰로 정립되어 갔다.

---

6 지역에 따라 오징어 땅콩, 오징어 달구지, 오징어 이상 등으로 불렀다. 2021년 넷플릭스 드라마 〈오징어 게임〉의 마지막 대결에 등장하는 게임이다.
7 '샤가이 쏘아 맞히기'는 6~8명이 한 팀을 이루고, 대리석 조각을 반질반질한 나무 표면 위에 놓고 손가락으로 퉁겨 쏘아 도미노처럼 쌓은 30개의 양의 지골(指骨)을 맞혀서 목표 지점에 떨어뜨리는 게임이다.

대부분의 평화조인 협상에선 양국 황실을 대표하는 선수들의 경합이 빠지지 않았다.

또한 스포츠가 산업과 만나면서 마상 경기와 결투와 같은 잔인한 종목들은 더 많은 대중의 참여를 위해 순화되었다. 오늘날 우리가 스포츠라 부르는 것들의 원형의 조각은 마라톤과 같이 근대에서도 찾아볼 수 있지만, 대부분의 운동경기는 이런 필터링을 통해 제도로 정비된 것들이다. 오늘날 진짜 돌을 상대 진영에 던져 수십 명의 사상자를 내는 투석 놀이를 즐기고 있는 지역은 없다.

오늘날 '스포츠 자본주의'에 대해 목청 높여 비난하는 이들은 많지만, 거꾸로 시장이 발전할수록 스포츠가 같은 궤도로 발전했다는 주장에 대해서 반박하는 이는 없다. 중세가 스포츠의 암흑이었던 이유는 당대 사람들이 오랜 노동 시간에서 벗어나기 어려웠던 점과 유일하게 휴식을 즐길 수 있었던 안식일에 대한 교회의 엄격한 규제 때문이었다. 생산력의 증대와 노동 시간의 단축은 스포츠 인구의 확장에 있어 핵심적인 문제였다.

인쇄술의 발명과 교류의 증진으로 각 스포츠 종목은 세계 전역으로 전파되었고, 1989년 공산권의 붕괴로 맞은 진정한 세계화 국면에서 스포츠는 국가주의적 성격을 넘어 보다 더 많은 대중의 참여를 위해 자본주의적 성격이 강화된 프로 미디어 스포츠로 변모했다. 그리고 3차 산업혁명(인터넷 정보통신 혁명)으로 인한 뉴

미디어의 등장은 말할 것도 없다. 이제 더 많은 팬과 시청자를 확
보하는 것이 스포츠 산업의 핵심 과제로 부상했다.

왼손은 거들 뿐,
슬램덩크와 스포츠 미학

2023년 1월 한국의 극장가가 술렁였다. 최고의 흥행 제조기라는 제임스 캐머런의 〈아바타 2: 물의 길〉에 이어 일본 애니메이션 〈더 퍼스트 슬램덩크〉가 박스 오피스 2위를 계속해서 이어 갔던 것이다. '애니 천국'이라는 일본에선 〈더 퍼스트 슬램덩크〉가 1위의 자리를 지켰다.

이 영화는 1990년 만화책으로 출판된 지 33년 만의 작품이고, TV 방영(1993~1996)이 끝난 지 26년 만의 극장판 영화다. 물론 소위 '슬램덩크 세대'로 불리는 이들과 애니메이션 팬들로 인해 어느 정도 관객이 찰 것은 예상했지만 이 정도일 줄은 몰랐다는 것이 영화계의 중론이었다. 인터넷에선 30대 남성이 여자 친구에게 이 영화를 함께 보자고 권해서 '오타쿠'[8] 취급을 받았다는 경험담이 숱하게 올라왔다.

〈슬램덩크〉는 일본에서 1억 7,000만 부가 팔렸고, 한국에서도 1,450만 부가 팔렸다. 스포츠 만화 사상 최고의 발행 부수였고, 아직까지도 일본인이 뽑은 역대 최고의 만화에서 늘 5위권을 유지하고 있다. 물론 〈슬램덩크〉보다 인기를 끈 만화 작품도 몇 개 있다. 원작 만화책을 기준으로는 〈원피스〉(5억 부)와 〈드래곤볼〉(2억 3천 부)이 있고, 애니메이션으로는 〈센과 치히로의 행방불명〉 등이 있다. 하지만 '지금의 나를 만든 영화', '가장 멋진 명대사의 만화', '가슴이 뜨거워지는 만화' 순위를 물으면 〈슬램덩크〉의 아성은 아직까지도 견고하다. 이노우에 감독은 2010년 일본 농구의 대중화를 도운 공로로 일본농구협회로부터 특별상을 받았다.

〈슬램덩크〉는 스포츠 만화의 신기원이라고 불릴 만큼 섬세한 화풍과 스토리로 인기를 얻었다. 약체 북산고(쇼호쿠 고교)에 5명이 모여 인터하이(Inter-high: 전국고교종합체전) 우승을 목표로 함께 성장하는 모습을 그렸다. 각본과 감독을 맡았던 이노우에 다케히코는 농구의 가장 멋진 장면을 지면(화면)에 그대로 옮겨 놓았다.

---

8 오타쿠(otaku, オタク). 애니메이션이나 게임 등에 심하게 몰두하며 빠져 지내는 사람.

우선 팀의 성격부터 NBA 농구팀에서 가져왔다. 북산고교는 시키모 불스를 모티브로 했고, 상양고는 보스턴 셀틱스에서 가져 왔다. 강백호의 삽화는 NBA의 데니스 로드먼의 캐릭터와 전설 적인 4회 연속 리바운드 사진을 토대로 그렸다. 서태웅은 마이클 조던, 채치수는 패트릭 유잉, 송태섭은 케빈 존슨의 하이라이트 장면을 그대로 옮겼다. 그래서 〈슬램덩크〉는 실제 고교 수준이라 고 볼 수 없는, NBA 선수 수준의 기술을 재현했다. 장면 연출이 얼마나 세밀했는지, 만화책 한 권에 경기 하나를 담지 못할 정도 였다.

당시 NBA에선 〈슬램덩크〉 속 삽화와 실제 선수들의 경기 사 진이 너무나 똑같아서 지적 재산권 소송을 준비하려 했지만, 〈슬 램덩크〉 열풍이 농구에 대한 거대한 팬덤을 형성했고, NBA 중계 권 또한 덩달아 올랐기에 이를 포기했다는 후문이 있다. 다케히 코 감독은 고등학교 시절 농구부 주장(가드)을 할 정도로 농구에 대한 이해가 깊었고, 졸업 이후로도 농구광으로 살았다.

슬램덩크 팬들은 삽화뿐 아니라 그 내용에도 열광했다. 전통 적인 애니메이션이나 히어로 장르물의 전개와 달리 북산고는 전 국 제패에 실패한다. 당대 최강이라 평가받던 산왕고와의 준결승 으로 선수들이 모든 힘을 다 소진했기 때문에 막상 결승에선 지 고 만다는 설정이다.

작품은 승부에 대한 긴장감을 넘어 사람의 성장을 묘사한다.

북산고의 전(前) 감독이 던진 "농구는 좋아하나?"라는 질문에 등장인물들은 저마다의 방식으로 성장하며 답한다. 만화는 '승리의 영광'이 아니라 '패배의 위대함'을 그리고 있다. 스포츠 만화에서 상대 팀은 악당과 같은 부정적인 이미지로 그려지기 십상이지만, 이 작품에 등장하는 상대 선수들은 포기하지 않고 매 순간 투지를 불태우는, 그래서 존중할 수 있는 면모를 지니고 있다.

"농구 좋아하세요?"

"왼손은 거들 뿐."

"(울며 무릎을 꿇고) 농구가 하고 싶어요. 안 선생님⋯."

"포기하면 그 순간이 시합 종료예요."

"영감님의 영광의 시대는 언제였나요? 국가대표였을 때였나요? 난 지금입니다."

영웅이 탄생하는 과정, 스포츠 영웅에 사람들이 열광하는 이유를 우린 민담과 설화, 신화에서 찾을 수 있다. 고대부터 있어 왔던 인류의 이야기 말이다. 그것의 서사 구조는 "시련과 관문(통과의례)을 거쳐 자신을 극복하고 승리하는 영웅의 귀환"으로 요약할 수 있다. 콩쥐와 신데렐라는 계모와 누이들에게 구박받아야 하고, 헨젤과 그레텔은 부모로부터 버려져 숲속 마녀의 계책에 시달려야 한다.

이런 전통적인 서사를 바탕으로 성공한 대표적인 기업은 '월트

디즈니'다. 애니메이션 영화 〈라이온 킹〉엔 인류가 보편적으로 사랑했던 스토리의 원형이 모두 들어가 있다. 아버지를 삼촌에게 잃고 고향을 떠나 사막에서 시련당하고 결국 성장한 심바가 복수에 성공한다는 이야기의 구조는 〈백설공주〉의 구조와 완벽히 일치한다.

그래서 기호학자와 언어학자들은 이 서사 구조를 "고향에서의 불행과 버려짐(재난) → 고난의 여행(새로운 곳으로 떠남) → 중대한 시련(관문) → 자신의 본질을 자각, 초인적인 힘(하늘의 도움)을 얻음 → 복귀와 복수 또는 기적"으로 정리하곤 한다. 구약의 출애굽기나 그리스도의 시련, 바빌로니아의 길가메시(Gilgamesh) 서사시 또한 대개 이런 형태를 띠고 있다.

스포츠 영웅을 그린 영화도 그렇다. 불우한 어린 시절 탕아로 살다 고향을 떠나 우연한 계기로 스포츠에 입문한 주인공, 그는 특별한 사람의 지도(트레이닝)를 거쳐 경기에 나선다. 하지만 절대 넘을 수 없을 것 같은 당대의 최강자, 슈퍼 영웅 앞에서 무기력한 주인공. 주인공은 다시 혹독한 수련과 영적 깨달음(자각과 관문)을 통해 마침내 승리한다.

1986년 아시아경기대회에서 여자 800m, 1,500m, 3,000m에서 우승한 임춘애 선수는 "허기진 배를 물로 채우고 라면만 먹으며" 훈련해서 성공한 영웅으로 알려졌기에 한국인들은 임 선수의 성공에 자신을 투영했다. "라면만 먹고 뛰었어요. 우유 마시는 친구들이 부러웠고요."라는 기사에 많은 이들이 임 선수를 응원했고, 당시 체육관에선 선수들에게 이 헝그리 정신을 유독 강조했다. 임춘애가 '라면 소녀'가 된 계기다. 임 선수는 2000년 《문화일보》와의 인터뷰를 통해 '라면 소녀'의 진실(?)을 밝혔다.

"몇 해 전에도 해명을 했는데 … 라면 이야기는 제가 한 것이 아니라 당시 저를 발굴하고 길러 주신 김번일 코치 선생님이 하신 인터뷰에 서 열악한 학교 육상부의 처지를 설명하면서 '선수들이 간식으로 라면 을 먹는다. 조금 환경이 좋은 학교는 우유도 지원된다.'고 말씀하신 것 인데 … '헝그리 정신'의 대명사처럼 된 것이죠. 당시 체력 보강을 위해 서 도가니탕과 삼계탕은 물론 뱀탕까지 먹었는데 라면만 먹고 어떻게 뛰겠어요."[9]

지금도 그렇지만 당시에도 언론사 기자들은 '스포츠 영웅' 신화 의 구조에 대해 누구보다 밝았다. 어린 시절 슬럼가에서 강도 행 각을 일삼으며 갱단에서 활동하다 권투를 배우고 제2의 아버지, 커스 다마토에게 지도받아 링을 정복했던 마이크 타이슨의 삶은 미국 스포츠에서의 '아메리칸드림'에 대한 열망을 충족시켜 주었 다. 그랬기에 타이슨의 몰락에 대중들은 더욱 가슴 아파했다.

---

9 박광재. "라면소녀는 와전된 얘기… 도가니탕·뱀탕까지 먹고 뛰었죠" 문화일보. 2010년 4월 16일자.

특히 대중이 고난 속에 있을 때 자기 집단을 대표하는 스포츠 영웅의 승리는 메시아적 언어로 다가오기도 한다. 1998년 IMF 구제금융으로 시름겨워하던 한국인은 그해 US여자오픈 18번 홀의 기적에 환호했다. 박세리 선수의 티샷은 해저드(연못가)에 떨어졌고 누가 봐도 우승은 물 건너간 상황이었다. 하지만 그 순간 박세리가 해저드로 들어가기 위해 골프화와 양말을 벗었고, TV 카메라는 까맣게 탄 종아리에 대비되는 하얀 발을 보여 주었다.

이 하얀 발은 박세리 선수의 고된 훈련을 상징했다. 이윽고 들어 올린 우승컵은 고난받는 민족의 '가나안으로의 탈출'을 상징했다. 그 시절 TV에선 이 장면과 함께 노래 〈상록수〉가 자주 흘러나왔다. 애국가가 나오는 장면에도 박세리의 흰 발은 단골 메뉴였다. 이후 이 발은 "세상에서 가장 아름다운 발"이 되었다. 강수진 발레리나와 김연아 피겨 선수, 박세리 선수의 발은 스포츠맨의 피와 땀을 상징했다.

이처럼 스포츠가 아름다운 건 '정직한 땀의 보상'을 보여 주기 때문이다. 사람들은 천부적 재능을 가진 게으른 천재보다, 역경을 딛고 성공한 스포츠 스타의 서사에 매혹된다. 그래서 사람들은 어린 시절 신체적 한계 때문에 두각을 드러내지 못했던 김연경 배구 선수나 박지성 축구 선수에게 더 열광한다.

그런데 만약 스포츠가 훈련으로 흘린 땀에 대한 정당한 보상으로만 귀결되어도 사람들은 스포츠 이야기에 열광할까? 즉 훈련의 양과 승수(勝數)가 정확히 비례한다면, 경기력이 좋은 팀이 항상 우승한다면 대중은 열광하지 않았을 것이다. 스포츠가 아름다운 것은 '우연'과 '불운', 그리고 '라이벌'이라는 특별한 장치가 있기 때문이다.

1918년 보스턴 레드삭스는 월드시리즈 우승 팀이었다. 하지만 레드삭스는 승리를 견인하던 베이비 루스와의 불화로 그를 뉴욕 양키스에 트레이드했다. 야사에 따르면 이때 베이비 루스는 레드삭스 팀을 저주했다고 한다. 이후 뉴욕 양키스는 루스의 폭발적인 홈런에 힘입어 2002년까지 총 26의 월드시리즈 우승을 차지했지만, 레드삭스는 2002년까지 단 한 번도 월드시리즈에서 우승하지 못했다. 특히 1975년과 1986년 2번에 걸쳐 결승에서 패배했는데, 이때부터 팬들은 베이비 루스의 애칭을 이용해 자신들의 패배를 '밤비노의 저주' 때문이라고 말했다.

2002년엔 레드삭스의 열성 팬들이 이 저주를 풀기 위해 특별한 의식을 진행했다. 그건 루스가 실수로 빠뜨린 피아노를 건져 연주하는 행사였다. 보스턴 레드삭스에서 마지막으로 뛰었던 1918년, 루스는 실수로 윌리스 연못에 피아노를 빠뜨렸다고 한다. 하지만 이 행사 뒤에도 저주는 풀리지 않았다. 2003년 가을, 레드삭스는 아메리카 리그 결승전에서 양키스를 만났다. 레드삭스의 에이스 페드로 마르티네즈는 이날 유독 이상하리만큼 감정 조절을 하지 못했고 제구에 실패했다. 그 결과 양키스에게 월드시리즈 우승을 다시 헌납하게 된다.

2004년엔 더 많은 불운이 겹쳐 왔다. 레드삭스는 7번의 플레이오프에서 3번을 연패했다. 심지어 홈경기에서의 완패는 팬들에게 수치심마저 안겨 주었다. 그들이 양키스의 홈구장으로 향할 때, 팬들은 제발 1승이라도 건져 달라고 소망했다. 그리고 양키스의 홈구장에서 기적이 일어났다. 레드삭스는 양키스를 4번 연속으로 격파했고, 월드시리즈에서 결국 우승한 것이다.

사람들은 2004년 레드삭스의 우승을 하나의 신화로 받아들였다. 그들이 주술의 저주를 푸는 데 무려 86년이나 걸렸지만, 결국 영웅은 자신의 운명대로 승리한다는 그 신화 말이다. 승리가 쉽게 오면 간절함이 사라지고, 팀의 전력에 따라 승리가 당연히 주어진다면 감동적이지 않다. 모두가 이 팀에 희망이 없다고 판단했을 때 누군가는 승리의 묵시록을 보여 줘야 하고, 저주에 묶인 사슬을 끊고 최악의 지점에서 비상했을 때 스포츠는 아름답다.

2023년 카타르 월드컵에서도 어떤 신화적인 서사가 있었다. 펠레와 마라도나 이후 세계에서 가장 뛰어난 축구 선수라는 리오넬 메시(아르헨티나)의 우승은 2006년 독일 월드컵 출전 이후 12년이 필요했다. 그는 2014 브라질 월드컵 결승에선 독일과의 1:0 접전 끝에 패배했다. 1:0으로 끌려가던 당시 경기에서 평소의 메시라면 골을 만들었을 프리킥 장면에 수억 명의 세계 인구가 숨죽이며 집중했다. 하지만 메시의 발에 맞은 공은 골대를 넘어 높이 솟구쳤다.

메시의 불운은 이어졌다. 2016년 '2015 코파 아메리카' 결승에선 칠레와 0:0으로 승부를 내지 못하고 승부차기로 이어졌다. 선축으로 나선 칠레의 비달이 실축하면서 아르헨티나 팀은 한껏 부풀어 올랐다. 이 결정적인 순간, 키커로 나선 메시는 이번에도 공을 허공에 날렸다. 결국 칠레에 패배하고 경기장에서 오열한 그는 경기 후 인터뷰에서 "나의 국가대표 경력은 끝났다. 나는 결심했다."고 말했다. 아르헨티나는 발칵 뒤집혔다. 대통령과 축구 전설 마라도나까지 나서서 메시가 마음을 돌리기를 기원했다.

그는 마음을 돌려 2018 러시아 월드컵에 출전했지만, 이번엔 정상급 선수들의 공백이 너무 컸다. 16강에서 프랑스에 패배하고 일찌감치 짐을 꾸려야 했다. 그래서 2022 카타르 월드컵에서 아르헨티나가 승리한 것을 사람들은 '메시의 승리'라고 환호했다. 모든 승리는 땀에 비례하지 않는다. 특히 월드컵과 같은 토너먼트 경기에서 우승하는 건 쉽지 않다. 그래서 감동은 배가된다.

카타르 월드컵 감동의 순간으로 꼽힌 또 하나의 사례는 바로 한국이 포르투갈을 꺾고 16강에 진출하던 순간이었다. 이 장면은 FIFA가 뽑은 카타르 월드컵 7장면에도 선정되었다. 상당수의 축구 전문가는 한국의 16강 진출을 비관했다. 미국 유명 데이터 업체에선 한국 팀의 16강 진출 가능성을 11%로 예측했는데, 이는 가나보다 낮은 수치였다. 대체로 전문가들은 포르투갈과 우루과이가 16강에 진출할 것으로 보았다. 포르투갈은 16강 진출을 확신했던 듯하다. 16강 진출 시 맞붙게 될 브라질과의 경기를 위해 팀의 에이스 몇 명을 출전시키지 않고 휴식을 주었다.

기적은 경기 추가 시간에 일어났다. 1:0으로 한국이 앞서던 상황에서 포르투갈은 득점을 위해 수비 라인을 올렸고, 한국 팀 골문 앞에서 튕겨 나온 볼을 손흥민이 잡아 하프라인 너머 상대 팀 골대 앞에서 6명의 밀집 수비를 뚫고 황희찬에게 패스, 드라마틱한 골을 만들어 낸 것이다. 하지만 한국이 16강에 진출하기 위해선 복잡한 승점 계산이 필요했다. 같은 시각 다른 경기장에서 진행되던 가나와 우루과이 경기에서 우루과이가 2점 이하로 가나를 꺾었을 때만 진출할 수 있었다.

2:0으로 경기를 마무리 지은 후에도 한국 팀과 관중은 경기장을 떠날 수 없었다. 모두 스마트폰을 들고 가나와 우루과이와의 경기 결과를 기다렸다. 7분의 기다림. 한국 팀은 선수단 전원이 어깨를 걸고 원을 만들어 결과를 기다렸고, 경기장의 한국 팀 원정응원단의 일부는 눈물을 흘리며 가슴을 졸였고 또 어떤 이는 두 손을 모아 기도했다. 이 장면을 보도한 가디언지의 표현이다.

"For seven long minutes, the seconds ticked by, South Korea excruciatingly waited for Uruguay to finish, and then came the eruption."

긴 7분 동안 고통스럽게 초침이 재깍거리며 지나갔다. 한국 선수들은 우루과이전이 끝나기를 기다렸다. 그리고 환호가 분출했다.

BBC에서 한국 팀의 방송을 해설하던 앨런 시어러 전 영국 축구 대표 팀 주장은 이렇게 환호했다.

"What other sport evokes emotion like that."
그 어떤 다른 스포츠가 이런 감동을 자아내겠는가.

AP통신은 "월드컵 92년 역사에서 가장 격정으로 마감된 조별리그 중 하나, 한국의 조 2위가 확정되자 경기장에 있던 한국 선수들은 서로를 껴안고 입 안에 머금고 있던 물을 내뿜으면서 기쁨을 표출했다."라며 당시 상황을 묘사했다. 로이터통신은 "한국인 특유의 끈질긴 에너지로 유감없는 경기를 펼쳤다."라고 썼고, ESPN 역시 이 순간을 이렇게 평했다. "축구가 줄 수 있는 가장 감동적인 순간!" BBC는 중계해설을 통해 "한국에게는 정말 좋은 순간이다. 흥분, 눈물, 기쁨, 고통이 모두 느껴진다. 한국이 목표를 달성하는 방법은 믿을 수 없었다."라고 평했다.

앞서 살펴본 사례를 통해 우린 스포츠의 '아름다움'이 단순히 육체적 역량이나 팀의 전력으로 인한 승리에 있지 않다는 사실을 확인할 수 있다. 그동안 인간의 육체 활동을 통한 '아름다움'에 대한 미학적 분석은 주로 철학적 언어로 전달되었다.

칸트에게 아름다움이란 "어떤 순수하고 사심 없는 순간의 취미 판단"으로 생겨난다. 여기서 '사심 없음'이란 어떤 이해관계가 개입되지 않은 온전한 상태에서만 진정한 아름다움을 느낄 수 있다는 뜻으로 이해할 수 있다. 즉 자기 조국의 승리나 자기 지역 팀의 승리를 견인한 결정적 장면이 아니라, 이를 배제한 상태에서도 온전히 인간 의지와 활동의 아름다움을 느꼈을 때 그것이 아름다움의 본질이라는 뜻이다.

아리스토텔레스는 '카타르시스(katharsis)'라는 개념을 통해 인간 내면의 어떤 두려움과 상처, 억압감 같은 것이 일시에 해방(배설)되는 순간의 정념을 아름다움이 주는 감동이라고 주장했다. 이후 신의 설계라고 믿었던 '기하학적 인체의 비례' 또는 그러한 움직임, 퍼포먼스, 아곤(agon: 경쟁), 아레테(arete: 탁월성을 향한 노력), 비극과 변형, 숭고(崇高)의 개념이 등장했다.

최근 들어 인간이 스포츠를 통해 느끼는 감동은 보다 원초적인 인류 진화의 결과라는 주장이 뇌 과학자들 사이에서 공유되었다. 인간이 진화 과정에서 직립보행을 넘어 장애물을 헤치고 거침없이 뛸 수 있는 상태가 되었을 때 비로소 스포츠가 시작되었다는 것이다.

100만 년 전, 인류는 불을 사용하면서 화식을 시작했다. 화식은 음식물의 소화를 도왔고, 기생충이나 바이러스에 의한 위험도 제거했다. 과거 인간은 맹수와 비슷하게 소화를 위해선 오랜 시간 누워 있거나 활동에 제약을 받았지만, 이제 활동 시간이 길어졌고 그 반경도 넓어졌다. 그리고 맹수로부터 자신을 방어할 수 있게 된 인간의 활동 시간은 밤까지 이어졌다. 뇌에 고칼로리가 안정적으로 공급되자 뇌가 팽창하기 시작했고, 화식(火食)으로 인해 구강구조가 바뀌면서 점차 복잡한 언어도 사용할 수 있게 되었다.

여기에서 스포츠와 관련한 2가지 사건(특이점)이 발생했다. 깊은 숲에서 부스럭거리는 소리를 들었을 때 당시 인류가 선택할 수 있는 방법은 크게 3가지였다. 첫 번째로 소리를 낸 동물을 확인하는 것이다. 그것이 맹수가 먹잇감을 기다리다 나뭇가지를 밟은 소리인지, 아니면 쥐가 마른 나뭇잎을 밟고 간 소리인지를 구분하기 위해 소리가 났던 현장으로 가는 것이다. 두 번째로는 기다리는 것이다. 주의를 기울여 창을 움켜쥐고 그 소리의 주인공이 나타나길 기다렸다 도망가거나 또는 대적하는 것이다.

그리고 마지막 방법은 소리가 나자마자 무조건 걸음아 날 살려라 하며 달리는 것이다. 인간의 진화 과정에서 생존에 가장 유리한 DNA는 달리는 쪽이었다. 그들의 후손이 더 많이 생존했기에 '달리기 유전자'는 우성 유전자가 되었다. 달리기는 꼭 맹수를 피할 때만 필요한 것은 아니었다. 포위망을 좁히고 들짐승을 사냥하기 위해서도 달리기는 필수였다.

인간이 달리는 과정에서 뇌의 용적량은 더욱 커졌고, 뇌는 보다 다양하고 복잡한 신경물질을 인체에 전달했다. 그리고 늘어난 뇌로 인해 인간은 언어를 이용해 이야기를 만들었고, 그렇게 탄생한 인류의 첫 번째 민담은 거대한 매머드나 고래, 사자를 잡은 부족 청년의 영웅담이었다. 이 민담이 국가적 형태의 이야기로 발전하면 신화가 된다.

또 하나는 거울효과다. 인류는 멋진 포물선을 그리며 마침내 우승을 차지한 장대높이뛰기 선수의 눈물에 온전히 감정을 이입하는 '공감 유전자'를 가지고 있다는 것이 밝혀졌다. 피 말리는 시합의 끝, 우승자의 환호와 패배자의 통곡은 시청자에게 고스란히 전해지고, 우승자가 움직이는 대근육의 진동과 함께 환호한다. 귀속 집단에 대한 애착이 강할수록 이 감정은 더 커진다.

다시 말해 인류가 스포츠에 열광하는 것은 최초의 인간 영장류가 사냥을 위해 뛰고, 죽지 않기 위해 몸을 날리는 동작만큼이나 절박하고 자연스러운 호흡과 같은 일이라는 것이다. 거대한 짐승의 각을 뜨고 남은 가죽을 뒤집어쓰고 부족으로 귀환하는 전사의 이야기는 오늘날 우리들이 열광하는 '서사'가 되었다.

2장

조선은 죽어라 달렸고

광장은 죽어라 외쳤다

조선인에게 주입된
스포츠 이데올로기

일제강점기 조선인을 매료시킨 스포츠는 자전거, 야구, 복싱, 마라톤, 유도, 씨름, 레슬링이었다. 자전거 선수 엄복동은 1920년대를 휩쓸었다. 그는 당대 '자전차 대왕'으로 알려졌다. 그는 만주와 일본, 경성을 가리지 않고 자전거 대회에 출전했는데, 1926년까지 무려 50개의 우승기를 차지했다.

1920년 경성시민대운동회에서 일본의 가장 강력한 자전거 선수 모리 나카히로 등과 50바퀴 경주를 벌였는데, 거친 진로 싸움으로 나머지 선수들이 모두 나가떨어지고 결국 엄복동과 다카히로만 남아 경합했다. 엄복동은 3바퀴나 앞서 달리고 있었지만, 일본인으로 구성된 주최 측은 엄복동에게 또 타이틀을 줄 순 없었다. 일제는 결국 일몰을 핑계로 경기를 중단시켰다.

이에 격분한 엄복동은 본부석으로 달려들어 우승기를 꺾어 버렸고, 인근의 일본인들이 몰려들어 엄복동을 구타했다. 이를 지켜보던 조선인들도 경기장에 난입해 난투극이 벌어졌다. 당시 《매일신보》는 "호소무처의 차한[10]을? 조선 사람은 우승기도 가질 자격이 없는가? 자전거 경주 사건"이라는 기사를 통해 "원통함을 어디에 호소하누?"라며 피 토하는 심경을 담은 기사를 발행했다.

그로부터 2년 후, 엄복동은 1922 전조선자전차경기대회에서 다시 한번 일본인 선수들을 꺾고 우승했다. 당시 군중의 열기는 어느 정도였을까?《매일신보》는 다음과 같이 보도했다.

"내지인[11] 편에서는 일점의 생기가 없어지고 조선인 관중은 그라운드 장내까지 뛰어 들어가서 좋아라고 뛰놀기를 마지않았다. 우승한 엄복동 군은 … 장내를 한번 일주하며 십만 관중의 환호성에 엄군은 무쌍한 영광을 얻고…."[12]

게다가 거리에서는 이런 노래가 아이들의 입을 통해 울려 퍼졌다.

"떴다 보아라 안창남의 비행기

---

10 호소무처(呼訴無處)의 차한(此限), 억울하고 원통한 사정을 호소할 길이 없음.
11 일본인.
12 매일신보. 1922년 5월 23일자.

당시 조선에 자전거가 그렇게 많이 보급되었던가? 맞다. 1880년대에 조선에 처음 들어온 자전거를 조선인은 그저 신기하게 구경할 따름이었지만, 1900년도엔 신문 배달, 심부름꾼, 시장 배달부까지 자전거를 애용할 정도로 널리 전파되었다. 자전거 판촉을 위해 당시 자전거 상회에선 매해 동대문 운동장 부근에서 자전거 대회를 개최하곤 했다.

이 시기엔 YMCA에서 전파한 고등부 야구가 인기를 끌었다. 당시 기사를 보면, 배재 · 휘문 · 경신 · 오산 · 중앙학교의 야구부가 강했는데, 지방 학교 가운데서도 야구부가 있느냐 없느냐를 놓고 학교의 수준을 인정하곤 했다. 서울 배재고보의 이영민은 당대 홈런 타자로 이름을 날렸다. 1932년엔 '전일본도시대항 야구대회'에서 일본 팀을 연파하고 결승에 진출하기도 했다.

당시 조선에 무슨 돈이 있어 야구와 같은 '비싼 운동'을 했을까 싶지만, 당시엔 별도의 야구경기장이 아닌 학교 운동장이나 너른 평지에서 그냥 경기했고, 군중들은 라인을 따라 마치 마라톤을 보듯 둘러서서 응원했다. 즉, 글러브와 공, 나무를 깎아 만든 배트만 있으면 되었다. 고교 팀들의 결승엔 수만 명의 군중이 집결했을 정도라고 하니, 그 인기가 어느 정도였는지 가늠할 수 있을 것이다.

항일사상과 근대화 민족개조론을 품은 조선 스포츠

1905년, 1년 남짓한 기간 러일전쟁에서 일제가 러시아와 중국을 단번에 격파한 것을 보고 충격에 빠진 나라는 서방만은 아니었다. 근대화에 성공한 일본의 강대함을 목도한 조선의 상당수 지식인은 1910년 국권마저 강탈당하자 일본의 강대함을 일본 민족의 우수성으로 인식하기 시작했다. 이는 일본의 식민지 교육을 통해 유포된 것이기도 하다. 조선 민족의 열등함과 일본의 우수성은 당시 지식인들의 화두이기도 했다.

1920년 《개벽》에 실린 기사 〈사나이거든 풋볼을 차라〉를 보자.

"조선인은 원래 어렸을 때부터 업혀 길러지는 데다 꿇어앉는 습관 때문에 다리가 짧고 양복을 입어도 폼이 안 나는데, 야구나 정구도 좋지만 축구를 해야 다리가 길어지고 튼튼해져서 민족적 신체 결함을 고칠 수 있다."[13]

친일 지식인 이광수는 한술 더 떠 일본인의 용모까지 찬양하고 나섰다.

---

13 천정환. 《끝나지 않는 신드롬》. 푸른역사. 2005. p.131.

"조선인은 눈동자가 풀렸고 입은 벌어졌으며 팔다리는 늘어졌고, 가슴은 새가슴에, 걸음걸이에 기력이 보이지 않고 안색도 누렇다. 조선인의 용모에는 쇠퇴, 궁색, 천함이 찍혀 있다." 반대로 일본인은 "광채가 나는 눈동자에 예리한 기운이 돌고 다문 입엔 의지력이 보이고 몸을 보면 가슴이 볼록, 양어깨에 근육이 나오고 돌처럼 단단하다. 그 덕에 일본인은 하루 100리를 달리고 전쟁이 나면 총과 배낭을 메고 풍찬노숙을 견딘다."[14]

조선 최초의 국비유학생이었던 유길준(1856~1914)은 보스턴 대학을 나온 엘리트였다. 그는 조선이 살려면 개화해야 한다는 '개화사상'을 주창했다. 그는 "유교가 자손의 상무정신을 박탈한 것을 최악의 범죄"라고까지 규정하고 체육을 통해 실력을 양성해 근대 국민으로 개조되었을 때만이 일본과 같은 1등 국민이 될 수 있다고 주장했다.[15]

이렇듯 3·1운동 이전에 조선인에게 체육이란 체력을 증진해서 일본을 따라잡을 수 있을 정도의 실력 양성을 의미했다. 이 시기 조선 체육을 바라보는 사람들의 인식엔 반일 감정과 식민지 근대화론에 따른 민족적 열등감이 묘하게 섞여 있었다. 개화사상을 일찍 받아들인 친일파 지식인이나 민중들 모두 동의했던 것은

---

14 앞의 책. p. 88.
15 박노자. 《우승열패의 신화》. 한겨레출판. 2005. p.379.

"이씨 조선의 중국에 대한 숭상으로 우리 민족의 전투적 기질과 정신이 훼손되었다."는 것 정도였다. 물론 조선 지식인들의 민족적 열등감은 시대가 강요하고 일제가 식민사관을 통해 유포한 것이기도 했다.

조선독립군들의 무장투쟁이 본격화되기 전에 중국인들은 조선인을 '꼬리빵즈'라고 부르며 "피 한 방울도 흘리지 않고 나라를 일본에 내어 준 겁쟁이들"이라고 비하했다. 꼬리빵즈는 '고려 막대기' 내지는 '고려 속국 놈', 또는 '고려 거지새끼들'이라는 의미로 일제가 조선인을 '조센징'이라 불렀던 것과 유사한 욕설이다.

3 · 1운동 이후 모든 것이 변했다

일제의 헌병 통치와 양곡 징수, 노골적인 차별정책으로 인해 조선인의 반일감정이 반일사상으로 신념화되자, 조선인은 스포츠를 항일(抗日)로 이해하기 시작했다. 1919년의 3 · 1운동과 1920년 김좌진 · 홍범도 장군의 청산리대첩, 일본 반출미(搬出米)를 확보하기 위한 쌀 거래 금지 등으로 민중의 반일 기운은 높아만 갔다.

1920년부터 1935년까지의 기간은 조선인의 사상이 가장 크게 변했던 시점이다. 10대 청소년들은 태어나자마자 일제를 제 나라로 배우고, 일제는 절대 망하지 않을 것으로 믿었던 반면, 국권 피탈 과정을 생생히 목도하고 3·1운동으로 가족을 잃었던 청·중년 세대의 항일 의지는 대단히 높았다. 특히 만주에서의 총성은 조선인의 심장을 뛰게 했다. 1920년은 의열단과 임시정부, 홍범도와 김좌진 장군이 탄생한 영웅의 시대였다.

1910년대에 이미 대한독립군 연합부대가 국내에서 독립전쟁을 시작했다. 홍범도 장군이다. 홍범도는 한 달이 멀다고 두만강을 넘나들며 일제 통치기관을 공격했다. 작은 전투들이었지만 국내 진공이었다. 연해주와 간도의 조선인들을 흥분시키기엔 충분했다. 처음엔 함북 지역의 포수들을 불러 모아 유격전을 했고, 이후 독립단체와 연계해 400명 단위로 진공해 단번에 수십 명의 일본군을 죽였다. 상해 임시정부가 놀란 나머지 두 명의 요원을 급파해 사실을 확인할 정도였다. 일제 정보기관은 홍범도와 지역 민심을 이렇게 보고했다.

"홍범도는 간도와 백두산을 넘나들며 지형을 익혔는데 조선과 간도의 지형 읽기는 신(神)에 가깝다."
"의란구 지방(연길)은 전시 분위기며 정신은 일종의 흥분 상태다. 사람들은 홍범도를 심히 숭배하고 있다. 한족(조선) 독립이 다 되었다고 믿는 사람이 아주 많다."

일본군은 홍범도를 '하늘을 나는 장군(飛將軍)'이라 불렀고, 평안도 지방 민중은 '축지법을 쓰는 장군'이라는 전설을 믿었다. 험한 준령 타기를 업으로, 호랑이 잡으러 다녔던 산포수 부대의 대장이었던 홍범도에게 걸맞은 평가다

3·1운동이 진압된 이듬해인 1920년의 '철혈광복단' 이야기를 빼놓을 수 없다. 간도의 조선 청년 6명이 일본영사관으로 가는 현금 수송 차량을 털었다. 총을 쏴 마부와 호송 경찰을 죽이고, 반항하는 놈은 쇠몽둥이로 내려쳐 죽였다. 조선은행의 만주철도 자금 15만 원이 나왔다. 청년들은 블라디보스토크에서 총을 살 계획이었다. 당시 러시아 5연발 소총 한 정과 100발의 탄환, 탄띠가 30원에서 100원이었으니 잘만 흥정하면 4천 정가량의 총과 탄환을 구할 수 있었다.

그러나 청년들은 실수했다. 안중근과 함께 국내 진공 작전을 감행했던 인물이라는 이유로 변절자를 동지로 신뢰한 것이 화근이었다. 총값을 흥정한다고 무기업자와 거한 술판을 벌였는데, 이날 한 명만 탈출하고 모두 체포되었다. 체포 당시 거금도 함께 압수되었다. 변절자는 엄인섭, 영화 〈암살〉에서 이정재가 맡은 배역, 염석진의 모티브다.

1929년엔 학생들이 신사 참배를 거부하고 "조선 독립 만세"를 외치며 전국 320여 개 학교 54,000명의 학생이 이듬해 3월까지 동맹휴교와 시위를 했다. 퇴학당한 학생만 무려 582명이었고 무기정학당한 학생이 2,330명이었다. 확실히 조선 청년들의 세계관은 변하고 있었다.

"다시 일어나 싸워라!" 조선인에게 스포츠는 독립운동이었다

"과학에는 국경이 없지만, 과학자에겐 조국이 있다." 루이 파스퇴르(1822~1895)가 한 말이다. 1930년대 조선의 체육인들 역시 "스포츠맨십엔 국경이 없지만, 체육인에겐 조국이 있다."라고 생각했다. 그리고 식민지에서의 스포츠는 일제를 이기는 것이고, 이것이 곧 독립운동이라고 보았다.

조선의 근대스포츠에서 빼놓을 수 없는 인물이 바로 몽양 여운형(1886~1947)이다. 그는 뛰어난 민족지도자로 알려졌지만, 실제 조선 체육에서도 크게 기여했다. 그는 스포츠를 사랑하는 데그치지 않고 스포츠를 통해 민족 얼과 투쟁심을 고취하려 노력했다. 그는 육상, 축구, 야구, 농구, 권투, 유도, 택견, 철봉, 수영, 투포환을 당대 웬만한 선수 수준으로 잘했다.

대한민국 최초의 야구팀인 YMCA 야구부(황성기독교청년회 베이스볼 팀)의 주장으로 활약했고, 1912년 11월 2일 와세다대학의초청을 받아 일본 원정 경기를 다녀오기도 하였다. 상하이 임시정부 망명 시절인 1926년에도 상하이야구팀 코치를 맡았다. 상하이한인체육회위원장을 지냈으며, 푸단대 명예교수로 대학 축구팀을 이끌고 싱가포르, 필리핀 등을 순방하기도 했다. 단련된몸의 그가 담장을 훨훨 날았다는 목격담도 있다.

그는 1934년 조선체육회 이사로 취임했고, 1936년 베를린 올림픽에서 우승한 손기정 선수의 가슴에서 일장기를 지워 게재했던 《조선중앙일보》의 사장이기도 했다. 그는 손기정 선수가 금메달을 따기 전부터 손기정 선수를 비롯한 양정고보의 육상 선수들을 후원했다. 《조선중앙일보》 초대 사장이었을 때, 그는 일본 대학과의 친선 경기를 열며 이렇게 말했다.

"피를 흘리면서도 싸우고 다운돼도 다시 일어나 싸우는 권투 정신은 우리 청년들이 의당 본받아야 할 훌륭한 정신이다. 남성답게 씩씩하게 싸우라. 비겁하지 않고 정정당당히 스포츠맨십으로 싸우라. 나는 청년은 내남을 가리지 않고 좋아한다. 무릇 청년은 정의를 위해서는 목숨도 아끼지 않는 불 가슴을 안고 있기 때문이다."[16]

그는 스포츠맨십을 '정의를 위해서라면 목숨도 바칠 수 있는 기개'와 같은 것으로 보았다. 스포츠로 불굴의 정신과 독립 의지를 고양하는 것을 당시 조선 체육인의 사명으로 삼았다. 그래서 그는 국권을 피탈당하고도 참는 것, 두들겨 맞고도 고개 숙이는 건 노예나 하는 짓이라 규정했다. "우리 조선에만 있다고 볼 수 있는 철학인 '남에게 져라. 때리거든 맞아라. 남을 때리지 마라.' 하는 이런 놈의 철학이 어데 다시 있겠소. 오직 망친 조선만 있는 철학입니다."라고 그가 포효한 이유다.

---

16 이기형. 《여운형 평전》. 실천문학사. 2004. p.237.

일제강점기 조선 지식인이 자신(민족)의 신체를 보는 시각은 이렇게 변해 갔다. 초기엔 조선인의 신체적 특성과 문화 자체가 열등하다고 보았던 친일 지식인이 있었고, 그들에게 국가의 힘이란 소속 국민의 신체적 우등성과 동일했다. 그랬기에 서방의 신식 무기로 무장한 훤칠한 장정들을 보며 신체적 열등감을 가졌고, 일제가 러시아와 중국을 격파한 후에는 신체적 열등감이 사상 정신적 열등감으로까지 확장되었다. 즉 일본의 무사도 정신과 근대식 생활 풍습이 그들의 국력을 이끌었다고 믿었고, 조선 개화야말로 민족의 나아갈 길이었다.

하지만 일제강점 후반기엔 반일 사상의 고취와 함께 조선인 마라토너들이 활약했다. 사람들의 인식은 '조선인이 신체·정신적으로 결코 열등하지 않으며, 어쩌면 조선의 미래가 이 청년들의 강건한 신체에 있을 것'이라는 데까지 확장되었다. 즉, 조선에서의 스포츠는 국권을 다시 되찾기 위한 실력 양성 운동이자 일본인보다 조선인이 우월하다는 사실을 입증할 수 있는 '항일 스포츠'로 정착되어 간 것이다.

이런 기류는 해방 후에도 지속되었다. 1954년 스위스 월드컵 예선을 위해 일본으로 출국하는 한국 선수단을 향해 이승만 대통령은 "지면 현해탄에 빠져 죽어라."라고 명령할 정도였다. 공교롭게도 한국 선수단이 일본 하네다 공항에 도착한 날이 3·1절이었다. 한국 선수단이 일본을 꺾고 귀국했기에 망정이지, 만약 패했다면 이승만 대통령은 이후의 한일전을 불허했을지도 모른다. 정부 차원의 지원은 거의 없었지만 선수들에게 한일전 승리란 '민족적 사명' 이상의 중압감으로 작용했다.

스포츠에 민족애를 투사하는 것은 한국만이 아니다. 독일에 점령당했던 폴란드와 영국, 프랑스에도 있고, 스페인과 포르투갈 식민지였던 중남미 나라들에서도 이런 현상을 찾아볼 수 있다. 이들 나라에서 국가 대항전은 스포츠 그 이상의 의미를 가진다. 특정 국가에 대한 승벽심 또는 자국에 대한 자부심은 오늘날에도 국민이 스포츠에 열광하는 하나의 요소다.

평소 축구 이야기만 나와도 하품을 하던 사람이 월드컵 한일전을 보면서 흥분하고, 피겨나 스피드 스케이팅에 조금도 관심이 없던 사람도 올림픽 금메달이 걸린 경기에 열광한다. 이를 비판적으로 보며 '스포츠는 즐기는 것이고, 스포츠의 아름다움은 스포츠맨십이 주는 감동'이어야 한다고 주장하는 이들도 많다. 이런 주장은 오늘날 국제 경기에 대해 '국가주의의 분출구'라고 지적하는 주장과 궤를 같이한다.

다만 우리가 생각해 봐야 할 지점이 있다. 어떤 국가가 특정 종목에서 뛰어나다는 것이 그 국민이나 민족의 우수성을 가늠하는 척도는 아니라는 것이다. 중국이 축구를 못한다고 그들의 민족성이 뒤떨어지는 것이 아니다. 탁구와 양궁이 저조하다고 해서 그 나라 국민의 신체가 더 열등하다고 볼 수 없는 것처럼 말이다. 몽골 기병이 아시아와 유럽 전역을 점령했다고 몽골인의 신체가 우수하다고 말할 수 없고, 베를린 올림픽이 독일 아리안 민족의 우수성을 증명했다고 보는 미친 사람도 없다. 흑인이 수영과 피겨에서 좋은 성적을 내지 못한다는 이유로 흑인은 수영을 못하는 인종이라거나, 열대 민족이라 빙판과는 어울리지 않는다고 말한다면 분명 그 사람은 인종차별주의에 은연중 영향받은 사람일 것이다.

일제강점기에 조선인이 한일전 승리에 민족의 영광까지 돌렸던 이유는 역설적으로 당시 조선의 상황이 참담했기 때문이었다. 싸울 수 있는 모든 수단을 강탈당한 민족의 한(恨)을 대부분의 군중은 오직 문학과 체육으로 표출할 수 있었기에 이런 현상은 어찌 보면 자연스럽다고 할 수 있다.

스포츠가 불의에 대한 저항의 코드로 활용되는 것은 정당하다. 혹자는 스포츠에서 정치를 완벽히 배제해야 한다고 주장할지 모른다. 하지만 때로 경기장은 정의를 표출하는 장이 되기도 하고, 추악한 국가 범죄를 은폐하는 데에 적극적으로 가담하기도 한다.

1978년 군부가 저항하는 청년들을 고문 사살하던 시절의 아르헨티나 월드컵은 어떤 의미일까. 또는 2022년 영국 프리미어 리그와 미국 NFL(아메리칸 풋볼 리그) 경기에서 휘슬이 울리기 전 선수들이 무릎을 꿇어 인종차별에 반대하는 퍼포먼스를 하고, 유럽 축구 리그에서 특정 선수에 대한 인종차별 욕설을 한 관중을 기소하거나 평생 관람권을 박탈하는 조치는 어떻게 봐야 할까. 사회적 산물인 스포츠에서 사회적 맥락과 정치적 함의를 모두 지울 수 있을까.

우리가 우려해야 할 요소는 다만 이것이다. 스포츠를 타민족, 국가에 대한 혐오와 비하의 도구로 사용하는 것. 그리고 그 반대급부로 국제 경기에서의 승리를 자기 민족, 국민성의 우월함으로 인식해서 급발진하는 것이다. 이런 행태야말로 글로벌 스포츠 시대에 촌스럽지 않은가. 사람들이 스포츠를 사랑하는 이유는 그 안에 감동과 즐거움, 짜릿한 전율이 있기 때문이지, 분노와 좌절감, 혐오의 감정을 느끼기 위함이 아닌 것과 마찬가지다.

'조선 최초의 망연한 경악',
1936 베를린

    권투와 마라톤, 유도와 레슬링은 처지가 빈궁한 약소국 청년들이 가장 접근하기 좋은 스포츠였다. 많은 사람이 손기정 선수의 1936년 베를린 올림픽 마라톤 금메달만을 기억하지만, 1930년대 국제 마라톤을 제패했던 이들은 일제강점기의 조선 청년들이다. 당시 나라가 있었다면 응당 조선은 마라톤 최강국으로 불렸을 것이다.

    조선 후기 양반과 중인들은 뛰는 것을 싫어했다. 뛰는 것은 '상놈'들이 하는 짓이고, 양반은 어디까지나 짧은 다리로 점잖게 걸어야 했다. 당시 매관매직이 횡행했고 공명첩의 발행과 족보 매매로 양반 행세를 하는 자들은 인구의 70%에 육박했다. 양반은 체통 때문에 뛰지 않았고, 그 '아랫것'들은 뛰면 배가 꺼지기에 뛰지 않았다. 조선 후기 한양을 방문한 서구인들은 조선인이 대체로 조용하고 느려 전혀 활력이 느껴지지 않는다고 했다.

조선 시대에 양반은 절대로 뛰지 않았다. 그냥 뛰지 않은 정도가 아니라 뛰어다니는 사람을 경멸했다. 테니스가 처음 들어왔을 때 미국 영사가 시범을 보이자 신기선(申箕善)이라는 대신이 "아니, 아랫것들 시키시지 왜 영감이 직접 뛰어다니시오."라고 책망 투로 말했다고 한다. 신기선이 꼴보수 수구파였느냐고? 천만에, 그는 갑신정변 뒤 개화당의 삼일천하에서 이조판서에 임명될 만큼 갑신정변의 주역들과 가까운 사이였다. 자기들은 달리지 않았지만, 조선 시대 양반들은 자기들이 부리는 아랫것들이 빨리 달리는 것은 좋아했다. 그래서 급한 편지 같은 것을 전할 때면 잘 뛰는 종의 팔을 피가 통하지 않도록 꽉 동여매고, 봉인을 한 다음 목적지에 도착한 다음에야 풀 수 있도록 했다. 전보도, 전화도, 이메일, 오토바이 퀵서비스도 없는 시절, 사람이 죽어라 달려가 급한 기별을 전해야 했던 한 시절, '아랫것'들을 함부로 다룬 '윗것'들의 잔인함이 물씬 배어난다.[17]

캐나디언 선교사 제임스 S. 게일은 25세의 나이로 1888년 조선에 들어와 여러 기록을 남겼다. 우리나라 최초의 《한영사전》

---

17 한홍구. "조선은 죽어라 달린다". 한겨레21. 2002년 11월호.

(1890)을 비롯해《심청전》,《춘향전》등 40여 권의 국영문 번역서를 펴냈다. 조선 입국 불과 7년 만에 번역서를 낼 정도로 우리말에 통달했는데, 그는 자신이 체험한 조선의 마지막 10년을 담아《코리안 스케치스(Korean Sketches)》라는 책을 냈다. 그는 조선인이 온화하고 매사에 느긋느긋한 매력적인 민족이라고 썼다.

그런데 그가 엄청난 문화적 충격에 빠진 일이 있었다. 그중 하나는 명당자리를 찾을 때까지 거리에 시체를 방치해 두는 조선인(백성)들의 풍습이었다. '못자리를 잘못 쓰면 집안이 거덜 난다'는 것이 그 이유였다. 그리고 그토록 온화하고 느긋하게 보이던 이들이 마을 대항 '석전 놀이'를 할 땐 무서운 전사로 돌변해 죽음을 무릅쓰고 싸우는 장면을 보고 경악했다. 아래는 게일 선교사가 보았던 조선인의 두 가지 기질이다.

조선에 사는 외국인에게 상놈(상민, 일반 백성)보다 더 흥미로운 존재가 또 있을까. 그들은 고요한 아침의 나라가 가진 가장 재밌는 특징을 고스란히 품고 있었다. 이들은 작열하는 동방의 태양 아래서 머리를 푹 숙이고 입을 활짝 벌린 채 잠들었다가는 마치 푹신한 침대에서 편히 잔 다음 아침에 일어나 목욕까지 끝낸 것처럼 상쾌하게 다시 일어날 수도 있었다. 그리고 다시 담뱃대를 빼 물고 즐긴다. … 상놈은 모든 욕구와 쾌락으로부터의 완전한 해탈을 보여 주는 살아 있는 가장 완벽한 증거였다. 이들은 엄청난 양의 밥을 먹을 수 있는 데다가 외국인이 나뭇가지로 이쑤시개를 만드는 데 걸리는 것보다 훨씬 짧은 시간에 목침을 베고 잠들 수 있었다.

… 딱 한번 상놈의 눈에 생기가 도는 것을 보았다. 그것은 돌싸움에서 였다. 그 고장에서 내로라하는 수백 명의 명사수들이 편을 가른 다음 한두 근쯤 되는 돌멩이로 무장한다. 내가 도착했을 때는 공중에 돌멩이가 미사일처럼 수없이 날아가고 있었는데 한 사람 한 사람이 자유자재로 돌을 던지는 모습이 마치 거대한 투석기가 자동으로 발사하는 것 같았다. 먼지와 땀에 휩싸여 양편은 점점 가까워졌다. 그러다가 갑작스런 중단. 마치 골이라도 넣은 듯 터지는 함성. 상대편의 최고 사수가 정확히 강타당했고 즉사했다. 곧 그의 시신이 싸움터에서 치워진다. 그리고 싸움은 다시 시작된다. 저녁이 오기 전에 다른 편에서도 한 사람이 쓰러졌다. 그렇게 결과는 동점이었다.[18]

조선인의 명절 경기였던 석전(石戰)은 의병운동에서 큰 빛을 발했다. 의병운동은 1894년 일본군의 경복궁 기습 사건과 민비 시해(을미사변), 군대해산 등을 겪으며 왕성하게 번졌다. 의병 활동은 3·1운동 직전인 1909년까지 이어졌다. 의병들은 사대부를 추대해 무장조직을 구성했는데, 이것이 바로 의진(蟻陣)이다.

의진의 의병들은 게릴라전을 전개할 때 석전 명사수를 전방에 배치했다. 석전 고수가 힘차게 팔매질을 하면 짱돌은 일군의 이

---

18 제임스 S. 게일. 최재형 역. 《조선, 그 마지막 10년의 기록》. 책비. 2018.

마를 정확히 강타했다. 그래서 일제가 가장 먼저 금지한 조선의 명절 스포츠(?)가 바로 석전 놀이였다. 1919년 3·1운동 때 이 석전이 다시 등장한다. 왜경의 심문조서를 보면 조선인이 던진 돌에 이마를 맞아 죽은 왜경과 말에서 떨어져 뼈가 부러진 이들의 사례가 무수하다.

세계의 마라톤을 석패했던 양정고보

일제강점기 개성과 한양에는 유독 달리는 직업이 많았다. 인력거꾼, 물장수, 배달 소년, 시장 통의 등짐 배달꾼 등 두 다리로 돈 버는 직업이 급속도로 많아졌는데, 지금의 오토바이 배달 라이더의 급증 현상과 유사했다. 당시 인기 있는 달리기 대회가 '경성시민 대운동회'와 '조선신궁대회'였다. 달리기만 잘해도 두둑한 상금을 받고 후원자도 생겼기에 달리기는 인력거꾼들에게 인기가 높았다. 그들에게 달리기란 스포츠가 아니라 생업을 위한 밑천이자 일상이었기에 조금 오래 달리는 것쯤은 문제가 되지 않았다.

1925년 경성운동장이 준공되자 조선신궁대회가 봄가을에 이곳에서 열렸다. 조선신궁대회는 메이지신궁대회의 지역 예선이었다. 바로 이 경성운동장이 우리가 기억하는 동대문운동장이다. 그리고 경성시민 대운동회는 매해 5월 초 경복궁 내 너른 마당에서 개최되었다. 일제는 의도적으로 조선의 법궁(法宮)을 운동장과 동물원과 같은 유흥시설로 꾸몄다. 시민들은 경회루에 걸 터앉아 술을 마시며 놀다가 자전거 경주 대회와 마라톤 대회가 시작되면 구름같이 몰려들었다. 《동아일보》는 당시의 광경을 이렇게 묘사했다.

"남녀노소 경성 시민 모두가 나온 것 같다. 사람들의 사태가 별안간 난 것같이 들이밀리며 광화문에 부딪히며 사람의 물결이 밀려들었다. 수만 명의 발아래에서 일어난 먼지는 중천을 덮고 … 무려 10만 명으로 추측된다."[19]

당시 마라톤 출전자가 220명, 자전거 선수가 70명이었는데, 여기엔 조선상공인(일반시민)과 고등보통학생, 그리고 일본인이 섞여 있었다. 1920년 경성시민 대운동회에선 인력거꾼 최원기가 우승했다. 이어 1927년 조선신궁대회에선 철도청 말단 직원이었던 마봉옥이 3시간 29분 37초로 우승했는데, 이것이 한국(조선) 최초의 공인 기록이다.

조선인 인력거꾼, 물장수 등이 자주 우승하자 일제는 그들을 "달리기가 직업인 프로이므로 아마추어 대회에서 참가할 수 없다."는 규정을 만들었다. 먹고살기 위해 달렸던 이들을 '프로'로

---

19 동아일보. 1920년 5월 3일자.

규정한 것이다. 1929년 조선신궁대회에서 인력거꾼 이성근이 또 우승했는데, 그는 이 규정을 회피하기 위해 백마구락부라는 육상 동호인 단체의 대표로 출전해야만 했다.

1931년엔 처음으로 일제가 아닌 조선체육회와 고려육상경기회가 주최하는 단축마라톤 대회가 열렸다. 당시 상공인(인력거꾼)들이 즐겼던 마라톤이 고등보통학교(이하 '고보')로 전파되는 데에는 오랜 시간이 걸리지 않았다. 이들 역시 고된 노동과 뛰기로 단련된 청년들이었다.

1931년 결국 양정고보의 김은배가 일을 냈다. 그해 10월 18일 제7회 조선신궁대회에서 2시간 26분 12초를 끊었는데, 이는 일본 최고 기록(2시간 35분 24초)을 9분 12초, 그리고 1920년 앤트워프 올림픽에서 핀란드 한네스 콜레마이넨의 세계 최고 기록(2시간 32분 5초 38)을 5분 53초 38이나 앞당긴 세계 최고 기록이었다. 하지만 우습게도 일제는 스스로 공인한 기록을 이런저런 이유로 공인 코스가 아니라며 비공인 세계 기록으로 분류했다. 김은배를 "조선의 천재적 마라토너"라고 소개한 《동아일보》는 "조선인의 천품상 또는 기질상의 결함이 없을 증명"했다며 대서특필했다.

이해에 전남 순천 빈농의 아들이었던 남승룡이 양정고보 1학년으로 편입했다. 그리고 이날 다른 경기 참가를 위해 경성에 왔던 손기정은 이때 처음 마라톤이라는 단어를 들었다고 한다. 손기정은 이듬해 양정고보에 입학했다. 당시 손기정은 중장거리 육상 선수였다. 손기정을 마라톤으로 이끈 결정적 계기는 권태하의 편지였다.

권태하는 충청북도 충주 태생으로 일본 메이지대학을 졸업하고 미국 사우스 캘리포니아대학에서 체육을 전공한 스포츠 엘리트였다. 1932년 LA 올림픽 1차 일본 예선에서 우승했지만, 정작 올림픽에선 다리 통증으로 인해 9위를 기록했다. 그는 귀국하지 않고 미국에 체류했다. 권태하는 당시 양정고보 김은배(당시 올림픽 마라톤 6위)와 함께 출전했는데, 김은배를 통해 손기정의 우수한 자질을 들었다. 그는 손기정에게 한 통의 편지를 보냈다.

"손기정 군! 나는 올림픽에 출전했으나 실패했네. 이제 다시 시작하려니 너무 늦은 감이 없지 않아. 나는 손 군과 함께 연습하면서 손 군이 가진 뛰어난 마라톤 소질을 보았네. 손 군이라면 틀림없이 세계 마라톤을 제패할 수 있다고 생각하네. 어떤가. 이제 정식 마라톤을 시작하게. 그래서 꼭 세계를 제패해서 저 일본 사람들의 콧대를 눌러 주게."[20]

권태하는 이 편지에서 LA올림픽 당시 일본인 코치들이 조선 선수를 배제하기 위해 체력 안배나 현지답사도 해 주지 않았고,

---

20 이태영. 《스포츠 영웅 불멸의 손기정》. 대한체육회. 2012.

당시 최고 기록을 보유하고 있던 김은배에게 페이스메이커 역할을 강요한 것도 털어놓았다. 그는 올림픽 연습 당시의 코치이자 선수였던 '츠다'의 횡포에 분개해 일본으로 귀국하지 않고 미국에 불법 체류 중이었다. 권태하는 손기정과 남승룡 정도라면 올림픽에서 우승해 일본의 콧대를 꺾을 수 있을 것이라며 사명감을 당부했다. 편지를 받은 손기정은 육상 중장거리에서 마라톤으로 전향한다.

"조센징 중 한 명은 탈락시켜라!"

1936년 베를린 올림픽에 일본은 히틀러의 독일 못지않은 야심을 불태우고 있었다. 아시아의 맹주 일본의 우수성을 당시 세계에서 가장 좋은 기록을 보유하고 있던 마라톤을 통해 각인시키려 한 것이다. 일본의 큰 그림은 일본인 선수 2명과 한국인 선수 1명이 금·은·동메달을 휩쓰는 것이었다. 선발전 이전까지의 기록으로는 손기정 1위, 남승룡이 4위였다. 그리고 스즈키, 이케나가, 이오아쿠 등이 2위에서 5위까지 경합했다.

그래서 일본 육상경기연맹은 통상 6개월 전에 선수 선발을 끝내는 관행과는 달리 대회 1달 전까지 선발전을 치르지 않았다. 자타가 공인하는 손기정이야 어쩔 수 없다지만 남승룡 선수는 제치려 했다. 일본은 지난 올림픽에서 조선인 선수 2명이 끼어 있

78   스포츠 인문학 다이제스트

어 팀워크가 깨졌다고 생각했기 때문이다. 결국 8월 1일, 이례적
으로 올림픽 개막 2달 전에야 선발전이 치러졌다. 상위 3명의 국
가대표를 선발하는 경기였다.

손기정의 계획은 당시 4위였던 남승룡의 기록을 끌어올려 동
반 출전하는 것이었다. 손기정은 레이스가 시작되자 홀로 치고
나갔고 그 뒤를 스즈키와 시오아쿠가 허겁지겁 쫓았다. 그러다가
남승룡이 쫓아오기가 버거울 정도가 되면 페이스를 늦추었다가
남승룡이 따라붙으면 다시 일본 선수들을 달고 나가 페이스를 높
였다. 초반 페이스 오버를 통해 일본 선수들을 떼어 내고 남승룡
의 페이스를 끌어올리려는 전략이었다. 레이스 후반부에 비로소
남승룡이 선두로 치고 나서면서 외쳤다. "어이 손, 정신 차려,
딴 놈들이 다 녹은 모양이야!" 경기는 남승룡 1위, 손기정 2위,
스츠키 3위였다. 하지만 경기가 끝나도 일본은 선수 선발을 미루
었다.

일본 육상경기연맹 기술위원회에선 남승룡을 탈락시키기 위한
논의가 이어졌다. 감독과 코치들은 평소 컨디션 난조에 성적 관
리를 못한 선수가 우연히 경기에서 1위를 했다고 출전시킬 순 없
다는 논리를 내세웠다. 이날 조선 육상경기연맹을 대표해 참석한
정상희가 반발했다.

"최종 선발전의 상위 입상자 3명을 올림픽 대표로 뽑겠다는 것은 일
본 육상경기연맹의 공약입니다. 그런데 다른 사람도 아닌 1위 남승룡

을 안 보내고 누구를 베를린에 보내겠다는 겁니까? 일본에서 좋은 성적을 올리지 못한 선수에게 어찌 올림픽에서 좋은 성적을 기대할 수 있겠습니까?"

이어서 1928년 암스테르담 올림픽에서 일본 최초로 금메달을 딴 육상인 오다 마키오가 거들었다. "선발전에서 실력이 확인되었는데 그를 배제할 이유는 전혀 없다." 손기정과 남승룡은 이렇게 출전하게 되었다.[21]

"침울한 어둠 속에 짓눌린 고토의 하늘이 화닥닥 밝으려 하는구나!"

하지만 일본은 남승룡 대신 일본인을 선발하겠다는 계획을 포기하지 않았다. 선발전 명단은 아직 임시 명단일 뿐, 베를린 현지에서 다시 선발전을 하겠다고 통고했다. 때마침 숙적이었던 아르헨티나 대표 팀이 일본과의 공동 연습을 제안했다. 하지만 결과는 마찬가지였다. 손기정이 선두로 치고 나갔고, 14km 지점에서 스즈키가 기권했다.

---

21 정태화. "조선인 2명을 대표로 내보낼 수 없다". 마니아타임즈. 2020년 11월 19일자.

결국 스즈키는 만 미터에, 마라톤에는 손기정, 남승룡과 시오아쿠가 출전하게 되었다. 그리고 우리가 다 아는 것처럼 이 대회에서 손기정은 마의 2시간 30분의 벽을 돌파하고 세계신기록을 세웠다. 후위에 있던 남승룡은 후반 스퍼트로 17명을 제치고 마지막 7㎞를 남기고 다시 4명을 제치며 동메달을 목에 걸었다.

손기정은 마치 100미터 단거리를 뛰는 스프린터처럼 결승점으로 뛰어들었다. 2시간 29분 19초 2, 1986년 근대올림픽이 부활된 이래 42.195㎞ 정규 마라톤 코스에서 아직 그 누구도 넘지 못한 2시간 30분의 벽을 깬 세계 최고 기록이다.

손기정이 우승 테이프를 끊고도 2분이 지난 뒤 뒷덜미를 잡을 듯 따라붙는 2위 싸움이 더 볼만했다. 영국 신사 하퍼가 2시간 31분 23초 2로 2위로 골인했지만 마지막 순간에 모든 힘을 다 쏟아부어 따라붙은 남승룡은 단 19초 차이로 3위였다. 남승룡은 30㎞부터 무려 17명을 제치는 놀라운 지구력을 보이며 마지막에는 하퍼에 이어 3위로 골인했다.

남승룡의 분투는 마라톤 전문가들과 보도진을 놀라게 만들기에 충분했다. 남승룡은 후반의 스퍼트로 30㎞까지 17명을 제친 데 이어 35㎞ 지점에서는 7위였고 마지막에는 3위까지 올라섰으니 그의 지칠 줄 모르는 강인함과 막판의 놀라운 지구력은 가히 초인이라고 해도 지나침이 없었다.

손기정은 이때 결승선에 들어와서 오히려 여유롭게 두 다리를 자기

손으로 부비고 마찰을 한 후 남승룡을 맞으러 유유히 걸어서 트랙 귀
빈석 앞을 지나갔다. 이때 장내 아나운서는 손기정의 이런 유유자적한
행동에 말문이 막힐 정도였으며 관중들도 그 여유 있음에 감탄, 또 감
탄해 박수갈채가 끊이지 않았다.[22]

경기 결과는 한국 시각 8월 10일 새벽 2시에 신문사로 타전됐
다. 시인 심훈은 《조선중앙일보》 호외(號外)에 〈오오, 조선의 남
아여!〉라는 시를 썼다. "'이겼다'는 소리를 들어 보지 못한 우리의
고막"을 울린 기쁜 소식을 듣고는 "침울한 어둠 속에 짓눌린 고토
의 하늘"이 "화닥닥 밝으려 하는구나!"라고 노래하며 이렇게 외
쳤다.

"오오, 나는 외치고 싶다! 마이크를 쥐고 전 세계의 인류를 향해서 외
치고 싶다! 인제도 인제도 너희들은 우리를 약한 족속이라고 부를 터
이냐!"[23]

여운형이 사장으로 있던 《조선중앙일보》는 사설에서 "너무도
오랫동안 승리의 영예와는 연분이 멀어진 조선 민중이 최초의 망
연한 경악"에 빠지게 되었다고 썼다.

---

22 정태화. "올림픽 신기록으로 우승한 손기정". 마니아타임즈. 2020년 12월 8일자.
23 한홍구. "조선은 죽어라 달린다". 한겨레21. 2002년 11월호.

그리고 1946년, 베를린올림픽 마라톤 우승 10주년 기념식에서 김구는 다음과 같이 밝혔다.

"나는 오늘까지 세계를 제패한 손기정 때문에 세 번 울었다. 10년 전 베를린에서 망국민의 한 청년으로서 세계열강의 젊은이들과 사투를 벌여 우승했으나 조선 사람이면서도 조선 사람 행세를 못해 신문 지상에 그대들의 가슴에 달린 일장기를 보면서 나는 울었고, 태평양전쟁이 일어났을 때 중국의 중경(충칭)에서는 조선 청년 손기정이 일본군에 지원해 필리핀에서 전사했다는 소식을 듣고 불쌍해서 울었다. 그리고 오늘 죽었다던 손 군을 광복한 조국 땅에서 다시 보니 감격해서 또 눈물을 흘리고 말았다"[24]

해방 후 손기정은 조선 육상경기연맹에서 마라톤 코치직을 하며 후진을 육성했다. 1947년 세계 최대 마라톤 대회인 보스턴마라톤대회 조직위는 한국 선수를 초청했다. 남승룡, 서윤복이 미군청 비행기를 타고 호놀룰루를 거쳐 샌프란시스코까지 미 군용기를 타고 이동, 다시 샌프란시스코 공항에서 보스턴으로 향했다. 이 대회에서 서윤복은 선두로 질주하다 군중 속에서 튀어나온 큰 개에게 쫓겨 넘어졌다. 페이스를 잃어 체력이 바닥날 법도

24 신명철. "죽었다던 손 군(손기정)이 살아 있으니 내가 또 운다". 스포TV 뉴스. 2016년 7월 9일자.

하지만 그는 다시 역주해서 우승을 차지했다. 돌아오는 길에 김구는 '족패천하(足覇天下)'라는 휘호를 써 주었다. 발로 세계를 제패하라는 뜻이다.

Again 1966

그해 월드컵은 적성국 시민의 마음도 녹였다

2002년 6월 18일 오후 8시 20분, 한국과 이탈리아의 16강전
이 열렸다. 월드컵경기장에 양 팀 선수들이 등장하자 3만 9천의
붉은악마는 일제히 'AGAIN 1966'이라는 카드를 펼쳐 보이며 대
한민국을 연호했다. 경기 전에 한국 관중석 벤치에 세팅되던 이
카드는 당시 몸을 풀던 이탈리아 선수단의 항의로 철거되었어야
했다. 하지만 당시 경기장 경비를 책임졌던 경찰들은 붉은악마
운영진에게 치우라는 시늉만 했을 뿐 적극적으로 철거하지는 않
았다.

붉은악마 운영진은 한국이 이탈리아에 2:1로 승리한 후 자신
들을 놀라게 했던 비사(祕史) 2가지를 공개했다. 하나는 경기 전
에 히딩크 감독이 직접 유영은 붉은악마 응원단장과 통화하며

"심판이 한국 팀에 불리한 판정을 할 때마다 엄청난 함성과 야유로 압박해 달라."고 요청한 것이고, 또 하나는 'Again 1966'이라는 카드섹션에 이탈리아 팀이 그토록 예민하게 반응할지 몰랐다는 것.

그도 그럴 것이, 벌써 36년 전의 일 아닌가. 이탈리아를 꺾은 아시아 국가는 지금까지 2개 나라뿐인데, 그 2개의 나라가 바로 북한과 한국이다. 모두 16강에서 이탈리아를 꺾고 8강에 올랐다.

2002 한일 월드컵의 열기가 식어 가던 그해 12월, BBC는 〈천리마 축구단〉이라는 다큐멘터리를 방영했다. 영화를 제작한 대니얼 고든 감독은 1966년 북한과 이탈리아와의 16강전이 열렸던 영국 북동부의 작고 가난했던 도시 미들즈브러(Middlesbrough) 출신이다. 그는 어린 시절 부모님으로부터 '신화처럼 내려오는 그 전설의 경기' 이야기를 듣고 자랐다고 한다. 2002년 한국에서 월드컵이 열리기 전에 그는 '또 하나의 KOREA'를 방문해 1966년의 주역들을 만나고 돌아왔다.

1966년 잉글랜드 월드컵은 오늘날과 달리 지역 예선을 통과한 16개국만 참가할 수 있었다. 비(非)백인 비(非)유럽 국가들에 대한 차별이 심했는데, 당시 아시아, 오세아니아, 아프리카 3개의 대륙에 배정된 티켓은 고작 한 장이었다. 아프리카 국가들이 이에 항의해서 모두 출전을 보이콧했다. 한국도 출전을 거부했다.

명분상으로는 FIFA의 편파적 조치에 대한 항의였지만, 실제로는 북한과의 대결을 회피했다고 보는 것이 맞다.

한국은 1954년 스위스 월드컵에 참가한 적이 있었지만, 그건 국가의 의지가 아닌 재일교포가 십시일반 모은 성금으로 가능했다. 잉글랜드 월드컵에 참가할 만한 여력도 없었고, 당시 동구권에서 최강자로 평가받던 북한과 겨뤄 참패하면 득보다 실이 많았다. 결국 아시아의 북한과 오세아니아의 호주가 티켓 1장을 두고 격돌했다.

1966년 8회 잉글랜드 월드컵은 냉전의 한복판에서 치러졌다. 영국은 애초 '북한 따위'가 월드컵 본선에 참전하리라고는 예상하지 못했다. 북한은 한국전쟁을 일으킨 잔인한 공산주의 국가였고, 영국은 불과 13년 전의 교전 당사자였다. 당시 북한은 동구권 축구팀과의 경기를 통해 상당한 전력을 보유하고 있었다.

이미 전지훈련 시스템이라는 것이 자리 잡고 있었고, 해외 원정에서 29승 1패라는 전적을 보유하고 있던 공산권 축구 최강국이었다. 소련의 강팀 스파르타크 FC(Spartak FC)를 2:0으로 이겼을 정도다. 당시 스파르타크는 소련 엘리트 체육의 산실로 39개 종목을 운영하며 올림픽과 국제대회를 위한 '스포츠 전사'를 길러내던 곳이었다. 북한은 월드컵을 앞두고 8개월 전에 선수들을 소집, 집단 훈련을 하며 대비했다.

아시아 최종 예선은 캄보디아에서 개최되었다. 북한과 호주는 서로 적성국이었고 국교도 없었기에 중립국인 캄보디아로 합의되었다. 당시 세계 축구계는 이 경기에 그다지 흥미를 보이지 않았다. 누가 봐도 호주 팀의 완승이 예견되었기 때문이다. 호주 팀은 사실상 잉글랜드 팀이라고 보아도 무방했다. 대표 팀 멤버 모두 잉글랜드 국적이었고, 모두 잉글랜드 리그에서 뛰고 있었다. 영연방이었기에 가능한 일이었다.

당시 호주 팀은 캄보디아와 기후가 비슷한 호주 북동부의 북 퀸즐랜드에서 아마추어 2팀과 연습 경기를 했다. 북한을 당시 호주의 아마추어 수준으로 평가한 것이다. 17:0, 26:0의 스코어로 연습 상대를 뭉개 버린 호주 팀의 자신감은 하늘을 찔렀다. "북한 팀을 상대로 한 훈련도, 전술도 없었다. 월드컵 출전 티켓은 따 놓은 당상이었다." 당시 출전했던 호주 팀 선수의 회고다.

양 팀은 2번의 경기로 승패를 갈라야 했다. 당시 경기를 앞두고 양 팀은 상대 팀의 연습 장면을 관찰할 수 있었다. 당시 호주 팀의 멤버 제프 슬레이트는 이렇게 회상했다.

"그들은 명령에 절대복종하는 엄격하게 훈련된 군대와 같았다. 감독의 지시에 일사불란하게 움직였다. 하지만 우린 우리의 자연스러움이 더 우월하다고 믿었다."

이와 반대로 북한 팀은 호주 팀의 훈련 모습을 정밀하게 관찰

하고 분석했다.

"호주 팀은 기술적으로 우세하고 개인기가 뛰어나지만 집단력(조직력)
이 없고, 공격 시에 속도를 올리지 못했다."

당시 북한 팀 5번 림중선의 회고다. 당시 북한은 축구 국가대
표 팀을 '천리마축구단'으로 불렀다. '천리마를 탄 기세로 사회주
의 혁명을 앞당기자'는 천리마운동에서 따온 이름이었다. 천리마
운동은 자신의 힘을 믿고 속도전, 전격전의 방식으로 과업을 해
치우는 것이 핵심이었다. 아무리 어려워도 신심과 낙관을 잃지
말고 싸우자는 '백절불굴의 투쟁 정신' 또한 이 운동의 기치 중 하
나였다.

북한 선수들은 비교적 단신이었지만, 빨랐고 훌륭한 호흡을
자랑했다. 약체라고 생각했던 국가와의 첫 경기에서 연달아 골을
먹은 호주 팀은 처음에는 당황했고, 이후에는 분노했다. 분노는
빨리 골을 넣어야 한다는 조급함으로 번졌다. 골을 먹을수록 호
주 팀의 조직력은 흐트러졌다. 경기가 끝난 후 호주의 선수 한 명
이 회고를 남겼다. "우린 압도적인 체구로 그들을 압박하며 밀어
넘어뜨리고 부딪혔다. 하지만 그들은 이런 거친 몸싸움에도 불구
하고 다시 일어서서 뛰었다. 진지를 점령하려는 전사와도 같았
다." 경기 결과는 1차전 6:1, 2차전 3:1로 북한의 완승이었다.

북한이 월드컵에 출전한다는 소식이 전해지자, 영국은 고민에 빠졌다. 영국 외무성은 북한 선수단이 입국하면 체제 선전 등 말썽만 일으킬 것으로 우려해 비자 발급을 거부하기로 했다. 하지만 FIFA 사무국이 엄포를 놓았다. 공산권 국가라는 이유로 비자 발급을 거부하면 개최지를 다른 나라로 옮기겠다는 것이었다. 축구 종주국 영국이 외교적인 문제로 월드컵을 빼앗길 경우 국민이 가만있지 않을 것이 분명했다. 잉글랜드 최초의 월드컵이었고, 1950년부터 줄곧 별다른 실적 없이 절치부심했던 월드컵이기도 했다. 그래서 1966년 월드컵은 영국에겐 축구 종주국으로서의 위상을 회복하는 대회였다. 영국은 북한 선수단을 받아들이기로 했다.

국가 명칭도 문제였다. 당시 나토(NATO) 국가들 사이에서 불문율은 동독을 하나의 국가로 인정하지 않는 것이었다. 북한도 예외가 아니었다. 영국은 'DPRK(조선민주주의인민공화국)'라는 정식국호를 사용할 수 없다는 완강한 입장을 FIFA에 전달했다. 북한의 국기 또한 게양할 수 없고 국가(國歌)제창 역시 마찬가지라는 입장이었다. FIFA가 중재에 나섰다. 국기를 게양하는 대신 국호는 'North Korea'로 표기한다고 북한을 설득했다. 그리고 국가(國歌)는 개막전과 결승전에만 제창하는 것으로 룰을 급조했다. 1991년 남과 북의 'UN 동시 가입' 이전엔 이런 일이 비일비재했다.

공산권 나라가 개최하는 국제대회에선 늘 한국에게 구호

'Republic of Korea' 대신 'South Korea'라고 표기하라는 압력이 있었고, 긴 실랑이 끝에 한국은 'Korea'를 관철시키곤 했다. 이후 한국과 북한이 남북단일팀으로 국제대회에 참가할 때는 남과 북 모두 '분단의 일시성'과 '민족의 항구성'이라는 가치를 서로 인정해 KOREA('COR')라는 국호를 사용하는 것으로 정리되었다. 지금도 IOC에는 'KOREA'라는 참가국이 별개의 국가로 등재되어 있다. 국기는 푸른 한반도 문양을 사용하고 국가는 〈아리랑〉이다.

가난하고 작은 도시, 영국 미들즈브러 시민들은 호기심 가득한 눈으로 북한 선수단의 입성을 지켜보았다. 그들은 깔끔하게 차려진 양복을 입고 친절한 미소를 머금고 있었다. 카메라를 향해 손을 흔드는 여유도 보였다. 16강 1차전은 소련과의 대결이었다. 북한은 3:0으로 완패했다. 하지만 해당 경기를 지켜보던 관중석에선 미묘한 물결이 움직이기 시작했다.

평균 신장 162㎝. 작달막한 체구의 선수들이 거구의 소련 선수들의 거친 파울에 뒹굴었다. 하지만 골을 먹어도 끝없이 전방으로 골을 전개하며 공격적인 플레이를 하는 북한 팀에 관중은 열광적인 응원을 보냈다. 당시 경기를 관람했던 한 시민은 이렇게 회고했다. "그것은 마치 흉포한 거인이 꼬마를 괴롭히는 것 같았다." 당시 그들의 팀인 '미들즈브러 FC' 또한 잉글랜드 리그의 최약체 팀 중 하나였기에 시민들은 약체로 보였던 북한 선수단의 투지에 어느새 감정을 이입했다. 소련 선수가 볼을 잡을 때마다 야유가 쏟아졌다.

다음 날 한 영국 일간지는 북한과 소련과의 경기를 소개하며 "그들은 거칠지 않았다"라는 제목을 달았다. 경기가 끝나자 북한 선수단의 숙소와 훈련장에는 영국 시민들의 환호와 사인 요청이 이어졌다. '북한 선수단이 북한을 알린 최고의 외교관'이라는 기사가 나왔는데, 이는 과장이 아니라 당시 미들즈브러의 분위기를 그대로 옮긴 것이었다.

그리고 2차전인 칠레와의 경기에서 북한은 1:1 동점으로 경기를 마쳤다. 종료 5분을 남기고 북한의 스트라이커 박승진이 동점골을 넣었다. 관중들은 이미 완전히 북한 팬이 되어 있었다. 영국의 중계진은 이렇게 말했다. "관중들이 몇 년 만에 열광하고 있다. 관중들은 쉴 새 없이 공격하는 북한 선수단에 매료되었다. 마치 경마들이 뛰는 듯하다."

이날 경기장의 분위기를 단적으로 보여 주는 장면이 있다. 경기 종료 휘슬이 울리자마자 관중은 열광했고, 군복을 입은 해군 장교는 펜스를 넘어 경기장에서 북한 선수들에게 악수를 청했다. 미들즈브러 시장은 북한 선수단을 만찬에 초청했으며, 이 자리에서 북한 선수들은 질서 있고 예의 바른 모습으로 일관했다. 그들은 헤어지며 '우정의 노래'를 불렀다. 이 노래의 가사 또한 언론에 소개되었다. 이튿날 북한 선수단이 머물던 공항호텔은 선수들의 사인을 받기 위해 몰려온 청소년들로 장사진을 이루었다.

그리고 운명의 날, 이탈리아와의 경기에서 북한은 8강행 티켓을 거머쥐었다. 이날 북한 골키퍼 이창명은 신들린 선방을 선보였고, 이탈리아의 공격은 번번이 골대를 빗나갔다. 너무나 지독한 불운에 이탈리아 선수는 "마치 골대에 귀신이 붙은 듯했다. 슛은 계속 빗나갔고 점차 분위기가 기울기 시작했다."라며 당시 상황을 회고했다. 전반 41분, 박두익이 오른쪽 측면에서 논스톱 벼락 슛으로 거함 이탈리아를 침몰시켰다. 1966년 월드컵 최대의 이변이자 신드롬은 단연 북한이었다.

8강전은 리버풀에서 치러졌는데 북한은 5:3으로 포르투갈에 패했다. 하지만 이 경기에서도 북한은 신들린 공격력을 보였다. 경기 20분 만에 3골을 몰아쳐 넣었다. 북한이 아마 국제 경기 경험이 많았다면 이후 승점을 지키며 강한 수비로 포르투갈을 괴롭히는 전략으로 갔을 것이다. 북한은 페널티 박스에서의 2번의 파울로 페널티킥을 허용했고, 전년도 발롱도르 수상자인 '흑표범' 에우제비우에게만 4개의 골을 허용했다. 이후 북한 선수들은 BBC와의 인터뷰에서 "3:0 리드에 자신들도 모르게 도취되었다."고 고백했다. 이날 경기는 잉글랜드 월드컵 최고의 명승부로 손꼽힌다.

1966년 잉글랜드 월드컵은 수비축구로 점철된 대회였다. 1960년대 스위스와 소련의 클럽에서 싹을 틔우고 이탈리아에서 만개한 이 수비축구는 철저히 '승부'에 초점이 맞춰진 극한의 조직 전술이었다. 역량이 뛰어난 팀을 상대로 공격적인 축구를 전개하는 건 승산이 없었다. 오히려 내내 빗장을 걸어 잠그다가 몇 번의 역습으로 상대의 뒤 공간을 노리는 것이 효율적이었다.

미드필더를 포함한 수비수들은 이 빗장수비를 완성하기 위해 합숙을 했고, 서로에게 끈을 묶은 채 늘어지지도, 끊어지지도 않는 수준의 움직임을 익혀야 했다. 현대 축구에서 합숙 훈련이라는 개념이 이 수비축구의 등장으로 탄생했다. 심지어 이탈리아에선 "가장 아름다운 축구란 0:0 무승부 경기다."라는 말이 있을 정도였다.

잉글랜드 월드컵이 끝난 후, 기자들은 "1966년 월드컵에서 공격축구를 발견하는 것은 마치 사하라 사막에서 오아시스를 찾는 것과 같았다."는 혹평을 남겼다. 엄청난 속도로 질주하며 지칠 줄 모르는 북한 축구 스타일이나 전방을 향해 쇄도하거나 중거리 숏으로 골망을 흔드는 포르투갈의 공격축구가 당시 관중에게 준 청량감을 짐작할 수 있으리라. 북한과 포르투갈의 축구 스타일은 꺼져 가던 공격축구의 맥을 살렸다고 평가받는다. 이후 1970년 멕시코 월드컵 결승에서 브라질의 공격축구는 단단한 이탈리아 수비를 드리블로 흔들어 대며 4:1로 승리했다.

포르투갈전을 앞둔 밤에 대한 북한 선수들의 회고가 흥미롭다. 당시 북한 선수단은 8강에 진출할 것으로 예상하지 못했다. 그래서 숙소를 사전에 마련하지 않았다. 북한 팀은 리버풀의 한 수도원에서 운영하던 숙소를 예약할 수 있었다. 그 숙소는 조기 탈락한 이탈리아 팀이 예약했던 숙소였다. 북한 선수단은 그날 끔찍한 밤을 보내야 했다.

수도원이 운영하던 숙소라 모든 방 벽에는 십자가에 못 박힌 그리스도상이 걸려 있었다. 선수들이 생전 처음 보는 처참한 '장식'이었다. 양손이 못에 박혀 가시관에 피 흘리며 고통스러워하는 남자의 목상을 보며 떨던 그들은 하나둘 방을 빠져나와 벽에 걸린 십자가를 떼어 내고 감독에게 둘이 함께 자게 해 달라고 졸랐다. 물론 십자가상이 북한 선수단의 경기력을 떨어뜨렸다는 증거는 없다. 전반에 휘몰아쳐 3점을 먼저 따낸 기세만 봐도 그렇다.

여담이지만, 2002년 16강을 앞둔 이탈리아 팀에게도 비슷한 불운이 닥쳤다. 대전에서의 경기를 앞두고 천안연수원에서 묵던 그들에게 불행의 상징이 찾아왔다. 토티 선수의 방에 뱀이 출몰한 것이다. 이탈리아에선 전투를 앞두고 뱀이 집에 들어오면 그 전사는 사망한다는 속설이 있었다. 한밤의 소동에 깨어난 이탈리아 선수단은 연수원 측에 뱀을 그냥 내쫓지 말고 반드시 죽여 달라고 사정사정했다는 후문이다.

다음 날 토티는 한국과의 연장전에서 페널티 박스 안에서의 할

리우드 액션이라는 이유로 퇴장당했다. 고국으로 돌아간 이탈리아 대표 팀은 썩은 토마토 세례를 받아야 했고, 공항 뒷문으로 탈주하려던 선수들은 시민에게 붙잡혀 곤욕을 치렀다.

'대한민국주의'의
탄생

2002년 월드컵은 우리에게 '월드컵 4강 신화'라는 자부심과 미래에 대한 가능성만을 남긴 것은 아니었다. 흥미롭게도 많은 사회학자들은 2002 월드컵으로 한국의 국가적 정체성이 국민 의식 안에 독립적으로 확립되었다고 보고 있다.

1948년 건국 이래 대한민국은 주로 북한과의 대립항(국가)으로 자리매김했고, 미국이 보호하는 아시아 최전방의 동맹국이라는 정체성이 강했다. 타 국가에 대한 한국인의 입장도 여기에서 크게 벗어나지 않았다. 식민 지배를 했던 일본과는 가위바위보에서도 져서는 안 되지만, 이와 대비해서 미국은 주둔군지위협정(SOFA)이나 통상 보복 등의 다소 서운한 짓을 해도 어쩔 수 없으니 그냥 넘어가자는 분위기가 압도적이었다. 북한은 적성국이지만, 미래엔 다시 만나 부둥켜안아야 할 같은 민족이기에 통일은 숙명과도 같은 과업으로 인식되었다.

그런 한국인에게 2002년은 분단국이나 동맹국으로서의 국가가 아닌 독립적이고 자주적인 국가로서의 대한민국을 자부하게 된 기점이었다. 고작 축구 따위가 국가 인식을 바꿀 수 있느냐는 질문을 할 수 있을 것이다. 하지만 그 '축구 따위에' 연인원 2천만 명이 거리 응원을 나섰다. 이처럼 전 국민이 동일한 정서를 공유할 때, 집단적 인식은 싹트고 발화한다.

월드컵 본선을 열흘 남겨 두었던 5월 21일, 한국과 잉글랜드의 평가전이 제주에서 열렸다. 이날 거리 응원을 위해 몰린 인파는 광화문 광장을 메웠다. 이후 프랑스와의 평가전에선 5만 명이 결집했는데, 경찰은 광화문 차도 2개를 급히 열어 안전사고에 대비해야 했다. 이때까지만 해도 이 열기는 16강 정도에서 그칠 것이라고 예견한 사람들이 많았다. 한국 팀이 신승을 거둘 때마다 거리 응원 인파가 폭발했다. 폴란드전에 279만 명, 이탈리아전 420만 명, 스페인전 500만 명, 독일전엔 700만 명이 결집했다.

붉은악마 공식 티셔츠 'Be the reds'는 2천 5백만 장이 팔려 나갔다. 대한민국 전 가정에 이 붉은 티셔츠 서너 개가 있었다고 볼 수 있다. 한 정치학자는 공산주의를 상징하는 '붉은 티'가 '불티나게' 팔려 나가고 '붉게 물들이자(?)'라는 문구가 전 국민이 가슴에 아무런 저항 없이 새겨지는 것을 보고 이 현상을 분단 한국사 50년을 점철했던 '레드 콤플렉스와의 결별'이라고 평가하기도 했다.

이런 주장에 근거가 아예 없지는 않다. 가령 2012년 대선을 앞둔 새누리당은 붉은색을 당 로고 컬러로 선택했는데, 이는 2002년 붉은 물결의 '열정'을 가져오겠다는 이유였다. 붉은색 당 로고는 한국 보수정당 역사상 최초의 선택이었다. 보수정당이었기에 붉은색을 선택할 수 있었다는 것이 중론이다. 1987년 김대중 당시 총재의 평화민주당과 2003년 열린우리당은 노란색을 썼고, 김영삼의 통일민주당은 초록색을 사용했다. 좌파(?) 계열의 정당에서 붉은색은 금기였다.

1789년 프랑스혁명에서 붉은 깃발이 등장했고, 유럽의 1848년 시민혁명 때도 노동자의 피를 상징하는 붉은 깃발이 나부꼈다. 1900년 출범한 영국 노동당의 당 컬러가 붉은색이고 보수당이 선택한 색깔이 파랑이다. 참고로 미국의 경우 빨강은 공화당, 파랑은 민주당이라는 등식이 있지만 이는 어디까지나 개표 방송에서의 시인성을 위한 방송국의 자의적 선택의 결과일 뿐, 공화당과 민주당은 파랑과 빨강이라는 미국 국기의 상징색을 모두 사용하고 있다.

물론 'Be the reds'라는 문구는 모두가 익히 알고 있는 대로 '모두 붉은악마가 되자'라는 뜻이다. 국민 모두가 대한민국 12번째 선수 붉은악마가 되어 열정적으로 응원하자는 메시지일 뿐이다. 당시 붉은악마 운영진이나 거리 응원에 나섰던 광장의 군중에게 애초 레드콤플렉스 따위는 비집고 들어올 틈이 없었다. 레드콤플렉스 자체가 너무나 촌스러운 구시대적 인식이었기 때문이다.

당시 한국인의 열광적인 거리 응원을 FIFA는 매우 인상적으로 보았다. 이후 2006년 월드컵부터 거리 응원은 '팬 페스트(FAN FEST)'라는 이름으로 피파 행사로 운영되기 시작했다. 광화문을 붉게 물들인 거리 축제를 외신은 흥미롭게 보도했다. 한국이 스페인을 꺾고 4강에 합류하던 날, 프랑스의 AFP통신이 타전했다.

"붉은 자긍심이 한반도 전역에서 들끓어 올랐다. 시청 앞 광장에서 전광판을 지켜보던 85만 명의 시민들이 일제히 붉은 불결로 소용돌이치며 한국의 붉은 긍지가 무한대로 폭발한 것이다."

한국과 일본을 번갈아 가며 취재하던 외신기자들의 한국 보도 비중이 폭발적으로 늘기 시작한 것도 이 시점부터다. 100만이 넘는 인파가 결집해 축제를 즐기는 모습과 약체로 여겨졌던 한국 팀의 기적과 같은 승부는 좋은 기삿거리였다. 영국의 BBC는 "지금 경기장과 서울의 분위기라면 한국이 4강을 넘어 어디까지 갈지는 아무도 모른다."며 마법과 같은 거리의 분위기를 보도했다. 2002년 월드컵 4강이 얼마나 마법과 같은 기록이냐면, 한국이 월드컵에서 원정 16강에 처음 성공한 때가 8년 후인 2010년 남아공 월드컵이었고, 원정 월드컵 첫 승도 2006년 독일 월드컵 토고전이다.

한국의 거리 응원 열기를 외신이 긍정적으로만 보도한 것은 아니었다. "월드컵에 '월드'는 없고 오직 '한국'만이 있다."면서 현재 한국 시민과 언론의 분위기는 한국의 승리 외에 다른 나라의 선전에는 아무런 관심도 없다는 쓴소리를 전하기도 했다. 실제 비인기 국가의 경기가 열리는 경기장은 텅텅 비기 일쑤였다. "한국인은 축구를 좋아하는 것이 아니라 축구에서 한국이 이기는 것만을 좋아한다."는 쓴소리도 나왔다.

국내에서도 열광적인 거리 응원이 '국가주의'와 '닫힌 민족주의'의 발현이라며 우려하는 목소리가 있었다. 그 응원은 열광을 넘어 광적이며, 전 국민이 붉은 티를 입는 것이 의무화되고, 거리 응원에 나가 쓰레기를 줍는 것이 최고의 애국이 되었다며, 2002년 6월의 광화문은 '대한민국!'이라는 단일한 정서 외에 그 어떤 이질적인 것도 용납하지 않겠다는 '붉은 광장'으로 왜곡되었다고 지적하는 철학자들도 꽤 있었다.

한국 선수들은 미국과의 16강전에서 골을 넣고 소위 '오노 세리머니'를 했다. 이는 그해 겨울 미국 솔트레이크시티 동계올림픽에서 안토 오노 선수의 과장된 액션으로 김동선 선수가 금메달을 빼앗기고 실격당한 것에 대한 국민적 울분을 반영한 것이었다. 당시 김동선 선수의 경기가 끝나고 미국 NBC 〈투나잇 쇼〉

진행자 레이 제노가 "화가 난 김동성이 한국에 돌아가 분풀이로 개를 걷어차고 잡아먹었을 것"이라는 우스갯소리(?)를 한 것이 불에 기름을 부었다.

미국에서 경기를 지켜보던 미국인들은 한국 팀의 세리머니를 이해하지 못했다. 이 시기 한국인은 국가적 자부심과 함께 반미 정서를 여과 없이 드러냈다. 이탈리아전의 'AGAIN 1966' 카드 섹션은 북한의 신화를 민족의 것으로 수렴하는 형태였다면, 4강 터키전에서는 한국전쟁 때 참전한 형제의 나라라며 시종 화기애애한 모습을 연출했다.

2002년 한국민의 정서 변화, 정확히는 광장에서 울려 퍼졌던 반미 구호와 북한에 대한 민족적 동질감을 이해하기 위해선 그해 있었던 일련의 사건을 돌아봐야 한다. 2002년 1월 조지 W. 부시 미 대통령은 미 의회 연두교서를 통해 돌연 북한을 이라크, 이란과 같은 '악의 축(an axis of evil)'으로 규정했다. 많은 한국인들은 이 선언을 조금은 뜬금없는 한반도 전쟁 선언으로 받아들였다.

9·11 테러와 아프가니스탄 전쟁이 2001년에 일어났고, 이라크 전쟁은 미국이 2003년에 개전했다. 모두가 기억하다시피 알카에다와 탈레반 정부의 연계점은 찾을 수 없었고, 이라크에 있다던 대량살상무기는 찾을 수 없었다. 무엇보다 당시 한반도는 6월 연평해전이 있었음에도 화해의 물결을 타고 있었다. 2000년에 남과 북 정상이 만나 '6·15 공동선언'을 발표했고, 월드컵이

끝난 2002년 9월 부산아시안게임에선 북한 선수단과 응원단이 분단 후 최초로 참가하기로 되어 있었다.[25]

그해 5월 부시 미 대통령의 방한을 앞두고 '차세대 전투기 선정사업' 비리가 폭로되었다. 한국 공군의 노후 전투기 100여 대를 신기종으로 교체하는 차세대 전투기 사업(FX)에 미국 보잉사의 F-15K 전투기보다 월등한 성능과 파격적인 가격으로 프랑스의 라팔 전투기가 입찰에 참여했다. 당시 라팔 전투기는 모든 스펙에서 F-15K를 능가하는 최신예 전투기였다.

당황한 국방부는 뒤늦게 입찰 조건에 '군 운용 적합성' 항목을 추가했다. 이후 국방부가 F-15K와 라팔과의 점수 차를 2점 이상 벌려 놓도록 압력을 가했다는 사실이 폭로된 것이다. 미국은 한미연합사의 무기체계 일원화를 명분으로 자국산 무기 구매를 요구했다. 규모는 F-15K 100대와 이지스함, 패트리어트 PAC-3 등 4조 원에 달했다.

미국이 '악의 축' 발언으로 한반도 긴장을 높여 놓고 미제 무기를 팔려 한다는 비난이 이어졌다. 3월 15일에는 대학생 한 명이 부시 대통령 방한을 반대하며 10여 미터 높이의 이순신 동상에

---

25 부산아시안게임 성화는 백두산 천지와 한라산 백록담에서 채화되어 임진각에서 합화되었다. 성화의 최종 점화도 올림픽 유도 금메달리스트인 남한의 하형주 선수와 북한의 계순희 선수가 공동 점화했다. 북한 성화봉송자들이 채화하고 금강산에서 만나 남한에 인계했다.

올라가 성조기를 불태우며 시위를 벌였는데, 시민들의 반응은 전례 없이 뜨거웠다.

월드컵 열기가 뜨거웠던 6월엔 시골 갓길을 걷던 양주의 두 여중생이 훈련 중이던 미군 장갑차에 처참하게 압사했다. 2명의 미군 장갑차 조종사는 SOFA 협정[26]에 따라 한국 법정이 아닌 미군에서 재판받았는데, 그해 11월 '과실치사' 혐의에 대해 2명 모두 무죄를 선고받고 본국으로 출국했다. 이후 시작된 촛불집회는 12월 14일 10여만 명의 시민이 합세할 정도로 확산되었다. 이후 전국 단위 집회로까지 확장된 촛불시위에선 '불평등한 SOFA 협정 개정'과 '부시 대통령 사과'를 요구하는 목소리가 커져 갔다.

2002년의 총괄 지점이라 할 수 있는 12월 19일 대통령 선거에선 "미국에 할 말 하는 대통령", "한미연합사 전시작전권 반환"이라는 노무현 당시 대통령 후보의 캐치프레이즈가 젊은 층을 중심으로 신선하게 받아들여졌다. 대통령 선거는 일정하게 시대정신을 반영하기 마련이다. 2002년 노무현 대통령을 당선시킨 노풍(盧風)의 핵심 메시지는 당시 출마 선언문에 잘 드러나 있다.

"조선 건국 이래로 600년 동안 우리는 권력에 맞서서 권력을 한 번

---

26 Status of Forces Agreement: 한미행정협정, 주둔군 지위 협정.

도 바꾸어 보지 못했다. 비록 그것이 정의라 할지라도 비록 그것이 진리라 할지라도 권력이 싫어하는 말을 했던 사람은 또는 진리를 내세워서 권력에 저항했던 사람들은 전부 죽임을 당했다. 그 자손들까지 멸문지화를 당했다. 패가망신했다. … 눈 감고 귀를 막고 비굴한 삶을 사는 사람만이 목숨을 부지하면서 밥이라도 먹고 살 수 있었던 우리 600년의 역사! 제 어머니가 제게 남겨 주었던 제 가훈은 '야 이놈아, 모난 돌이 정 맞는다. 계란으로 바위 치기다. 바람 부는 대로 물결치는 대로 눈치 보며 살아라.' 80년대, 시위하다가 감옥 간 우리의 … 정의롭고 혈기 넘치는 우리 젊은 아이들에게 그 어머니들이 간곡히 간곡히 타일렀던 그들의 가훈 역시 '야 이놈아, 계란으로 바위 치기다. 고만 둬라. 너는 뒤로 빠져라.' 이 비겁한 교훈을 가르쳐야 했던 우리 600년의 역사, 이 역사를 청산해야 합니다."

2002년 광장을 메운 함성의 실체는 바로 "굴종의 민족사를 청산한 힘 있고 당당한 대한민국"이었다. 물론 이런 변화는 한 해에 이루어진 것이 아니다. 1999년은 사학계에서 사료로 인정하지 않는 《환단고기(桓檀古記)》[27]를 KBS〈역사스페셜〉에서 다룰 정도로 강대한 민족사에 대한 욕구가 분출했던 시점이다.

---

27 환인, 단군 등의 한민족 상고사에 대한 서적. 1911년에 계연수가 수집한 문헌 5권을 하나로 묶어 출간한 책이며, 이 중 일부가 이유립(李裕岦)의 손에 들어가 1976년 일본에서 출간해서 국내에 소개되었다. 강단 사학계에선 순수 창작물에 지나지 않는 유사 역사서, 즉 괴서로 보고 있다.

1993년부터 출간이 시작된 유홍준 미술사학자의 《나의 문화답사기》는 우리 강산과 민족문화에 대한 애정 어린 시선으로 소위 '문화 답사 열풍'을 견인했는데, 당시 인문 서적 최초로 300만 부가 팔렸다. 1994년부터 일간스포츠에 연재되었던 이현세 작가의 만화 《남벌》 시리즈는 출판 후 90만 부가 팔렸는데, '남벌'이라는 제목은 조선 효종의 '북벌'에서 착안한 것으로 남과 북이 힘을 합쳐 일본을 정벌하는 내용이다.

1999년엔 분단의 아픔을 그린 첩보 블록버스터 영화 〈쉬리〉가 600만 관객을 모았고, 2000년 박찬욱 감독의 〈공동경비구역 JSA〉는 590만 관객을 모았다. 2001년 한국은 1997년 IMF 관리를 받은 이래 세계에서 가장 빨리 구제금융을 졸업한 나라가 되었고, 월드컵이 치러진 2002년 한국의 경제성장률은 7.7%였다.

일부 사회학자는 2002년 6월과 12월의 광장을 점유했던 세대의 국가 인식을 '대한민국주의'라고 규정한다. 좌우(左右)의 이념적 경직성을 벗어나 높아진 경제력과 자신감을 바탕으로 대한민국의 국익을 중심으로 세상을 바라보는 세대가 출현했다는 것이다. 이들은 광화문에서 애국가를 4절까지 부르면서 과거엔 존엄(?)하기만 했던 태극기를 허리에 차거나 패션으로 만들어 입고, 태극 문양을 얼굴에 페인팅하고 "대한민국"을 외쳤다.

이전 세대에게 있어 국가란 국민을 규율하고 국민은 "민족중흥의 역사적 사명을 띠고 태어나 … 성실한 몸과 튼튼한 몸으로 …

나라의 융성이 나의 발전의 근본임을 깨닫는"[28] 존재였다.

2002년 광장을 붉게 물들인 함성의 실체를 '국가주의의 시현'
이라고 보는 입장도 꽤 많다. 하지만 이런 분석은 다분히 유럽 중
심의 세계관이 아닐까. 국가주의의 핵심은 개인의 이익보다 국가
의 이익을 우선하며, 국가의 이익을 위해 개인의 희생은 불가피
한 것이라는 가치를 담고 있다.

하지만 2002년 광장의 함성은 오랫동안 인정받지 못한 민족사
와 자체의 힘에 대한 자긍심의 발현으로 보는 것이 더 타당하지
않을까 하는 생각이다. 시민의 힘으로 민주주의를 쟁취하고, 개
발도상국 최초로 선진국의 반열에 든 통상국가 대한민국을 그때
까지만 해도 세계는 인정하지 않았다. 기껏해야 한국전쟁이 일어
났던 극동의 작은 나라라는 인식이 전부였다. 이는 독일 나치의
아리안 민족주의나 유대인의 선민 세계관과는 그 성격이 다르다.

여기에는 민족의식의 태생이 유럽과 달랐다는 이유도 있다.
유럽의 경우, 국가관과 국가주의를 주입하기 위해 전쟁과 같은
물리력이나 의무교육을 통해 무던한 애를 써야만 했다. 유목과
해양을 본업으로 했던 그들에게 국가와 민족이라는 개념은 결코
합치되지 않는 개념이었다. 또한 민족 개념 역시 한곳에 정주하

---

28 1968년 박정희 정부 시절 문교부에서 제정한 국민교육헌장. 민주주의가 빠진 국가주의만을 강조
하는 헌장이라는 비판으로 1993년에 사실상 소멸되었다.

는 단일한 문화라는 인식이라기보다 출신 지역과 혈통적 구분이 더 강했다. 이에 반해 동아시아의 한·중·일은 오랜 농경문화로 인한 민족적 유대감과 일찍이 시작된 고대국가의 역사로 인해 민족과 국가를 하나로 묶는 것이 매우 자연스러웠다. 그래서 민족국가라는 개념이 서구에선 동원 수단으로서의 의미를 가졌다면, 동아시아에선 그저 생활과 문화의 동질성을 중심으로 자연스레 형성된 개념이었다. 그래서 민족애와 애국심은 혼용되고 인종적 단일성이 민족국가의 기준이기도 했다.

20년이 지난 2023년의 한국을 보자. 20년 전 광장에 모였던 세대는 지금 한국 사회의 경제를 견인하는 40~50대가 되었고 이들 자녀가 20~30대다. 2002년의 붉은 광장이 높은 자긍심으로만 남은 것은 아닌 것 같다. 민족적 배타성과 혐오의 정서로도 발전했다. 현재 대한민국은 세계 6위의 교역 규모를 자랑하는 통상 국가이며, 군사력 5위, 경제력 10위의 강력한 소프트파워를 자랑하는 국가가 되었다.

2022년 미국 〈유에스 뉴스 앤드 월드 리포트〉는 73개국 국민을 대상으로 "세계에서 가장 강력한 국가가 어디인가?"라는 설문 조사를 했는데, 그 결과 한국이 6위로 조사되었다고 발표했다. 하지만 한국은 여전히 입양아 수출 1위 국가이며, 난민과 이슬람을 비롯한 타 종교에 대한 거부 정서가 매우 높은 나라 중 하나다.

다문화 가정 인구가 109만 명, 한국 체류 외국인이 250만 명을 넘었지만 이들 중 23.2%는 외국인이라는 이유로 차별과 멸시를 당한 적이 있다고 밝혔고, 이들 자녀 중에서도 동일하게 23%가 차별과 혐오 발언을 경험한다고 응답했다.[29] 이들 중 결혼이주여성의 경우 최근 1년간 외국인이라는 이유로 차별받았다고 응답한 통계는 2018년 30.9%였고, 2021년엔 16.3%로 줄었다.[30] 이들 자녀의 대학 진학률은 40.5%로 한국인 평균 71.5%와는 대비된다.

2022년 중앙유럽아시아연구소(CEIAS)가 세계 56개국 주민 8만여 명을 상대로 중국에 대한 여론 조사를 실시했다. 세계에서 중국을 가장 싫어하는 나라는 한국이었다. 2001년만 해도 중국에 대한 비호감도가 높은 나라는 일본, 스웨덴, 호주, 한국 순이었다. 비호감도는 81%였고 비호감 답변은 20~30대에서 가장 높았다. 한국의 MZ세대는 중국을 싫어하는 이유로 미세먼지와 코로나 확산, 김치와 한복에 대한 문화공정, 한한령(限韓令: 한류 제한령) 등을 들었다.

2021년 국민일보 여론 조사에서 MZ세대는 중국(51%) 다음으로 일본(31%)을 싫어하는 것으로 나타났다.[31] 북한에 대해서는

---

29 농촌경제연구원. '농촌의 사회통합 실태와 정책개선방안'. 2019.

30 여성가족부. '2021년 전국 다문화가족 실태조사'. 2021.

31 이러한 추세는 2022년부터 바뀌기 시작했다. 일본 신문통신조사회에 따르면 한국인이 가장 싫어하는 국가 1위는 러시아였고, 2위가 중국으로 조사되었다. 러시아의 우크라이나 침공으로 인한 것으로 보인다.

45.9%가 "우리와 상관없는 나라 또는 무관심한 나라"라고 답했다. 통일에 반대한다는 의견은 54.2%, 한국이 선진국이라고 생각한다는 응답은 62.6%, 난민과 외국인의 한국 국적 취득이 더 어려워져야 한다고 답한 응답자는 71.8%였다.

중국에선 소위 '링링허우(零零後) 세대'의 광적인 애국주의로 몸살을 앓고 있다. 2000년에서 2009년 사이에 출생한 이들은 '한 자녀 정책'으로 탄생해 개인주의 성향이 강한 부모가 애지중지 키운 세대다. 이들에게 4명의 부모 세대가 (조부모 · 부모) 아낌없이 투자한다.

중국이 G2로 올라섰던 시기에 태어난 이들은 시진핑 공산당의 극단적인 애국주의 사상교육으로 '중국공산당 제일주의'와 중화주의를 신념화했다. 이들에게 당은 곧 국가며 국가수반에 대항하는 세력은 모두 적이다. 이들에게 홍콩의 인권을 언급하거나 신장위구르 지역의 반인도적인 구금을 비판하는 외신과 민주인사는 모두 미제와 그 동맹의 하수인일 뿐이다.

2007년 이안 감독의 대만 영화《색, 계》는 베니스 영화 황금사자상을 수상했지만, 주연을 맡았던 탕웨이는 중국에서의 활동에 상당한 제약을 받아야 했다. 친일 괴뢰정부(왕징웨이 정부)의 첩보조직 수장과 사랑에 빠진 항일 비밀조직 여성이라는 설정이 문제였다. 중국 당국으로부터 찍힌 탕웨이는 중국 네티즌으로부터

"희대의 탕녀(蕩女)"로 공격당했고, 도망치듯 영국으로 유학을 가야만 했다.

링링허우 세대에겐 중화 애국주의에서 이탈한 작품은 예술성으로도 면죄받지 못했다. 글로벌 기업 알리바바의 창업자 마윈이 공산당으로부터 '찍히고' 난 후 인터넷에선 링링허우 세대의 파상 공세가 있었다. 천하의 마윈도 '좌표 찍기' 이후엔 침묵을 강요당해야 했다. 민족적 자긍심에서 민주주의와 타인종, 문화에 대한 존중을 제거할 때 민족애는 닫힌 국가주의로 자란다.

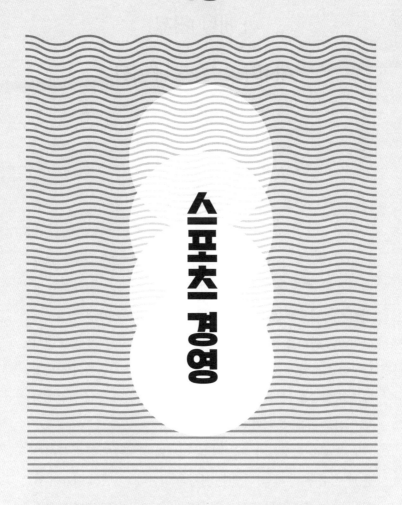

★ 3장 ★

스포츠 경영

: 글로벌 3사의 문화전쟁

마케팅 대전,
AND1의 '타도 나이키'

2022년 글로벌 OTT 서비스 넷플릭스는 흥미로운 스포츠 다큐멘터리 한 편을 공개했다. 〈말하지 못한 이야기: AND1의 흥망성쇠〉다. 내용은 2000년 혜성같이 등장해 미국 전역을 강타하고 나이키의 아성을 흔들었던 스타트업 'AND1(앤드원)'에 관한 것이다. 이 스토리가 흥미로운 점은 스포츠에 대한 사람들의 심미적 태도와 열광뿐 아니라 스포츠 마케팅과 경영철학 등의 관점에서도 영감을 얻을 수 있기 때문이다.

'AND1'은 농구에서 슛을 할 때 상대의 반칙에도 골이 들어갔을 때 자유투 한 개를 더 얻는 상황을 말한다. 기업의 이름이 암시하듯, AND1은 농구 전문 브랜드다. AND1은 1993년 펜실베이니아 와튼 스쿨(상경학부) 출신의 젊은이 3명이 의기투합해 만든 브랜드다. 이들은 당시 농구에 미쳐 있었다. 학부 시절에도 1시간 공부하면 나머지 8시간을 길거리 농구로 시간을 보내는, 그야말로 농구광이었다.

세스 버거의 제안으로 길버트와 톰이 합류했다. 처음에는 농구 티셔츠를 파는 구멍가게 수준이었다. 다만 일반 스포츠 브랜드와 달랐던 것은 디자인과 문구였다. 거리농구에서 상대에게 조롱할 때 사용하는 슬랭을 문구로 담았고, 이미지와 활자는 스프레이 페인트로 벽에 그리는 '그라피티 아트(graffiti art)'를 활용했다. 창업 1년 차에 회사는 적자를 봤지만, 이 티셔츠를 발견한 이들은 이미지가 "쿨"하다고 느꼈다. 도발적인 문구는 거리에서 노는 이들과 젊은이들의 마음을 사로잡았다.

좀 하는 줄 알았더니 영 꽝이네.
I'm sorry i thought you could play.

나는 버스 운전사, 너흴 참교육의 장으로 데려가지.
I'm the bus driver i take everyone to school.

목줄 차야겠네. 방금 개처럼 얻어맞았잖아!
Wear a collar you just got dogged!

경기력도 네 여자 친구만큼 끔찍하네.

You game is as ugly as your girl.

아니, 농담 아니고 너 진짜 구려(못해).
No really you stink.

대부분의 아이디어는 15년간 거리에서 농구를 하며 사용했던 말에서 따왔다. 그리고 톰은 천재적이었다. 그는 와튼 학부 시절 하루 7시간 농구를 하면서도 학점 3.96을 받아 내는 사색가였다. 첫해엔 트렁크에 쌓인 티셔츠를 배달하는 수준의 매출이었지만, 이 티셔츠를 발견한 스포츠 브랜드 '풋 락커(Foot Locker)'에서 서너 개의 디자인을 주문했는데 무려 1만 3천 달러어치였다. 거리에서 AND1 티셔츠가 자주 눈에 띄자 젊은이들은 이 티셔츠를 어디서 구매할 수 있는지를 물었고, 이윽고 스포츠 마켓에서 주문 요청이 쏟아졌다.

AND1의 이미지는 도발적이며 자유롭고 거친 길거리 농구의 질감을 그대로 표현했기에 언론에서도 흥미로운 문화 현상으로 소개했다. 2년 후인 1995년엔 티셔츠만으로 매출 160만 달러를 올렸다. 지금도 전설적인 시트콤 드라마로 인정받는 〈프렌즈〉와 〈더 프레쉬 프린스 오브 벨 에어〉에도 AND1의 티셔츠와 "아니, 농담 아니고 너 진짜 구려(No really you stink)."라는 대사가 등장할 정도였다.

이때 그들은 자신의 가능성을 확인했고, 이어서 10억 달러 가치의 스포츠 브랜드로 부상하겠다고 마음먹는다. 목표는 당시 부동의 1위를 수성하고 있던 나이키를 대체하는 것이었다.

마케팅의 귀재, 나이키

나이키를 부동의 1위 브랜드로 올려놓은 전설적인 광고 2편은 아직도 회자될 만큼 인상적이다. 광고의 통념을 산산조각 냈다. 하나는 1985년 '에어 조던'이라는 농구화를 출시했을 때의 광고고, 또 하나는 아직도 나이키가 사용하는 슬로건 "Just do it"이다. 우리말로 풀면 "일단 해 봐", "그냥 해", "(뭘 망설여?) 우선 해" 정도의 뜻이다. 1988년 광고대행사 '와이든+케네디(Wieden+Kennedy)'사의 두 사람이 만든 TV 광고에서 처음 등장했다. 마이클 조던이 농구공을 튕기고 마지막에 "JUST DO IT"이라는 카피로 끝을 낸다. 도전과 성취, 용기, 자신감과 같은 언어를 늘어놓지 않고 단 한 줄의 감성 카피로 호소한 것.

원래 이 카피는 1976년 유타주에서 두 명을 살해한 사형수 게리 길모어가 사형 집행장에서 마지막으로 했던 말 "Let's do it(자, 시작하자)"에서 영감을 받았다. 유타주가 10년 만에 사형 제도를 부활시키면서 집행했던 사건이라 그의 마지막 장면이 언론을 통해 많이 보도되었다.

또 하나의 전설적 광고는 1985년의 에어 조던 광고였다. 당시

만 해도 나이키는 아디다스, 아식스, 리복 다음의 스포츠 브랜드였다. 나이키는 마이클 조던의 경이적인 점프 높이와 체공 시간을 이미지로 형상화했고 여기에 조던의 이름을 붙인 운동화 '에어 조던'을 출시한다. 제품의 브랜드에 운동선수의 이름을 넣은 최초의 시도였다.

나이키 에어 조던은 역사상 최초로 스포츠맨의 이름을 브랜드 이름으로 사용했다

나이키는 에어 조던의 마케팅을 위해 '조던이 에어 조던을 신고 출전했다가 NBA가 이 운동화의 착용을 금지했다'는 내용으로 광고를 제작했다. 조던이 신었던 운동화가 NBA 규정을 위배한 사건이었다. 나이키는 매우 단순하고 직관적인 광고를 내보냈다. 마이클 조던이 서서 농구공을 튕기는 것이 다였다. 중요한 것은 영상에 입혀진 내레이션이었다.

9월 5일 나이키는 혁신적인 농구화를 창조했습니다.

10월 18일 NBA는 이 신발의 착용을 금지했습니다.

다행히 NBA는 당신이 신는 것까지 막을 수는 없습니다.

Nike Air Jordan

　NBA의 요청은 단순하게도 "운동화의 색상을 바꾸라."는 것에 지나지 않았지만, 영리한 캠페인 매니저들은 "에어 조던은 NBA도 공정경쟁을 위해 금지할 만큼의 성능이다."라는 뜻으로 알려질 것으로 보았다. 결과는 대성공이었다. 이후 에어 조던은 당시 농구화의 2배 가격인 65달러를 책정했음에도 불티나게 팔려 나갔다. 나이키는 2달 만에 7천만 달러를 벌어들였고, 창고의 재고는 바닥났다. 나이키가 스포츠 브랜드 1위가 된 사건이기도 했다. 에어 조던은 40년이 지난 지금도 나이키의 브랜드 정체성을 대표할 정도로 인기 있다. 2022년에만 1조 6천억 원의 매출을 기록했고, 아직까지도 나이키 전체 매출에서 10%를 차지하고 있다.

　그런데 이 에어 조던 마케팅은 조던과 나이키가 합작한 속임수 광고였다. 광고의 내레이션을 다시 보자. 9월 5일 에어 조던을 출시하고 10월 18일에 금지 당했다는 것이 핵심 내용이다. 하지만 사실은 이렇다. 1985년 2월 25일 나이키는 NBA사무국으로 부터 공문 한 장을 받았다. 내용은 1984년 10월 18일에 조던이 신었던 검정 바탕에 빨간색 로고의 운동화는 규정에 위배되므로 앞으로는 신을 수 없다는 것이었다. 팀원의 운동화는 소속 팀의 컬러와 팀원의 색상과도 매치되어야 한다는 규정이었다. 당시 시카고 불스의 유니폼 색은 흰색 바탕에 빨간색이었고, 운동화 역시 마찬가지였다.

정리하면 1984년 10월 18일에 조던이 운동화 규정을 위배했고, NBA사무국은 1985년 2월 25일 나이키에 공문을 보냈다. 나이키가 '혁신적인 신발(에어 조던)을 창조'한 때는 1985년 9월 15일이었다. 따라서 NBA사무국이 금지한 것은 에어 조던이 아니라 1984년 가을에 조던이 신었던 나이키 에어 쉽(Air ship) 모델이었다. 심지어 이 모델은 에어 조던 개발을 위해 만든, 정식 발매조차 되지 않은 프로토타입(prototype)이었다. 그런데 광고에선 의도적으로 연도를 빼고 마치 에어 조던이 NBA로 부터 금지당한 것처럼 속였던 것이다. 조던은 TV쇼에 나가서도 '에어 조던'이라고 표현하지 않고 그저 "글쎄 사무국이 흰색 신발만 신어야 한대요!"라고 말해 나이키의 전략을 실행했다.

여기에 더해 나이키 마케팅 팀은 "조던이 경기력을 위해 매회 NBA에 벌금을 물어가며 이 신발을 신었고, 그렇게 매 경기 부과되는 벌금 5천 달러를 나이키가 대신 내주고 있다"는 스토리를 만들어 유포했다. 사실 조던이 에어 조던을 신고 정규시합에 나선 적은 단 한 번도 없었다. 1985년 2월 10일에 열린 올스타게임 덩크 콘테스트에서만 한 번 신었을 뿐이다.

2015년에야 전직 나이키 마케팅 임원이었던 소니 바카로가 '소어 콜렉터'와의 인터뷰에서 진상을 밝혔다. 1985년의 광고는 사실이 아닌 내용으로 논란을 일으켜 제품을 홍보하기 위한 마케팅 전략이었다고.

원래 조던은 어린 시절 아디다스 농구화를 신고 운동했고 누구보다 아디다스를 좋아했다. 그래서 그는 나이키의 프레젠테이션을 듣고 난 후 그 계약서를 들고 아디다스에 방문해 나이키와 같은 수준의 계약이면 아디다스와 계약하고 싶다고 말했다. 하지만 당시 부동의 스포츠 브랜드 1위에다 유럽과 미국 시장을 꽉 잡고 있던 아디다스는 조던의 제안을 거부했다. 당시 아디다스의 위상을 확인할 수 있는 대목이다. 훗날 조던은 자신을 핵심적인 브랜드 이미지로 사용하며 미국의 정서에 기반한 기업이 성공하길 바랐다고 밝혔다.

이에 비해 나이키는 스포츠 스타가 스포츠 브랜드에 미칠 영향력을 1980년대부터 간파했다. 다음은 나이키의 마케팅 디렉터 롭 슈트라서가 노트에 쓴 글귀다.

"운동선수 개인은 앞으로 영웅이 될 것이다. 심지어 팀보다도. 그 선수들은 일반 사람들이 더 이상 할 수 없는 것을 해내는 하나의 상징이 될 것이다."

아디다스나 리복이 엄청난 돈을 FIFA를 비롯한 협회에 뿌리며 공식 후원사를 차지하는 데 골몰했다면, 나이키는 그 돈을 운동선수 개인에게 자신의 브랜드를 착용하게 만드는 데에 사용했다. 대표적으로 1996년 애틀랜타 올림픽의 공식 후원사는 리복이었지만, 올림픽이 끝났을 때 미국인들은 모두 나이키만을 기억했다.

전설의 육상 선수 마이클 존슨이 나이키의 빛나는 은색 운동화를 신고 200미터, 400미터에서 우승했다. 먼저 출전한 400미터 레이스에서 2위를 멀찌감치 떨어뜨리고 올림픽 신기록으로 우승했고, 이어 출전한 200미터에서 종전 세계기록을 무려 0.3 이상 단축한 19초 32의 세계 신기록을 기록하며 2관왕을 달성했다. 특히 200미터 결승에선 마이클 존슨이 마지막 100미터를 9.20에 주파해 버렸는데, 2위 선수와의 격차는 무려 10미터였다. 당시 나이키의 순이익은 에어 조단과 러닝화 열풍으로 31% 급상승했다.

1998년 프랑스 월드컵에서도 사정은 비슷했다. 당시 나이키는 브라질 선수단과 10년이라는 장기 계약을 맺었다. 프랑스가 우승, 브라질 팀은 준우승했지만, 호나우두가 대회 골든볼(MVP)을 수상했다. 호나우두의 놀라운 발재간과 축구화에 선명히 박힌 나이키 로고는 나이키에게 엄청난 마케팅 효과를 가져다주었다. 대회 공인구는 아디다스의 트리콜로르(Tricolore)였지만, 사람들의 눈은 운동화로 향했다.

AND1, 나이키에 선전포고

AND1이 나이키의 아성을 깨기 위해선 나이키의 영웅 마이클 조던과 견줄 수 있는 더 젊은 신성이 필요했다. 1996년 당시 혜성처럼 떠오른 인물이 바로 조지아 공대 출신의 스테판 마버리였다. 가난한 가정에서 자라 길거리 농구로 성장했고, 고등학교를 졸업하고 맥도날드 올스타전에 출전할 정도로 기량을 인정받은 선수였다. 압도적인 득점력과 크로스오버(양손을 사용해 드리블로 돌파하는 기술) 능력은 NBA의 마이클 조던과도 견줄 수 있다는 평가가 있었다.

AND1은 마버리와 10년 장기 계약을 했다. AND1은 나이키가 마이클 조던과 호나우두를 활용하는 방법을 벤치마킹했다. 마버리는 AND1의 농구화를 신고 개막전에 출전한다. 이를 기점으로 AND1의 새 운동화는 광고와 함께 전국 매장에 깔릴 예정이었다.

하지만 당일 경기는 AND1에겐 악몽이었다. 밀워키 개막전에 출전한 마버리는 슛을 쏜 뒤 착지하면서 발목이 꺾여 부러지고 만다. 중계 카메라는 발목이 부러지는 순간을 반복해서 송출했고, 시청자들은 고통에 겨워 몸부림치는 마버리의 농구화 밑창에 선명하게 새겨진 AND1의 로고를 보았다. AND1에게 파산이라는 검은 그림자가 덮치던 순간이다. 마버리의 동료들과 매니저는 사고를 AND1 농구화 탓으로 돌렸다.

파산을 앞둔 AND1이 우연히 찾아낸 것은 하나의 낡은 VHS 비디오테이프였다. 뉴욕의 길거리 농구를 아마추어 촬영자가 찍은 것이었다. 촬영은 조악했지만 그 안에 담긴 것은 놀라웠다. 그것은 화려한 쇼였고 마법과 속임수가 가득한 한 편의 시였다. 그 안엔 그라피티와 랩, 브레이크 댄스, 힙합과 랩과 같은 당대 젊은 이들의 문화가 하나로 녹아 있었다. 경기의 승패는 중요하지 않았다. 동작은 화려했고, 그 동작들은 절대적으로 길거리 농구 선수 개인이 수년간 갈고닦은 독창적인 기술들로 구성되어 있었다.

AND1은 나이키가 결코 점유할 수 없는 전략적 위치를 발견한 듯했다. 반항적이고 거친 길거리 농구. 이 길거리 농구엔 NBA에선 반칙이라고 휘슬을 불 동작들이 모두 용인되었다. 손으로 상대의 머리를 짚으며 현란한 묘기를 보이는 것과 공을 자기 티셔츠 안에 넣었다 빼기, 심지어 공으로 상대 등을 튕겨 조롱하는 행동까지도.

AND1은 나이키가 결코 이 영역을 침범하지 못할 것으로 확신했다. 왜냐면 나이키는 NBA를 상징하는 브랜드였고, 규범 내에서 플레이하는 미국 중산층의 취향을 거스를 수 없을 것으로 생각했기 때문이다. AND1은 1998년 거리 농구의 진기명기를 담은 'AND1 믹스테이프' 5만 개를 무료로 배포했다. 길거리 농구장의 아이들과 세탁소, 이발소, 클럽 등과 같이 흑인 동네와 젊은 백인들이 노는 지점에 집중 살포했다.

믹스테이프의 효과는 바로 나타났다. 이 비디오가 입소문을 타자 수명에서 십여 명이 한집에 모여 보기도 했고, 비디오테이프를 친구에게 빌려주거나 복사해서 전파했다. 농구를 좋아하는 청소년과 청년들의 화제는 단연 믹스테이프였다. 당시 농구를 좋아했던 젊은이들은 "너 그 믹스테이프 봤어?"라는 질문으로 대화를 시작했다. 월요일 AND1의 사무실엔 "끝내준다"는 찬사와 함께 2편도 빨리 만들어 달라는 요청이 쇄도했다.

2편은 거리농구의 숨은 실력자 5명을 뽑아 동부 지역 순회 경기를 하는 것으로 기획했다. 뉴저지 린든에서 첫 경기를 열자, 경기장 인근 몇 블록이 이 경기를 보기 위해 몰려든 이들로 가득했다. AND1이 선발한 올스타 5명은 NBA 선수 못지않은 인기를 누렸다. 이 전략은 대성공이었다. 2000년부터는 새로운 올스타 멤버 3명을 뽑는 전국 순회 선발전을 진행했다.

이때 NBA 선수들도 엄지를 치켜들 수밖에 없는 실력자들이 발굴되었다. 스킵 투 마이 루, 메인이벤트, 더 프로페서, 핫 소스, 스파이다, 50, AO라는 이름으로 불렸던 거리의 스타가 탄생했다. AND1 올스타 팀은 NBA 스타의 명성을 앞질렀다. 그들이 나타나면 거리가 마비되었고, NBA 사전 경기로 치러진 AND1의 경기를 보기 위해 평소보다 더 많은 관중이 결집해 본경기보다 열띤 반응을 쏟아 냈다.

공을 다루는 방식이 혁신적이고 즐거웠기에 AND1 올스타들의 동작을 따라 하는 열풍이 불었다. 이들은 TV쇼에 출연했고, ESPN은 아예 이들의 전국 순회 서바이벌 경기를 프로그램으로 편성했다. 그 프로그램은 그해 남자들이 가장 사랑한 프로그램으로 조사될 정도였다.

바람을 등에 업은 AND1은 유료화 전략으로 선회했다. 티셔츠나 농구화를 구매하는 고객에게 믹스테이프를 공짜로 제공했다. AND1의 농구화의 디자인과 품질 또한 혁신적이었다. 통기가 잘 되고 결착이 단단했으며 무엇보다 쿠션감이 뛰어났다. 기존 농구화에선 찾아볼 수 없는 선명한 두 개의 컬러로 디자인을 세련되게 뽑아냈다. 출시 18개월에 AND1은 6,500만 달러의 매출을 올렸고, 일부 제품은 출시와 동시에 완판되었다. AND1의 농구화 중 일부는 나이키보다 더 잘 팔렸고, 그 외의 제품들 역시 판매 순위 1, 2위를 경합했다.

2004년 뉴욕 매디슨 스퀘어 가든에서 개최된 올스타 경기엔 무려 1만 9천 명이 운집했다. NBA의 '올스타 슬램덩크 콘테스트'에 출전한 빈스 카터가 AND1의 타이치 농구화를 신고 슬램덩크를 할 정도였다. 뒷골목의 갱치고 AND1 농구화를 신고 다니지 않는 이가 없었다.

상황이 이렇게 되자, 나이키도 긴장하지 않을 수 없었다. 나이키의 경영전략회의에선 AND1 타도가 가장 중요한 의제가 되었

다는 정보가 흘러나왔다. 당시 AND1의 자신감이 어느 정도였냐
면 AND1의 관계자는 언론에 대고 "미국의 모든 스포츠 브랜드
는 긴장해야 할 겁니다."라고까지 경고할 정도였다.

나이키의 하이재킹, "나이키 프리스타일"

AND1의 붕괴는 2005년 내부에서 시작되었다. 매출은 나이키
와 경합할 정도로 커졌지만, 여전히 회사의 운영은 3인 체제에서
벗어나지 못하고 있었다. 무엇보다 천재 지략가이자 독창적인 농
구화를 디자인했던 톰이 번 아웃으로 회사와 결별했다. 톰이 떠
나자 AND1의 농구화는 혁신성을 잃어버렸다. 당시 AND1 매출
의 90%가 톰의 팀에서 기획한 농구화에서 발생하고 있었다.

그리고 AND1 내부엔 이보다 더 큰 문제가 도사리고 있었다.
바로 선수들에 대한 차별 대우와 푸대접 문제였다. 당시 AND1
의 투어는 가을 3개월 동안 진행되었는데, 선수들의 연봉 체계가
주먹구구식이었다. 경기장의 환호와 박수를 기준으로 경영진이
알아서 주는 식이었다. 관중을 몰고 다녔던 핫소스의 경우 9만
달러가 훨씬 넘는 연봉에 보너스를 받았지만, 박수를 적게 받는
선수는 1만 5천 달러를 받아야 했다.

선수들에 대한 푸대접은 내부에서 더 큰 균열을 가져왔다.

AND1 스텝들이 탄 버스에는 온갖 산해진미가 차려졌지만, 정작 올스타 선수들에게 차려진 것은 햄버거나 피자 따위가 전부였다. 격분한 선수들은 피자를 매니저 얼굴에 던지며 항의할 정도였다. 또 AND1은 물류 관련 일을 하면서 직원 대신 자원봉사자들을 모집해 운영한 탓에 임금 착취 이슈도 보도되었다. 올스타 팀은 방송국 카메라 앞에서도 주먹질할 정도로 선수단 내의 앙금이 깊어졌다.

이때다 싶었는지, 나이키는 '나이키 프리스타일'이라는 30초짜리 TV 광고를 론칭했다. 경쾌한 힙합 리듬에 길거리 농구의 현란한 기술이 가미된 것이었다. 누가 봐도 AND1이 5년간 공들여 쌓아 왔던 믹스테이프 이미지였다. 아니, 그보다 더 세련된 광고였다. 나이키는 공세를 멈추지 않고 '나이키 배틀 그라운드'라는 거리농구 서바이벌 경연대회를 홍보했다. 이 이벤트 역시 AND1의 토너먼트 선발전과 흡사했다.

30초짜리 TV 광고였지만, AND1가 받은 충격은 대단했다. 광고를 너무나 잘 만들었기 때문이었다. 그 안엔 힙합과 브레이크 댄스, 도전과 자기표현, 아름다운 동선 등 그 모든 것이 담겨 있었다. "길거리 농구"라는 브랜드를 그야말로 하이재킹당한 것이다. 그것도 30초짜리 TV 광고 2편만으로.

나이키와 손절했던 투자자들이 다시 나이키 주식을 사기 시작했고, AND1의 매출은 2억 달러에서 1억 3천만 달러로 곤두박질쳤다. 20%의 직원을 정리해고해야만 했고 흉흉한 소식은 계속 이어졌다. 결국 회사는 매각되었다. 10년 아성이 무너지는 데에는 채 6개월도 걸리지 않았다. 이후 AND1의 농구화 브랜드는 이곳저곳에 계속 매각되었다.

나이키는 현재 스포츠 브랜드 1위, 세계 기업 순위 14위를 구가하고 있다. 시가총액은 2023년 1월 현재 240조 9,862억 원으로 아디다스, 푸마, 언더 아머를 모두 합친 규모의 4배를 기록하고 있다. 2021년 3월 기준 세계 농구화 매출 점유율 86%, 축구화의 경우 52%를 차지하고 있다.

AND1이 만약 믹스테이프 올스타 선수들을 단순히 제품의 홍보 수단이 아닌, 회사의 브랜드나 기업가치 그 자체로 인식했다면 어땠을까. 2005년이면 이미 기업가치에 대해 재정립하고자 하는 사회적 운동이 충만했던 시기다. 즉, 마케팅은 단기적으로 해당 상품을 잘 팔리게 만들어 줄 순 있지만 기업의 지속적 성장과 영속을 보장하지 못한다.

AND1의 가치는 당시 믹스테이프 올스타 팀에서 생성되었음에도 AND1 경영자들은 자기 경쟁력을 기획력과 농구화의 디자인, 품질과 같은 것으로 인식했다는 점이다. 이런 인지 오류는 왜 생겨나는 것일까? 다음 장에서 확인하자.

통합가치와
스포츠 경영

지금의 청년 세대는 AND1이라는 기업이 있었는지조차 잘 모른다. 미국은 물론 세계 스포츠 시장까지 제패할 수 있었던 기업의 몰락이 왜 그렇게 가팔랐는지를 여러 각도로 분석할 수 있다. 필자는 그 근본 원인을 기업가치의 부재라고 보았다. 쉽게 말해 자신의 회사가 무엇을 하려는 곳인지를 규정하는 작업이다. 기업이 추구하는 사회적 가치와 이를 실현하기 위한 경영전략은 통일적으로 구성되어야 한다. 기업가치와 관련한 논의와 실천은 1970년대 이후 꾸준히 확장되어 왔다.

1970년대까지만 해도 기업의 목표가 "이윤 추구를 통한 주주 이익"이라는 점에 대해 그 누구도 부정하지 않았다. 기업은 이윤을 추구하는 과정에서 더 높은 생산성을 위해 더 많은 노동자를 고용하고, 판매된 상품은 더 많은 부가가치를 만들어 낸다. 시장에 돈이 풀리면 투자는 관련 서비스 업종까지도 파생되어 결과적으로 시민과 국가 모두에게 이익이라는 주장이다. 이런 고전 경제학적 원리가 폭넓게 자리 잡을 수 있었던 이유는 실제로 기업의 생산성 향상이 임금 인상과 사회적 부의 확장으로 연결되었기 때문이다.

가령 1960대 서구 경제를 이끌었던 자동차 산업은 시작 단계에선 제조업이었지만, 이 산업이 확장되면서 도로와 항만, 물류의 전반적인 변혁을 이끌었고 자동차에 들어가는 주요 소재와 오일, 정비와 같은 서비스 업종의 활황으로 이어졌다. 가령 포드사의 '포드시스템' 도입으로 생산성이 향상되어 자동차 공급 가격은 떨어졌고, 더 많은 수요가 창출되면서 포드가 고용하는 노동력 이상의 신규 가치가 창출되었다.

국민의 소득이 증가하면 의료와 가전, 여가 등에 지출할 수 있는 여력이 자연히 창출된다. 기업의 높아진 생산성으로 인한 이익의 상당 부분은 주주들에게 배당되며, 이 자금은 투자자로 하여금 더 혁신적인 자본에 대한 투자를 가능케 한다. 기술혁신으로 인한 생산성 향상은 새로운 파이로 변형되어 창출된다. 이것을 '파이 탈바꿈 효과'라고 한다.

1970년대 본격적으로 등장하기 시작한 은행의 ATM 기계를 보고 비관론자들은 현금 출납을 담당하는 직원은 해고당할 것이라 경고했다. 이것은 단지 은행업자의 배를 불리고 고용을 저해하는 짓이라는 의견이 다분했다. 하지만 은행은 직원들의 현금 출납과 같은 단순 업무를 줄이고, 해당 인력을 부가가치 높은 금융상품 상담 업무로 배치했다. 이 시기 미국의 통계를 보면 제조업 일자리 3분의 2가 서비스 업종으로 이동했고, 노동 시간당 생산성은 108%, 급여는 85%가 증가했고 노동 시간은 감소했다. 1970년 3만 종의 미국 내 일자리가 2013년엔 38만 종의 일자리로 다양화되었다.

이후 1984년 자유주의 경제학자였던 밀턴 프리드먼(Milton Friedman)은 '이해관계자 가치'를 주창한다. 기업의 목표는 주주 이익을 넘어 고용된 노동자와 상품을 소비하는 소비자, 그리고 해당 제품의 유통을 담당하는 물류와 서비스 업종, 그리고 기업에 생산 터전을 제공하고 환경오염의 부담을 떠안은 지역 주민의 이익(가치)까지도 고려해야 한다는 주장이다. 프리드먼은 강한 보수적 입장에 서 있는 자유주의자였다. 정부의 개입이 아닌 기업의 자율적인 투자가 세상을 더 좋게 하리라는 환상도 가지고 있었다.

1990년대 탄소 배출로 인한 지구온난화와 오존층의 구멍, 무차별적인 산림 파괴와 남획 등에 대한 경고가 강해지자 나온 주장이 파울 에킨스(Paul Ekins)[32]의 '4가지 자본 이론'이다. 기업이 이익만을 목표로 달렸을 때 사회 자본은 고갈되고 시스템은 '야수적 자본주의'로 돌변할 수 있다는 것이다. 그래서 기존의 기업 가치인 금융, 제조, 인적 자원에서 자연자본까지 확장해서 이를 지켜야 지속 가능하다는 주장이다. 오늘날 코카콜라는 콜라 제작에 필요한 탄소 배출을 측정해 매해 이를 능가하는 수준의 환경 보전을 위한 투자를 하고 있다. 이런 활동이 대표적일 것이다.

2000년대 들어 기업의 가치는 사회적 가치와 인류라는 종을 보전하기 위한 지구 보호로까지 확장된다. 에머슨(Jed Emerson)은 재무적 가치와 사회적 가치는 통합되어야 한다고 주장했고, 포터와 크레이머(Porter and Kramer)는 기업의 존재 근거는 사회의 지속 가능성으로 인한 것이기에 기업은 사회적 문제를 해결하면서 자신의 이익을 추구하는 방향으로 끊임없이 혁신해야 한다는 주장이다.

이러한 논의는 결국 '통합가치창출(Creating Integrated value)'

---

32 폴 에킨스(Paul Ekins)는 지속 가능한 개발 및 에너지 정책 분야에서 활동한 것으로 알려진 영국의 학자다. University College London(UCL)의 에너지 및 환경 정책 교수이며 UCL 지속 가능한 자원 연구소의 이사로 활동하고 있다. 그는 에너지 효율, 재생 가능 에너지 및 에너지 시스템의 탈탄소화와 같은 주제에 대해 광범위하게 저술했다. 특히 에너지 및 환경 정책에 대해 정부 및 국제기구에 자문을 제공해 왔다.

이론으로 수렴되었다. 2014년 비저(Wayne Visser) 박사[33]는 그간 사회적으로 실행되었건 기업가치 이론 중 실천할 수 있고 지속 가능한 모델을 추려 방법론을 제시했다. 즉, 이론으로서의 기업가치가 아닌 실제 시스템을 혁신하고 지속할 수 있는 방법론을 모아 '기업의 통합가치 이론'이라는 이름으로 제시한 것이다.

이런 주장이 단순히 기업가치 혁신 이론에만 머문 것이 아니라 UN과 EU, 다국적 기업들의 혁신 모임에 모두 적용되며 인정받기에 이르렀다는 것이 중요하다. 이윤 추구와 근시안적인 매출 달성만을 기업의 목표로 삼는 관행이 미래에는 지속되기 어렵다는 세계적 공감대가 형성된 것이다.

CIV(Creating Integrated Value)는 주주뿐만 아니라 조직의 모든 이해관계자를 위한 가치 창출이 중요하다는 비즈니스 철학이다. 직원, 고객, 공급업체, 지역 사회 및 환경을 소중히 여기고 돌볼 때 비즈니스 성공에 더 많이 기여할 수 있다. CIV를 구현하기 위해 조직은 모든 이해관계자의 요구와 관심을 고려하는 가치 창출에 대한 통합적인 접근법을 구사해야 한다.

---

33 Wayne Visser 박사는 남아프리카 작가이자 학술 및 지속 가능성 컨설턴트다. 그는 지속 가능한 개발, 기업의 책임 및 글로벌 거버넌스에 대한 작업을 하고 있다. 케임브리지와 ESADE를 포함한 여러 대학에서 교수로 재직했고 세계은행, 유럽연합 집행위원회, UN을 비롯한 다양한 조직에서 컨설턴트로 일하면서 지속 가능성 전략을 제공하고 있다. 지속 가능성 보고 부문의 Blue Sky Award와 환경 리더십 부문의 Green Globe Award를 비롯한 수많은 상을 수상했다.

여기에는 사회적 및 환경적 책임을 비즈니스 전략에 통합하고, 모든 이해관계자에 대한 결정의 영향력을 측정하고, 관련된 모든 당사자의 복지를 개선하기 위한 변경이 포함된다. 그렇게 함으로써 조직은 모두에게 이익이 되는 가치 창출에 대한 지속 가능하고 통합된 접근 방식을 달성할 수 있다. 결론적으로 통합 가치 창출은 주주만이 아닌 모든 이해관계자를 위한 가치 창출의 중요성을 강조하는 경영철학이다.

다시 AND1의 불꽃과 같은 여정을 돌아보자. 기업이 자신을 무엇이라고 규정하는 문제가 다분히 관념적으로 느껴질 수 있지만, 실제 혁신적인 CEO들은 이 기업가치의 문제가 기업의 지속 여부를 가늠할 수 있다는 사실을 잘 알고 있다. 즉 기업이 내세운 가치를 기업의 전 구성원이 내면화하며, 이를 실제 소비자와 사회구성원이 인정하는 것이 기업의 생존을 좌우한다는 뜻이다. AND1은 "AND1이 무엇을 하는 기업인가?"라는 질문에 잘못된 대답을 산출했다. 즉 AND1이 "길거리 농구라는 콘텐츠를 '매개'로 해서 농구화를 파는 회사고, 목표는 나이키 타도"라는 오답을 내면화하는 순간, 기업 종말의 씨앗이 싹튼 것이다. 나이키의 매출을 넘어서기 위한 방편은 꽤 있었다. 앞서 살펴본 것과 같이 믹스테이프 시즌을 더 넓혀서 NBA에 버금가는 리그를 창출할 수도 있었고, 제품 개발부를 혁신해서 더 나은 품질과 디자인으로 계속 나이키를 압박할 수도 있었다. 그러면 나이키 타도를 위해 회사의 모든 역량을 집중할 수 있었을 것이다.

문제는 이런 모델이 지속 가능하지 않다는 것이다. AND1의 목표는 잘못 설정되어 있었다. AND1이 고민했어야 하는 것은 자신의 기업가치였다. 그러나 당시 AND1의 목표는 단지 나이키를 넘어서는 것이었다. 실제로 AND1의 일부 제품은 나이키의 판매량을 웃돌았고, 시장 잠식 속도는 대단했다. AND1이 일시적으로 또는 몇 년 나이키를 앞설 순 있겠지만, AND1의 지속 가능성은 그 누구도 장담하지 못한다. 왜냐면 AND1보다 더 혁신적이고 사회적 가치에 부합하는 신생기업이 새로운 플랫폼 판매를 통해 언제든 AND1를 전복시킬 수 있었기 때문이다.

AND1이 만약 자신의 정체성을 "재능과 노력으로도 제도(리그)에 진입하지 못한 청년의 꿈을 실현하는 기업"이라는 가치로 규정했다면 많은 것들이 달라졌을 것이다. 그랬다면 믹스테이프 올스타 팀을 마치 시즌제 마케팅 재료처럼 취급하진 않았을 것이다. 거리농구와 관련된 리그를 창설하고 룰을 정립하며, 여기에 진입하기 위한 청년들을 트레이닝하는 아마추어 클럽을 지원하면서 자신만의 인프라를 거리에 단단히 뿌리박았을 것이다.

나이키가 제도화된 프로리그에 대한 상징성을 확보했다면, AND1는 그보다 넓고 다양하며 기회 창출이 많은 '거리'를 장악했을 수도 있다. 실제로 AND1 믹스테이프의 유산은 AND1의 파산 매각 이후에도 대단했다. 이후에 진출하는 NBA 선수들의 놀라운 개인기는 대부분 믹스테이프의 주인공들이 개발한 것들이었다. 그리고 실제 NBA 선수들은 그 믹스테이프를 보면서 수없이 훈련해 자신만의 것으로 만들었다고 구술하기도 했다. 즉, 미국 프로농구는 물론 농구 자체를 혁신하고 올라탈 수 있는 문화 경쟁력을 너무나 쉽게 저버린 것이다.

AND1 올스타 팀을 자신의 핵심 기업가치로 생각했다면 그들을 단순히 홍보용 콘텐츠가 아니라 자사의 스포츠 영웅과 같이 대접했을 것이다. NBA와 매니저들이 슈퍼스타에게 지속적으로 투자하는 것과 같이 말이다. 하지만 AND1에게 올스타 팀은 하나의 소구 요소에 불과했다. 즉, 이들의 화려한 개인기에 대한 열풍을 단지 '농구화 판매'라는 좁은 망으로만 수렴하려 했다.

왜냐면 AND1의 목표는 나이키 타도고, 그 방안은 길거리 농구 콘텐츠를 통한 농구화 판매였으니까. 정확히 말하면 AND1은 선수들을 광고 회사가 출연료를 주면 출연하는 연예인 정도로 인식했던 것이다. 그래서 늘 단기 계약을 했고, 그 거래는 오직 9월부터 진행되는 3개월 시즌에만 유효했다. '3개월의 판촉용 경기'가 남긴 공백은 나이키가 쉽게 치고 들어올 수 있는 전략적 공간이었다.

이에 비해 나이키는 미래의 전략적 고객과 사회적 흐름을 읽기 위해 회사의 역량을 집중한다. 미래의 잠재 고객을 나이키는 여성과 제3세계 스포츠 소외 인구 그리고 아동으로 설정했다. 특히 어린이 고객에 대한 지원은 아디다스나 타 브랜드를 압도한다. 박지성을 광고 모델로 세웠을 당시 나이키가 제시했던 것이 "은퇴 후에도 '박지성 축구교실'을 적극 지원해 주겠다."는 약속이었다고 한다.

축구 설비와 축구화, 운동복 등에 대한 후원 활동과 유소년 아카데미에 대한 지원 프로그램을 나이키가 지속하는 이유 중 하나가 바로 이들이 미래의 잠재 고객이기 때문이다. 나이키는 'Lace Up Save Lives' 프로그램을 통해 스포츠 저변 인구 확대를 지원하고 수익금의 50% 이상을 저소득층에 기부하는 '나이키 휴먼 레이스' 같은 행사를 연다. 또 장애를 가진 이들이 운동을 즐길 수 있도록 신체적 결함을 보완해 주는 보조 장구 겸용 신발 등 새로운 가치를 담은 제품 개발에 힘쓰고 있다.

스포츠 업체가 자신의 기업가치, 즉 자신이 무엇을 하는 기업인지를 몰라서 발생한 참사도 있다. 2019년 미국의 'PELOTON' 광고 사태다. 뉴욕에서 가장 핫한 스포츠용품 브랜드였던 펠로톤은 실내 운동용 자전거나 러닝머신에 모니터를 장착했다. 트레이너 강사가 매일 실시간 트레이닝해 준다는 콘셉트로 선풍적인 인기를 끌었던 핫한 브랜드였다. 문제는 크리스마스 특집 광고였다. 남편이 아내에게 펠로톤 자전거를 선물해 주었고 아내는 매일 자신이 운동하는 영상을 찍어 1년 후 남편에게 감사 영상을 보여 준다는 설정이었다.

이 광고는 즉각 대중의 강력한 반발에 부딪혔다. "왜 아내가 살 빼는 걸 위해 남편이 선물하는 것인가?", "여자는 남자의 노예인가? 왜 영상으로 자신의 운동량을 보고하는가?", "여성은 바보인가? 왜 스스로 펠로톤 자전거를 구매하지 않는 것인가?", "이미 날씬한 여성인데 왜 자전거를 주는 것인가?" 등 비난은 끝이 없었다. 결국 펠로톤의 주가는 하루 만에 9% 폭락해 무려 1조 원이 증발했다.

분명 광고 대행사는 고객의 구매 패턴을 통계나 포커스그룹미팅 조사(FGI) 등을 통해 확보했을 것이다. 그래서 '아내를 위한 최고의 선물'이라는 콘셉트로 로그 라인을 구성했을 것이다. 문제는 혁신적 제품에 얹은 낡은 메시지였다. 20년 전에 사용했어도 문제가 많았을 스토리 라인으로 광고를 제작했고 이것이 즉각적인 반발에 부딪힌 것이다.

4차 산업의 핵심이라고 할 수 있는 쌍방향 실시간 콘텐츠가 펠로톤의 강점이었지만, 그들은 자신의 회사를 '강사가 1:1 소통하는 운동기구 회사'로만 설정한 듯하다. 해당 광고는 분명 CEO의 결재로 진행되었을 것이다. 결국은 자신의 가치를 어떻게 규명하는가의 문제였다. 여성 시장에 대한 경영진의 무지에 더해 펠로톤 스스로가 자신을 "스마트 운동기기 판매 기업"으로 설정한 것이 근본 원인이었다. 물론 2019년 코로나 팬데믹이 2022년까지 지속되면서 펠로톤은 기존의 매출을 회복할 수 있었다.

아디다스는 1998년 자사의 축구공을 만드는 데 제3세계 아동의 노동을 갈취했다는 비판을 받았다. 1998년 프랑스 월드컵 공인구 트리콜로가 파키스탄의 열악한 작업 환경 속에서 어린이들이 제작한 것으로 폭로되었다. 5세 정도의 아이들이 가혹한 작업 환경에서 하루 최대 12시간 노동으로 많은 질환에 노출되고 있다는 주장이었다. 당시 프랑스 월드컵은 '아디다스 아동 착취' 논란이 모든 것을 뒤덮었다. 손이 큰 어른보다 아이가 섬세한 가죽 작업에 파키스탄의 공장주들은 아이들의 발목에 족쇄를 채우고 화장실 가는 시간까지 통제하며 아이들을 착취했다.

조사 결과, 아이들은 어떤 때는 하루에 14시간 동안 똑같은 자세로 앉아 무릎 사이에 가죽 조각을 고정시킨 채 조각을 꿰매고 있다는 사실이 밝혀졌다. 많은 아이가 어두운 방에서 오랫동안 집중하여 일을 하고 있기 때문에 시력에 문제가 생기고 있으며, 바늘에 찔리거나 손과 손가락이 상처를 입거나 구멍이 나고 실을 잡아당겨야 하기 때문에 새끼손가락이 비틀어지는 등의 통증을 느끼고 있다. 축구공을 완성해서 갖다 주어야지만 돈을 벌 수 있기 때문에 성인과 아동 모두 안정적인 수입을 얻지 못하고, 따라서 최저 생계비를 벌기 위하여 가족 전체가 축구공 만드는 일에 매달리는 경우가 많다.[34]

---

34 Global March 보고서. 파키스탄 시알코트 지역의 축구공 제조에 관한 보고서.

당시 공인구와 공식 후원사였던 아디다스에 대한 불매운동으로 기업의 브랜드 가치는 폭락했다. 이후 FIFA는 2002 한일 월드컵에서 사용된 공인구 '피버노바(Fevernova)'부터는 아동 노동을 활용치 않고 생산된 축구용품만을 사용한다고 밝혔다.

하지만 사람들은 아동을 고용하지 않는 파키스탄의 360여 개의 합법적 공장에서 전 세계 축구공 70% 이상을 공급하고 있다는 FIFA의 주장을 신뢰하지 않았다. 아동 노동 반대 NGO 단체 등에 따르면, 비합법적 생산처가 10,000여 곳에 이른다. 이곳에서 숙련된 5세에서 10세까지의 아동 노동자가 하루에 축구공 10개 정도를 수작업한다. 축구공 하나를 만드는 대가는 한화로 약 420원 정도다. 하루 12시간 이상 작업해도 일당이 5,000원을 넘지 못한다.

2022년 아디다스의 스폰서십에도 논란이 점화되었다. 아디다스는 카니예 웨스트와 협업하여 '이지 부스트(Yeezy Boost)'라는 신발 라인을 출시했다. 카니예 웨스트는 미국의 대표적인 힙합 가수이자 경영인, 의상 디자이너로 소위 인스타그램 등에서 '핫한' 인물이다.

하지만 그는 해당 브랜드를 이용해 파리 패션위크에서 "백인 목숨도 소중하다(White Lives Matter)"라는 로고의 티셔츠를 당당히 선보였다. 이는 2020년 미국에서 흑인 조지 플로이드가 경찰에게 살해되자 전국 각지에서 "흑인 목숨도 소중하다(Black Lives

Matter)"는 슬로건을 들고 항거했던 것에 대한 냉소였다.

당시 인권 운동에 대한 맞불로 미국 공화당 지지자와 백인 우월주의자들이 결집해 "백인 목숨도 소중하다"라는 구호를 외치며 집회를 열었다. 그는 '남부연합기'를 몸에 두르고 사진을 찍거나 "흑인 노예제는 당시 선택의 문제였을 뿐"이라는 망언에 더해 트위터에 유대인들에게 "데스콘 3를 실행할 것(I'm going death con 3)"이라는 반유대주의 메시지를 적어서 논란이 되었다.

데프콘(DEFCON)은 원래 군 방어 태세의 단계를 표현한 말이다. 일반적으로 데프콘 3는 적의 침입이 우려될 때 발동되어 언제든 출동할 수 있는 태세를 유지하라는 뜻이다. 웨스트는 이 단어를 '죽음'을 상징하는 'death con 3'로 바꿨다. 즉, 유대인들을 언제든 쓸어버릴 준비를 하라는 뜻으로도 해석할 수 있는 것이다. 아디다스는 웨스트의 상품을 판매에서 즉시 제외하겠다고 밝혔지만, 이로 인한 아디다스의 순손실액은 2억 1,700만 파운드(약 3,545억 원)로 추정되었다.

이에 비해 나이키의 마케팅은 다소 시류 영합으로 보일 정도로 미국 청년 다수의 분위기를 잘 캐치하고 있다. 창업자 필 나이트도 "나이키는 마케팅 지향적인 회사다. 그리고 제품은 우리에게 가장 중요한 마케팅 수단이다."라고 말했을 정도로 나이키는 스토리텔링을 통해 브랜드 이미지를 구축해 왔다.

2020년 조지 플로이드 사건이 벌어진 이듬해, 나이키는 창사

이래 처음으로 "Just do it"을 "Don't do it"으로 바꾼 광고를 내보냈다.

For once, don't do it.

이번 한 번만 하지 마라.

don't pretend there's not a problem in America.

미국에 문제가 없는 척하지 마라.

don't turn your back on racism.

인종차별 문제를 외면하지 마라.

don't accept innocent lives being taken from us.

무고한 목숨을 빼앗기는 걸 용납하지 마라.

don't make any more excuses.

더는 변명하지 마라.

don't think this doesn't affect you.

이 일이 당신과 상관없다고 생각하지 마라.

don't sit back and be silent.

가만히 앉아서 침묵하지 마라.

don't think you can't be part of the change.

당신이 변화의 일부가 될 수 없다고 생각하지 마라.

let's all be part of the change.

우리 모두 변화의 일부가 되자.

잔잔한 음악의 흑백 화면에 위의 메시지를 보여 주는 캠페인이었다. 이 영상물은 게시된 이후 144만 조회 수와 함께 26만 번의 '좋아요' 반응을 얻었다. 나이키는 'Just do it' 캠페인을 통해 도전과 용기, 사회적 편견에 맞서는 이야기를 전파해 왔다. 고령의 마라토너가 마라톤 풀코스를 완주하고 출산 후 여성이 올림픽에 출전하기 위해 다시 뛰다. 흑인 또는 성소수자라는 편견에 당당히 맞서 자신을 증명하라는 내용의 스토리도 있다.

여기에 자극받은 아다다스 또한 2004년부터 '불가능, 그것은 아무것도 아니다(Impossible is Nothing)'라는 캠페인을 펼쳤다. 무하마드 알리와 딸 라일라 알리, 리오넬 메시, 데이비드 베컴 등 전 세계 스포츠 스타들이 힘든 시절을 딛고 스포츠 스타가 된 이야기를 담아 불가능에 도전하는 이들의 첫걸음에 박수를 보내는 캠페인이다.

물론 기업의 마케팅이 실제 기업의 활동의 부정적인 면모를 은폐하는 데에 활용된다면 소비자들의 강력한 반발에 부딪힐 것이다. 중요한 점은 기업이 스스로 규정한 기업가치를 기업 활동의 모든 부분에서 관철하는 것이다.

영원한 라이벌, 나이키와 아디다스의 문화전쟁 : 평판 가치

앞서 나이키를 중심으로 설명하다 보니 아디다스가 스포츠 마케팅엔 젬병이라는 오해를 할 수도 있을 것 같다. 물론 지금까지 나이키는 기업가치나 세계의 매출 점유율에서 1위를 수성하고 있다. 하지만 아디다스(1924년 창업)의 역사가 무려 100년이다.

전자제품과 달리 스포츠 의류 브랜드는 마치 코카콜라와 펩시콜라처럼 각자 문화적 토대를 생산 · 구축하면서 발전한다. 브랜드 경쟁에서 영원한 승자는 없지만, 쉽게 무너지지 않을 만큼의 애착 소비층을 이미 형성했다. 특히 미국을 제외한 유럽, 아시아권에서의 아디다스의 성적은 양호하다. 한국에서도 아디다스는 나이키에 밀리지 않고 여성을 대상으로 한 패션과 스포츠화에서 트렌드를 주도하고 있다.

나이키와 아디다스의 전략과 마케팅의 역사를 살피면 당대의 문화는 물론 스포츠가 어떻게 트렌드를 주도하는지에 대한 영감을 얻을 수 있다. 1차원적 마케팅이 고객의 요구(니즈)를 반영한 제품을 시장에 내놓고 기능을 홍보하는 것이라면, 고차원적 마케팅은 문화를 판다. 새로운 고객의 수요를 창출하기 위해 미세하게 꿈틀거리고 있는 고객의 니즈를 제때 포착한다.

2021년 4월 소더비 경매에서 나이키 에어 이지 1(Air eazy 1) 프로토 타입이 180만 달러, 우리 돈 22억 2,300만 원에 팔렸다.

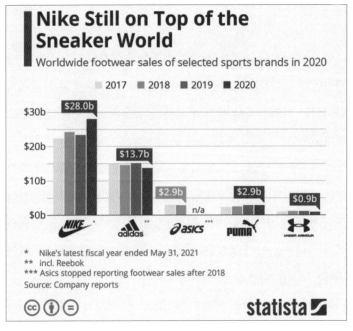

스니커 운동화 시장의 선두, 나이키. statista

스포츠 인문학 다이제스트

나이키 아디다스 리복의 미국운동화
시장 점유율 2006년 → 2014년. 스포츠원소스

칸예 웨스트와 나이키가 협업해 만든 운동화였는데, 2008년 그
래미상 라이브 공연 때 칸예가 신었던 신발이다.

　마이클 조던이 신인이었던 1984년 11월, 덴버 너키츠전에서
신었던 '나이키 에어'는 147만 2천 달러(18억 1천 7백만 원)에 팔렸
다. 마이클 조던이 1985년 이탈리아에서의 경기 때 백보드를 산
산조각 냈을 때 신었던 '에어 조던 1'은 56만 달러, 우리 돈 6억 9
천만 원에 팔렸다. 1972년 나이키가 처음 만들었던 운동화 '나이
키 문슈'는 43만 7천 5백 달러(5억 4천만 원)에 팔렸다. 웬만한 고
급 스포츠카의 가격인 셈이다.

　이처럼 시장이 상품의 희소성을 인정해 소장 가치를 높게 인정
하는 건 이상할 것이 없다. 그런데 이게 다가 아니다. 2022년은

리셀 시장이 폭발했던 해다. 국내 리셀 시장은 약 6천억 원 정도로 추산되는데, 나이키 제품이 단연 가장 많이 거래된다.

아예 '나이키 리셀(스니커테크)'을 업으로 하는 청년들도 있다. 콜라보를 통해 나온 제품은 대부분 한정판인데, 이때 아르바이트생 여럿에게 밤새 매장 앞에서 줄 서게 해서 제품을 사고 그 제품이 완판되면, 시장에 내놓는다. 한 언론사의 취재에 응한 한 '리셀 사업자'는 한 달 순이익이 5천만 원 수준이라고 밝히기도 했다.

시장이 왜곡되고 있다고 판단한 나이키는 '리셀 금지'에 나섰다. 2022년 10월부터는 재판매 목적으로 구매하는 것으로 판단할 경우, 나이키가 주문 거부 또는 취소하겠다고 나섰다. 나이키 플랫폼의 소비자 계정을 제한하거나 폐쇄하겠다고 경고했지만, 소비자의 사적인 중고 거래를 제지할 수 있는 법은 없어 실효성이 없다는 말도 나온다. 중국 제품을 국내로 들여와 더 비싸게 파는 수입업자나 해외직구 대행업자들을 규제할 수 없는 것과 비슷한 이치 아닐까.

나이키는 아시아 시장에서 고객 줄 세우기 마케팅을 즐겨했다. 특정 날짜에만 해당 제품을 구매할 수 있다고 홍보한 뒤 매장 문을 열자마자 완판되는 짜릿함을 즐겨 왔다. 이를 드롭 마케팅(drop marketing)이라고 한다. '따끈따끈한 신상 제품을 특정 날짜에 매장으로 떨어뜨린다(drop).'는 데서 착안한 단어로, 특정 요일이나 시간대를 정해 신제품을 판매하는 새로운 마케팅 방식이다. 특정 날짜에만 신제품을 구입할 수 있어 한정판에 대한 소비 심리를 자극하는 효과가 있다.

나이키가 이런 전략을 유지하고 있는 것은 희소가치를 통해 하이앤드 브랜드 이미지를 유지하고, 무엇보다 매장 유지에 들어가는 자본을 축소해 재고를 극단적으로 낮추기 위함이다. 세계 어느 곳보다 한국 소비자들이 격렬하게 반발했다. 드롭 마케팅은 해당 지역 소비자들에게 절대적으로 유리하고, 아르바이트 여러 명을 고용해 리셀을 목적으로 입도선매하는 업자에게 유리했기 때문이다.

소비자의 반발에 부딪힌 나이키는 '래플 마케팅(raffle marketing)'으로 선회했다. 래플 마케팅은 추첨식 복권을 뜻하는 말로, 한정된 상품을 많은 사람이 갖고 싶어 할 때 응모를 받아 판매하는 방법을 일컫는다. 선착순 판매보다 공정하기 때문이라는 인식이 우선이다. 앞서 말한 드롭 마케팅의 단점을 상쇄할 뿐 아니라 클릭 한 번이면 응모할 수 있어 진입 장벽이 낮다.

중국 불매운동에도 쫄지 않는 나이키의 속사정

2019년 중국이 신장위구르 자치구의 무슬림을 강제 구금하고 이들을 강제노역으로 내몰고 있다는 이슈가 터졌다. 2020년 3월 1일 호주 ABC 방송은 〈신장위구르 강제노동 보고서〉를 통해 이들의 강제노동으로 생산된 목화솜이 스웨덴 글로벌 기업인 H&M

와 나이키, 아디다스, 유니클로 등에 공급되고 있다고 폭로했다. 나이키와 H&M는 즉각 신장위구르 지역에서의 원자재 거래를 중단하겠다고 발표했다. 영국은 정부가 나서서 역시 해당 지역의 원자재 수입을 금지했다.

3월 24일 중국 공청단(공산주의청년단)이 나이키와 H&M에 대해 맹비난하자, 중국 나이키 매장 앞에서 나이키 제품 화형식이 연일 벌어졌다. 3월 24일 기준 나이키 주가의 하락폭은 -14.01%였다. 나이키의 매출에서 중화권 고객이 차지하는 비중은 19%로 꽤 높다. 이 시기 중국 내 나이키 아울렛 매장의 매출은 평일 대비 10% 수준이었다.

나이키 최고경영자 존 도너호는 해당 이슈에 대해선 언급하지 않고 "나이키와 중국과의 관계는 40년이 되었고, 나이키는 중국의, 중국을 위한 브랜드"라며 중국 소비자 달래기에 나섰다. 하지만 중국 시장에서 입은 나이키의 타격은 컸다. 나이키는 2022년 상반기에 중국 스포츠웨어 시장 1위 자리를 중국 브랜드인 '안타 스포츠'에 내주었다. 매출액은 안타 스포츠가 38억 달러, 나이키는 37억 달러였다. 중국 내 2위였던 아디다스는 매출 35% 감소로 5위로 밀려났다.

나이키는 시간을 끌며 해당 이슈가 희석되길 기다릴 수도 있었다. 하지만 나이키는 단호히 값싸고 품질 좋은 원자재 공급처와의 결별을 선언했다. 이는 나이키의 미래 고객과 연관이 깊다.

나이키의 핵심 고객은 젊은 층과 여성이며, 이들은 신장위구르 인권 문제와 코로나 팬데믹으로 인해 극도의 반중 정서를 표출한다. 중국 시장보다 더 큰 것이 세계의 젊은이들이며, 기업의 평판 가치가 이번 일로 하락할 수 있다고 판단한 것이다.

발렌시아가(BALENCIAGA)나 구찌(GUCCI)와 같은 하이엔드(high-end) 브랜드는 '품질'로 경쟁하지 않는다. 1등부터 1,000등까지의 상품경쟁이라면 품질이 중요하겠지만, 상위 1%의 경쟁에서 중요한 것은 품질이 아니라 평판 가치다. 그들의 제품은 어차피 수공 장인들이 많은 시간을 들여 한 땀씩 만든 것이고, 가죽 가공 기술 역시 수백 년간 축적된 것이다. 나이키가 엄청난 손실을 보고도 지키려 했던 것은 바로 평판 가치다. 특정 브랜드에 대한 대중의 선호만큼은 놓치지 말아야 한다고 판단한 것이다.

가장 중요한 것은 최상위 계급을 암시할 수 있는 브랜드여야 한다는 것이다. 손을 뻗어 쉽게 가질 수 없는 것. 부자라고 해도 쉽게 가질 수 없는 제품이어야 한다. 중산층 여성이 쉽게 어깨에 걸칠 수 있는 핸드백이 되는 순간, 브랜드 이미지는 추락하고 만다. 대표적인 사례가 샤넬이다. 한때 구매에 성공하기만 하면 정가 제품에 수백만 원의 웃돈이 붙던 샤넬의 리셀 가격은 2020년이 되자 정가보다 훨씬 아래에 형성되기 시작한 것이다. 샤넬은 수년간 수익을 위해 오픈 런 행사를 반복해 왔다. 고객들은 밤새워 줄을 서고 매장이 오픈하자마자 달려가 산다. 시장에 제품이 많이 풀리고 샤넬 핸드백을 쉽게 볼 수 있게 되자, 브랜드 이미지가 떨어지기 시작했다. 가장 큰 변화는 최상위 그룹이 샤넬을 외면하기 시작한 것이다.

이런 현상은 우리에게 '가치'에 대한 질문을 새롭게 던지고 있다. 가치를 규정하는 핵심 요소가 바로 '사회적 평판' 또는 '대중의 인식'이라는 것이다. 기업 브랜드와 사람들의 인식에 대한 연구는 오랫동안 진행되었다. 초기 기업의 개별 상품은 사람들에게 단순한 이미지로 저장되거나 지워지지만, 일정 시간이 지나 사회적 상징성을 획득하는 순간 개인을 넘어 다중의 '사회적 기억'으로 축적된다. 해당 제품과 브랜드가 어떻게 각인되는가에 따라 기업의 흥망성쇠가 결정된다는 것이다.

이 사회적 기억이 해당 제품을 고급문화의 상징으로 인정할 때, 그 영향력은 더욱 커진다. 초기 약국에서 소화제나 건강보조제 따위로 팔렸던 코카콜라와 캘리포니아의 작은 햄버거집에서 시작한 맥도널드가 미국 자유주의 문화의 상징으로 자리 잡고 람보르기니와 벤틀리가 고급문화의 아이콘으로 성장하게 된 이유가 바로 여기에 있다. 그 제품을 소비하는 것이 특정 문화를 향유하는 것을 상징하게 된 것이다.

왜 엇비슷한 성능에도 불구하고 특정 브랜드는 더 잘 팔리는가. 제품의 성능이나 기능이 아닌, 브랜드가 왜 소비자 선택에 더 큰 영향을 미치는가. 왜 세계 스마트폰 점유율 1위의 삼선전자(366조 원)보다 2위인 애플의 시가총액(3,314조 원)이 더 많을까(2022년 7월 기준).[35]

---

35 장윤선. 《통합가치와 배려의 리더십》. 완성. 2022. pp.162~164.

나이키와 아디다스는 하이앤드 브랜드로의 전략도 구사하지만, 청년과 여성 트렌드를 주도하길 원하고 있다. 타깃 계층에게 해당 브랜드가 가장 선진적이며 쿨하다는 이미지를 심는 전략이다. 10대에 스니커즈를 신었던 30대가 러닝복과 조깅화를 착용하고 50대엔 해당 브랜드의 골프화를 신게 하는 것이 목표다. 나이키나 아디다스가 완벽히 생활의 일부가 되도록 만드는 것이다. 그래서 이들의 전략은 제품의 판촉에 있지 않다. 나이키로 상징되는 라이프 스타일과 문화 그 자체를 판다.

젊은 소비자는 나이키와 아디다스에서 어떤 차이를 보나

100명의 청년에게 의견을 묻는 유튜브 채널 'Simple sample'이 있다. 100명이라는 표본은 통계적으로 의미 있는 값은 아니지만, 청년의 사유 방식을 들여다볼 수 있다는 점에서 흥미롭다. 결혼이나 이성에 대한 호감 포인트, 애플 vs 갤럭시, 나이키 vs 아디다스에 의견을 묻는다. 2021년 이 채널은 "나이키 vs 아디다스, 100명의 선택은?"이라는 동영상을 업로드 했다.[36]

그림에서 보듯 나이키를 애용하는 청년이 훨씬 많다. 다만 이

---

36 https://www.youtube.com/watch?v=XV8YCImizBE&t=2s

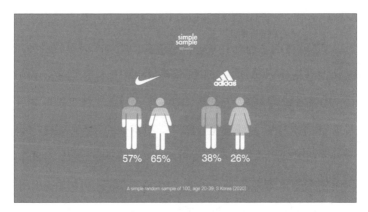

나이키와 아디다스에 대한 직관적 설문 조사 결과. Simple sample

콘텐츠가 2021년의 인터뷰를 반영했다는 것을 감안하자. 2023년 현재 스포츠웨어 시장은 나이키 '1강(强)'과 뉴발란스, 아디다스의 '2중(中)'으로 요약할 수 있다. 뉴발란스는 청소년과 아동층, 여성 고객의 트렌드를 주도하면서 한국 시장에서 아디다스를 뛰어넘었다.

중요한 것은 제품 선택의 이유다. 아래 텍스트는 인터뷰에 응했던 청년들의 워딩을 가감 없이 그대로 옮겨 놓은 것이다. 이유를 대지 않은 응답자는 제외하였다. 이 응답은 정량적 통계로는 결코 알 수 없는 젊은 세대의 '제품 선호의 근거'에 대한 중요한 단서를 전달하고 있다.

> 나이키. 3글자잖아요.
> 나이키죠. 이게 질문이 되나요?

나이키. 질문이 되나요? (쌉)나이키죠.

아디다스. 저지가 너무 예뻐요.

아이다스. 손흥민 선수가 아디다스 모델이잖아요.

나이키요. 아디다스(로고)는 너무 튀어요. 나이키는 요 정도.

나이키. Just do it!

나이키. Just do it!

나이키. Just do it!

나이키. Just do it이라는 문구가 좋아요.

나이키. 로고가 예뻐요.

아디다스. 오리지널 로고가 예뻐요.

아디다스. 오리지널 로고가 예뻐요.

아디다스 오리지널 로고만큼 예쁜 건 없어요.

나이키. 아디다스 삼선이 너무 별로예요.

아디다스. 삼선이 되게 예뻐요.

아디다스. 삼선이 너무 좋았어요. 옛날부터.

아디다스. 나이키는 그런 게 없어요. 삼선이.

나이키. 스우시 로고 모양이 멋있게 생겼어요. 어디에 붙여도 잘
어울려요.

나이키. 화보를 잘 찍는 것 같아요

아디다스. 유니폼이 예뻐요. 아스날 유니폼….

나이키. 운동하는 모습이 너무 멋있어요.

나이키. 나이키는 운동하는 느낌이 좋아요.

아디다스. 레깅스가 예뻐서.

아디다스. 여성 스포츠웨어는 아디다스가 가장 예쁘지 않나 싶기도 하고 레깅스 유명하잖아요.

아디다스. 추리닝 디자인이 더 많고.

나이키. 나이키만의 힙한 느낌이요.

나이키. 나이키는 왠지 힙한 느낌이 있어요.

아디다스. 원래 힙스터는 아디다스 입어야 돼요.

아디다스. 더 멋있어요. 나이키는 도대체 왜 비싼 건지 모르겠는데….

나이키. 1등이잖아요.

나이키. 아디다스는 두 번째라는 인식이 강해서.

아디다스. 나이키는 뭔지 싼마이(싼맛) 느낌이….

아디다스. 나이키는 진부한 느낌이 들어서….

나이키. 샤프해 보여서요.

나이키. 나이키는 날렵하고 아디다스는 조금 둥글둥글한 느낌이 있는 거 같아요.

나이키. 나이키가 왠지 상어 같은 느낌이라면, 아디다스는 고래 같은 느낌?

아디다스. 나이키 로고가 저랑 잘 안 맞는 거 같아요. 너무 뾰족해요.

아디다스. 뭔가 아디다스가 친근한 거 같아요.

나이키. 광고를 너무 잘해서 이미지가 좋아졌어요.

나이키. 광고 캠페인이 마음을 뜨겁게 올리는 것 같아요.

나이키. 원래는 'just do it'이었는데, 지금은 'For once, don't do it'이라고. 그런 활동들을 봤을 때 좀 더 매력적인 브랜드이지 않나.

나이키. 나이키는 좀 짭(짝퉁)이 많이 없지 않나요?

아디다스. 삼선 슬리퍼라는 중ㆍ고등학교 때의 (문방구 슬리퍼) 추억이….

아디다스. 조금 더 어려 보이게 하는 이미지예요.

나이키. 저한테 아디다스는 너무 영(young)해요. (나이가?) 저 22살인데요….

나이키. 나이키 신발은 너무 예쁜 것 같아요.

아디다스. 신발이 예쁩니다.

아디다스. 신발이 예쁩니다. 나이키가 예쁘다고 단 한 번도 생각한 적이 없어요.

나이키. 무조건이죠. 가지고 싶어도 가질 수가 없는 신발들은 모두 나이키에서 나오더라고요.

나이키. 조던 계열을 모으고 있는데, 이게 다 나이키 계열이에요.

나이키. 아디다스에는 이지 브스트가 있지만, 나이키에는 그 외 모든 것이 있다.

나이키. 그냥 간지 납니다.

나이키. 나이키를 입은 남자를 보면 뭔가 간지가 나요.

나이키. 간지 나서.

나이키. 잘 모르겠어요. 그냥 나이키 제품이 더 많은 것 같아요.

아디다스. 그냥 아디다스가 좀 더 많은 것 같아요.

아디다스. 나이키는 사 본 적이 없어요.

아디다스. 손이 먼저 가는 거 같아요.

나이키. 나이키 매장에 좀 더 기대감을 갖고 들어가게 되는 거 같아요.

아디다스. 제가 입는 옷 중 나이키가 없어요.

나이키. 제 옷이랑 신발의 70%가 전부 다 나이키입니다.

나이키. 집에 나이키 제품이 많아요.

나이키. 집에 나이키 옷이 많아요.

나이키. 나이키를 더 많이 가지고 있어요.

나이키. 신발이 큰 게 많아요.

나이키. 제가 발이 상당히 큰데 나이키는 그 이상 사이즈도 많이 나오더라고요.

나이키. 제가 발볼이 넓어 가지고….

아디다스. 풋살화 디자인이 예쁩니다.

나이키. 무조건 나이키죠. 아디다스라고 말한 사람들은 좀 특이한.

나이키. 디자인이 예쁘죠.

나이키. 디자인 측면에서 봤을 때는 나이키가 제품들도 예쁘게 만드는 것 같아서.

아디다스. 아디다스가 좀 더 예쁘지 않나.

나이키. 아디다스는 색깔이 너무 현란해요.

나이키. 아디다스는 굽이 낮아요. 제가 키가 작아서….

나이키. 나이키가 디자인 면으로 쌔깔지게(색깔 간지나게) 빠지는 게 있더라고요.

나이키. 아디다스는 삼선 디자인을 버려야 할 것 같아요.

선택적. 운동복은 아디다스를 선호하고 신발은 나이키를 선호합
니다.

선택적. 신발은 나이키, 옷은 아디다스.

둘 다 별로요. 전 운동을 안 해 가지고요. 트레이닝복이 없어요.

둘 다 별로요. 리복이요.

리복이요.

둘 다 별로요. 뉴발란스요. 아이유가 광고하잖아요.

둘 다 별로요. 퓨마. 로고가 귀여운 건 퓨마죠. 제가 동물을 좋아
해서요.

예리한 독자라면 이 인터뷰에 담긴 함의를 금방 읽었을 것이
다. 청년 세대 응답자 중 제품 선호의 이유로 '품질'을 선택한 사
람은 단 한 사람도 없었다. 절대다수가 디자인과 브랜드에 대한
사회적 평판과 순위, 젊은(힙한) 문화의 상징성, 로고나 슬로건의
메시지 그리고 청소년기부터의 습관적 선호를 들었다.

혹자는 위의 표본이 너무 적어 의미가 없지 않느냐고 반문할지
도 모른다. 하지만 이런 조사 기법은 이미 제품 또는 브랜드 이미
지 조사를 위해 널리 활용되는 방법이다. 비과학적으로 보이는
답변 속에는 군중이 선호하는 미적 기준이 담겨 있기 때문이다.
과거 기업들은 마케팅 기업이나 리서치 회사에 의뢰해 새로 출시

할 제품을 블라인드 테스트하거나 FGI를 통해 의견을 수합했다.

브랜드가 참맛이다: 뉴 코크 사태의 교훈

FGI(Focus Group Interview: 표적집단면접법)는 비교적 오래된 마케팅 조사 기법이다. 표본 집단을 특정 계층 5~7명의 그룹으로 나눈 후, 미러 룸에서 신상품이나 이미 출고된 자사 제품과 경쟁사 제품에 대한 사용기와 느낌 등을 진행자가 묻는다. 가령 코카콜라의 신제품 출시를 위해 미국 남부 지역 남자 청소년을 대상으로 할 수도 있고, 이제 막 농구 경기를 마친 이들에게 음료를 마시게 한 뒤 인터뷰를 진행할 수 있다.

주최자는 미러 룸 밖에서 인터뷰이의 반응을 살핀다. 이때 분위기를 주도하는 사람의 멘트에 주변인들이 어떻게 반응하는지에 대한 것도 중요한 관찰 포인트다. 블라인드 테스트는 비교적 조사비용이 적게 들고 더 많은 대상으로 진행할 수 있다는 점에서 식품 음료, 주류기업에서 선호하는 조사 기법이다.

1980년대 펩시가 미국에서 코카콜라의 매출을 앞서 나간 적이 있었다. 제품 라벨을 떼고 얼음에 담긴 콜라를 마셨을 때 3분의 2에 달하는 응답자가 펩시가 더 맛있다고 응답했다. 펩시는 코카콜라와 펩시를 직접 맛으로 평가하는 블라인드 테스트 과정을 보여 주었고, 이를 힙합의 언어로 광고했다. 펩시가 더 젊고 더 맛있으며, 코카콜라는 올드하다는 이미지를 심어 주려 했다.

1985년, 다급해진 코카콜라는 새로운 뉴 코크(코크 Ⅱ)를 출시하기로 했다. 일명 '캔저스 프로젝트'였다. 소비자의 취향을 반영해 펩시에 더 가깝지만 코카콜라의 향미를 섞은 맛으로, 단순하게 표현하자면 기존의 것보다 약간 더 달고 상쾌한 느낌의 콜라였다.

블라인드 테스트에선 압도적인 선택을 받았다. 기존의 코카콜라 또는 펩시보다 훨씬 맛있다는 평가가 주를 이루었다. 지역과 연령 또는 코카콜라 충성 집단과 펩시콜라 충성 집단을 가리지 않고 결과는 비슷했다. 여전히 기존의 오리지널이 더 맛있다고 한 응답자가 40%, 뉴 코크가 더 낫다고 한 응답자가 60%였다.

펩시와의 대결에선 펩시 48%, 뉴 코크 52%로 근소했지만 어쨌든 코크가 맛에서 펩시를 이겼다는 것이 중요했다. 이 새로운 맛의 개발은 결코 쉽지 않았다. 코카콜라는 400만 달러를 들여 20만 회 이상의 블라인드 테스트를 했다. 그래서 코카콜라의 경영진은 이 제품이 펩시의 도전을 무력하게 만들 것으로 확신했다.

결과에 고무된 경영진은 기존의 콜라의 생산을 중단하고 신제품을 '코카콜라'로 선전하며 대대적인 마케팅을 전개했다. 처음엔 호기심 때문에 판매가 급증했지만, 일주일도 안 돼서 본사엔 항의 전화가 빗발쳤다. 격분한 충성 고객들의 항의 편지까지 합치면 50만 건 이상의 항의가 쏟아졌다. 예전의 콜라를 다시 시판하라는 소비자 모임이 결성되었고, "내 콜라를 돌려 달라"는 피켓 시위도 일었다.

분위기가 험악해지자, 코카콜라 재킷을 입은 판촉 사원들이 거리에서 봉변당하기 시작했다. 한 흑인 여성은 맥도널드 매장 앞에서 뉴 코크 상자를 옮기는 코카콜라 직원을 향해 "썩은 물을 캔에 담아 파는 거냐?"며 욕설을 뱉었고, 이를 보고 펩시콜라 판촉 사원이 히죽거리자 달려가서 "니들 껀 똥만도 못해!"라고 소리쳤다는 일화도 있다.

기존의 코카콜라가 마트에서 사라지자 한 남성은 임신한 아내를 기쁘게 해 주기 위해 주(州) 경계를 넘어 예전의 코크를 사 왔다는 보도가 나왔고, 노인들은 "나의 추억을 앗아 갔다!"며 흥분했다. 가장 압권은 "내 아이들과 손자가 영영 본래의 코카콜라의 맛을 보지 못할 것이라고 생각하니 너무 슬프다."는 가슴 아픈 사연이었다. 결국 3개월 만에 코카콜라는 기존의 콜라를 '코크 클래식(Coke Classic)'이라는 이름으로 다시 판매했다. 새로운 콜라는 '뉴 코크'라는 이름으로 바꿨다. 그리고 2002년 뉴 코크의 생산은 중단되었다.

이상한 일이었다. 모든 블라인드 테스트와 FGI에서도 뉴 코크에 대한 호감이 많았는데 왜 고객들은 새로운 맛에 격분했을까.

이 사태를 상당수의 인지 심리학자와 행동주의 경제학자들은 '현상 유지 편향(Status Quo Bias)'으로 분석했다. 즉 자신이 기억하는 콜라의 맛이 바로 그 콜라여야 하는데, 이를 배신한 콜라 맛에 대한 집단적 거부 반응이었다는 것이다.

소비자들이 느끼는 맛은 실제 혀에서도 오지만 뇌에서도 전달된다. 아무리 맛이 좋아도 '뉴 코크'라고 명명하면 사람들의 뇌는 기존의 코크와 달라진 점에 더 예민하게 반응하고 소비자는 자신의 판단을 적당히 미화한다는 이론이다. '먹어 봐서 맛있는 콜라'를 선택하는 게 아니라 '맛있는 콜라라고 알고 있는 것'을 선택해야 맛있다고 느낀다. 브랜드가 맛이다. 이 해석은 지금까지도 널리 퍼져 있는 '뉴 코크 사태의 이유'에 대한 해석이다.

하지만 권위 있는 소수의 리서치 거장들은 코카콜라가 진행했던 조사 기법의 한계를 꼽았다. 자신들이 재조사한 결과 처음 한두 잔은 뉴 코크가 더 맛있다고 응답한 사람이 많았지만, 시간을 두고 다시 먹게 했을 때 그 호감도는 점차 떨어졌다고 한다. 다시 말해 긴 시간 동안 다양한 간식과 곁들여 먹게 했을 때, 그리고 하루에 한 번씩 격차를 두고 마시게 했을 때 뉴 코크에 대한 반응은 급락했다는 것이다.

필자는 후자의 견해가 더 합리적이라고 본다. 뉴 코크는 7년 동안 판매되었는데 원조 콜라의 맛에 대한 기억으로 뉴 코크가 덜 맛있다고 말했다면, 펩시콜라의 성공은 설명하기 어렵다. 펩시콜라는 분명 코카콜라와는 다른 맛이었기 때문이다. 그리고 당시 미국에서는 콜라를 거의 물처럼 마시는 마니아층이 많았다. 다시 말해 콜라는 데일리 음료였기에 이미 길들어진 입맛을 바꾸기란 쉽지 않았을 것이다.

그간 코카콜라는 소비자에게 알리지 않고 핵심 원료를 자주 바꿔 왔다. 맛의 차이는 분명히 있었어도 별 반응이 없던 소비자들이 갑자기 뉴 코크 사태에 격분한 까닭은 새로운 맛에 대한 거부감보다도 '기존의 코카콜라가 사라졌다'는 일상적 박탈감이 더 크게 작용했으리라. 7년이라는 시간이 흘러도 뉴 코크의 매출이 클래식을 대체하지 못했던 것을 보면, 맛에 대해서도 소비자들은 냉정하게 평가한 것이 아닐까?

그들은 문화적 코드와 평판을 판다

역설적으로 코카콜라는 뉴 코크 파동으로 충성 고객층을 다시 확보할 수 있었다. 모든 이슈가 '코카콜라'로 도배되면서 대중의 관심이 집중되었다. 펩시로 일시 '변절'했던 고객도 돌아왔고, 평소 열성적이지 않던 소비자들도 코카콜라 클래식을 냉장고에 재어놓고 행복해했다는 것이다. 매출은 급상승했다. 뉴 코크의 개발비용을 상쇄하고 펩시의 성장세를 꺾는 기점이었다. 그래서 일각에선 코카콜라가 의도적으로 파동을 조직한 것이라는 음모론을 주장하기도 했다.

다시 나이키와 아디다스 이야기로 돌아오자. 정량적이고 다시 물어도 비슷한 확률을 얻을 수 있는 '정량적인 마케팅 조사 기법'보다 위에서 언급한, 청년들이 순간 떠오른 이미지를 입 밖으로 내뱉을 때 얻을 수 있는 것이 많다. 나이키는 60년(1964년 블루리본 스포츠로 창업, 1971년 나이키로 변경), 아디다스(1924)는 100년의 브랜드 이미지를 구축해 왔다. 코카콜라(1886년 출시)는 137년의 역사를 가지고 있다.

이토록 긴 세월 1, 2위 브랜드를 유지했다면 한 사람의 생애를 넘어 3세대의 라이프 스타일 그 자체라고 봐도 무방할 것이다. 이 기업들의 마케팅에서 핵심은 물리적 품질이 아니다. 해당 브랜드를 통해 구축하려고 하는 문화의 상징성 그 자체다.

앞서 한국의 청년들은 해당 브랜드에 대한 선호의 이유로 "힙하다. 간지난다. 예쁘다. 1등이니까. 있어 보인다. 슬로건이 멋있다. 기업의 지향점이 멋지다. 예전부터 이용했다." 등으로 응답했다. 여기에는 당연히 주관적 판단이 개입된다. 하지만 그 주관적 판단이 집단적 동조 또는 사회적 평판에 의해 좌우된다는 것도 확인할 수 있다. 즉 스포츠 브랜드 모두가 그런 것은 아니지만, 오랫동안 혁신적인 품질로 라이프 스타일을 견인했던 브랜드가 파는 것은 제품이라기보다 '사회적 평판'이며 '문화적 이미지'라는 것을 확인할 수 있다.

다만 여기서 한 가지 유념해야 할 특징이 있다. 한국인 소비 패턴의 특성이다. 2023년 1월 12일 미국 경제전문매체 CNBC는 모건스탠리 분석을 인용해 한국인의 명품 사랑이 세계 최고 수준이며, 2021년 명품 구입액은 무려 20조 9천억 원에 달한다고 밝혔다. 그리고 한국인들은 명품을 사는 가장 큰 이유로 '신분의 과시' 또는 '부의 상징'을 꼽았다. 컨설팅 업체인 맥킨지 조사에 따르면, 한국인의 22%만이 "과시를 위해 명품을 사용하는 것이 좋지 않다."고 생각했다.

이는 일본의 45%, 중국의 38%보다 현저히 낮은 것으로, 몸에 걸치거나 타는 제품을 통해 자신을 Flex(과시)하거나 입증하려는 사회적 풍토가 있다는 뜻이다. 모건스탠리는 "경제적 성공과 외적인 아름다움(과시)에 한국인 소비자들은 크게 반응했다."고 밝혔다. 스포츠 브랜드의 경우 한국은 확산도 빠르고 동조화 현상도 빠르다. 물론 나이키나 아디다스를 단순히 명품으로 분류할 순 없다. 하지만 청년 세대의 경제력을 감안하면 고가의 브랜드임은 확실하다.

'나이키'는 2017년 전 세계 12개 주요 도시 전략(12-key city strategy)을 발표했다. 성장을 이끌 세계 핵심 도시를 선정해 상품부터 스토어, 마케팅까지 차별화된 투자와 전략을 펼치겠다는 계획이었는데, 주요 도시에는 뉴욕, 런던, 상해, 파리, 로스앤젤레스, 베를린, 도쿄와 함께 서울이 포함됐다.

스포츠 삼국지:
나이키, 아디다스, 리복의 문화자본

흥미롭게도 나이키 창업자 필 나이트는 자신이 예측했던 것이나 추진했던 전략과 다른 지점에서 나이키의 성공이 이뤄졌다고 회고한다. 자신은 번번이 시장의 변화를 잘못 읽었고 완고한 고집으로 아디다스에 부동의 1위 자리를 탈취당할 뻔했지만, 번번이 직원들의 '합리적 반대'로 지금의 자리에 올 수 있었다는 말이다.

그는 2016년 《슈독(Shoe Dog)》이라는 제목의 회고록을 출판했다. '슈독'은 신발 덕후, 즉 신발에 미친 사람이라는 뜻이다. 자신의 천직과 사명을 찾아 고민하는 청년들에게 주는 조언을 담기도 했다. 이 책이 매력적인 이유는 자신의 선구안이나 자질을 우쭐대지 않고 자신의 과거를 담백하게 기록했다는 점에 있다.

필 나이트의 고백을 스포츠 마케팅적 관점에서 보면 우린 두

가지 영감을 얻을 수 있다. 결과를 보았을 때 마케팅의 신화를 창조한 제품도 당시에는 뿌연 안개 속의 모호한 형체와 같아 그 누구도 성공을 장담하지 못했다는 점. 그리고 산전수전 다 겪은 창업자의 안목이 틀릴 때가 많지만, 언제든 CEO에게 솔직하게 충언할 수 있는 조직문화가 잡혀 있을 때 그 실수는 즉각 교정될 수 있다는 점이다.

나이키가 처음부터 스포츠화를 만든 것은 아니었다. 1964년 24살의 대학생 필 나이트는 일본 운동화 '오니치카(현재의 아식스)'의 운동화 '타이거'를 팔았다. 필 나이트가 일본제 운동화에 주목한 이유는 매우 단순했다. 1964년 도쿄올림픽에서 오니치카 신발을 신은 선수들이 대거 메달을 휩쓸었다. 또 당시 세계 카메라, 전자제품, 자동차 시장을 일본이 석권했는데, 기능도 혁신적이었지만 잔고장이 없었다. 필 나이트는 이를 일본 제조업의 강점으로 여겼다. 당연히 일본이 만들면 운동화도 다를 것으로 생각했다.

젊은 대학생 필 나이트에게 오니츠카의 임원은 기업 이름을 물었다. 법인 등록 이전이었고 필 나이트는 기업 이름을 생각해 본적이 없었다. 그냥 물건을 받아 도매로 넘기면 된다고 생각했던 순진한 청년이었다. 중거리 육상선수였던 그는 순간 기지를 발휘해 '블루리본 스포츠(BLS)'라고 답했다. 당시 육상경기에서 기록이 좋았던 선수의 손목에 채워 주던 블루리본을 떠올린 것이다.

그가 육상 선수였기에 새로운 제품은 가볍고 결착감이 좋아야 한다고 생각했다. 그렇게 제작된 시제품을 자신이 다니는 오리건 대학교 육상 코치 빌 보어만에게 보냈다. 그는 신제품을 마음에 들어 했다. 빌 보어만은 500달러를 들고 와 공동 창업을 하자고 제안했다. 그들은 우선 오니츠카 타이거 신발 200켤레를 들여와 대학교 운동장을 방문하며 트럭에서 판매했다.

보어만은 신제품의 기능성과 아이디어를 담당했고, 필 나이트는 마케팅과 판매에 집중했다. 제품은 잘 팔렸고 1969년 매출 40만 달러, 이듬해인 1970년엔 60만 달러 매출을 돌파했다. 하지만 1971년, 미국에서 제품 인지도가 높아지자 오니츠카는 계약을 해지하고 다른 업체와 계약을 한다. 필 나이트와 보어만은 독립을 준비했다. 이게 나이키의 시작이었다.

아디다스에 각인된 경험, 올림픽과 월드컵

나이키 창업자들이 육상 선수 출신이라서 운동화를 잘 알았다면, 아디다스의 창업자 아돌프 아슬러는 독일 신발장인 가문의 일원이었다. 그 또한 운동을 좋아했고 많은 시간 작업실에 앉아 새로운 신발을 만드는 데 열중했다. 아디다스를 유럽 최고의 브랜드 올려놓은 계기는 1936년 베를린 올림픽이었다.

당시 히틀러는 아리안 민족의 우수성을 홍보하고 나치 제국의 문화적 탁월성을 홍보하기 위해 엄청난 노력을 기울였다. 천재적인 선동가였던 괴벨스가 전 국민을 대상으로 나치 사상을 주입하기 위해 선택한 것이 값싼 보급형 라디오였다. 1933년 프로파간다 담당 장관직을 맡은 괴벨스 '국민라디오(Volksempfänger)'를 각 가정에 보급해 나치가 원하는 내용을 국민에게 무차별 주입했다. 특히 1936년 베를린 올림픽은 나치 체제를 선전하는 좋은 기회였다.

가정용 TV의 보급 또한 급속도로 이뤄졌다. 나치는 지금도 영화사에서 중요하게 거론되는 영웅주의 미학의 방법론을 개발해 영화를 보급했고, 베를린 올림픽의 주요 장면을 반복해서 송출했다. 아디다스는 미국 육상 선수 제시 오언스와 계약했는데, 그는 무려 100미터, 200미터, 40미터 계주와 멀리뛰기에서 우승해 금메달 4관왕을 차지했다. 이제 운동선수들에게 아디다스는 '기록 경신의 도구'로 자리 잡았다.

2차 세계대전이 끝나고 열린 월드컵에서도 아디다스는 '대박'을 터뜨렸다. 서독은 8년 만에 1954년 스위스 월드컵에 참가했다. 전범국가라는 이유로 FIFA가 서독과 동독에게 4년간 국제 축구대회 참가를 금지했기 때문이다. 당시 독일인에겐 패전한 전범국이라는 낙인과 열패감이 컸다. 축구도 당연히 어려울 것으로 예상했다. 하지만 독일 팀은 승승장구해 결승까지 진출했다.

그렇지만 상대는 당시 최강의 전적을 가진 헝가리였다. 월드컵 본선까지 32승의 진기록을 세우며 파죽지세로 올라온 팀이다. 오늘날 매해 가장 멋진 골을 넣은 선수에게 수여하는 '푸스카스상'의 바로 그 푸스카스 또한 헝가리 팀의 공격수였다. 모든 전문가가 '마법의 팀 헝가리'의 우승을 예상했다. 서독은 예선전에서 헝가리를 상대로 8:3으로 대패했다.

결승을 앞둔 헤어 베르거 감독이 말했다.

"Der Ball ist rund und ein Spiel dauert 90 Minuten."
볼은 둥글다. 그리고 경기는 90분간 계속된다.

'공은 둥글다'는 격언이 잘못 알려져서 축구공이 둥글기 때문에 길고 짧은 건 대봐야 안다는 뜻으로 오해하기도 하지만, 그의 본뜻은 경기 시간 내의 가변성에 대한 것이었다.

그날 베르거 감독의 다른 워딩은 잘 알려지지 않았는데, 그건 바로 "비가 많이 오면 승산이 있다."는 말이었다. 비가 오면 이길 수 있다는 말은 바로 독일 팀만을 위해 아디다스가 개발한 비밀병기, '스터드 축구화'를 지칭한 것이었다. 당시 아디다스는 세계 최초로 밑창에 스터드(나사 징)를 장착하고 뺄 수 있는 축구화를 만들었다. 스터드 축구화는 일반 축구화보다 무거웠지만, 경기장이 진창으로 변하면 사정이 달라진다.

결승 당일 비가 억수같이 내렸다. 경기 초반 서독은 2골을 내리 먹혔지만, 잔디가 물러질수록 서독 선수들의 움직임은 좋아졌다. 서독은 결국 3:2로 우승했고, 영웅 대접을 받으며 금의환향했다. 아디다스 또한 유럽인들에게 선명한 기억을 남겼다. 아디다스가 상징하는 것은 '혁신적 기술'이었다.

다만 이후 밝혀진 진실이 하나 있는데, 그건 하프 타임 때 감독의 지시로 선수들이 암페타민을 먹었다는 사실이다. 선수들은 비타민으로 알고 먹었다고 한다. 물론 당시엔 약물 금지 규정이 없었기에 1960년 중반까지 운동선수들의 약물 복용은 일반적인 관행이었다. 암페타민은 사람의 활동성과 기분, 자신감을 급속도로 끌어올리는 약물이다. 독일 선수단이 신었던 아디다스의 스터드 축구화는 그해에만 45만 켤레가 판매되었다.

1960년대 중반부터 아디다스는 스포츠 의류 분야로도 사업을 확장했고, 1963년에는 축구공을 생산하기 시작했다. 1970 멕시코 월드컵에서 아디다스의 텔스타(Telstar)가 공인구로 사용되면서 아디다스 축구공은 모든 FIFA 월드컵의 공인구로 채택됐다.

또 그간 농구화는 가벼워야 한다는 이유로 캔버스(유화용 천)를 사용하던 관행을 뒤집어 최초로 가죽 농구화 '아디다스 슈퍼스타'를 선보였다. 이 제품으로 아디다스는 축구화에 이어 농구화 시장까지 석권했다. 앞서 언급했던 마이클 조던도 청소년기에는 농구화로 오직 아디다스만 신었다고 할 만큼 그 명성이 대단했다.

혁신과 스타 마케팅의 시대, 나이키의 등장

한편 오니츠카로부터 계약 해지를 통보받은 나이키는 홀로서기에 도전했다. 무엇보다 그간 오니츠카의 타이거 제품 라인만 생산했기에 자사의 제품이 필요했다. 계약 종료까지 얼마간의 시간이 있었기에, 그들은 다른 회사의 좋은 제품을 알아보는 것을 포기하고 제품을 직접 만들기로 했다. 필 나이트는 오리건 대학에서 일하던 디자이너 캐럴린 데이비슨에게 의뢰해 역동적인 느낌의 '스우시' 로고를 만들었다. 디자인에 들인 비용은 단돈 35달러.

필 나이트는 이 로고를 처음엔 좋아하지 않았다. 너무 날카로웠고 아디다스에 비해 지나치게 단순해(없어) 보인다고 생각했기 때문이다. '나이키'라는 이름 역시 마찬가지였다. 하지만 동료 제프 존슨이 간밤의 꿈에 그리스 신화에 등장하는 승리의 여신 '나이키'를 보았다며 이 이름이 대단한 성공을 가져다줄 것이라고 설득했다. 참고로 아디다스는 창립자였던 아돌프 다슬러의 애칭인 아디(Adi)와 성 다슬러(Dassler)를 조합한 것이다.

나이키의 신제품을 만들던 빌 보어만은 어느 날 아내가 와플을 만드는 모습을 보고 그 기계에 액상 고무를 부어 신발 밑창이 어떻게 나오는지를 연구했다. 새로운 제품은 멕시코의 공장에서 생산했지만 품질이 좋지 않아 일본으로 생산기지를 옮겼다. 그곳에서 탄생한 축구화가 1970년의 '코르테즈(Cortez)'다.

1972년 NSGA 전시회(전국 스포츠 박람회)에 나이키는 코르테즈를 선보였는데, 당시 전시용 박스를 뜯어보던 필 나이트는 "망했다"고 생각했다고 했다. 로고는 기울어져 있는 것 같았고 제품 디자인은 촌스럽다고 생각했다. 하지만 바이어들은 이 신제품을 마음에 들어 했다. 자신의 제품에 자신이 없었던 사람은 CEO 필 나이트밖에 없었다.

나이키는 육상선수를 활용한 마케팅을 시작했다. 나이트와 보어만이 누구보다 잘 아는 영역이었다. 마케팅 방식은 후원이었다. 대학 육상 팀을 찾아다니며 운동화를 후원했고, 기록이 좋은 선수에겐 제품을 보내 기록 경신에 도움이 되는지를 확인했다. 그 선수가 나이키 운동화를 원하면 그 선수만을 위한 운동화를 따로 제작해서 후원했다.

빌 보어만은 자기 제자를 먼저 찾아갔다. 장거리 육상경기 7종목에서 미국 신기록을 보유하고 있던 육상 스타 스티브 프리폰테인을 후원했는데, 그는 1976 몬트리올올림픽에서 7개 신기록을 세웠다. 4년 뒤 열린 모스크바 올림픽에서 육상 선수 스티브 오벳(Steve Ovett) 역시 나이키 운동화를 신고 신기록을 세웠다. 테니스 선수인 존 매켈로는 나이키 운동화를 신고 1980년대를 주름잡았다.

1970년대 말, 미국 항공 우주국(NASA) 출신의 프랭크 루디가 나이키를 찾아왔다. 그는 우주인의 신발에 적용한 기술인 압축 공기를 주입해 일정한 압력에서 자연스럽게 탄성을 갖는 '에어 쿠셔닝 기술(Air Cushioning Technology)'을 제안했다. 설명을 들은 필 나이트는 심드렁한 반응을 보였다. 사무실을 나가던 루디가 한마디 던졌다. "그럴 줄 알았어요. 아디다스에서도 별로라고 했거든요."

'아디다스'라는 말에 필 나이트의 귀가 열렸다. 그렇게 탄생한 운동화가 1979년 테일윈드(Tailwind)였다. 당시 육상에선 나이키가 선두였지만, 축구화와 농구화 시장에선 아직 아디다스가 군림하고 있었다. 농구화 시장을 제패했던 에어 조던은 이렇게 시작되었다.

스포츠 브랜드가 문화전쟁을 하는 이유

아디다스 창업자가 죽자, 어머니에 이어 그의 아들 호르스트 다슬러가 경영을 승계했다. 아들은 아버지와 달리 공격적인 투자와 확장을 원했다. 창업자인 그의 아버지가 잘할 수 있는 곳에서 파이를 확장하는 보수적인 방식을 선호한 반면, 그는 마케팅에 엄청난 예산을 쏟아부으며 토털 스포츠 시장으로 나가려 했다. 무리하게 미국 총판 영업권을 구매하고 스포츠용품점을 확장해 재정난을 가져왔다.

당시 아디다스 경영진의 최대 약점은 스포츠 문화에 대한 보수적인 시각이었다. 이것만은 아버지와 아들 모두 마찬가지였다. 스포츠는 '근대 올림픽 종목'이 대표한다는 통념을 가지고 있었다. 아디다스는 이미 충분히 성장한 스포츠 시장만을 목표로 했다.

1980년대 세계 스포츠 시장에 가장 큰 변화를 몰고 온 스포츠가 있다. 바로 조깅과 에어로빅이다. 빌 보어만은 달리기의 효능을 누구보다 잘 알고 있었다. 그리고 도심의 바쁜 현대인이 건강을 지킬 수 있는 비법이 바로 40분가량의 짧은 운동, 조깅이라는 점을 간파했다. 그는 직접 책을 써서 조깅의 효능을 알리기로 했다. "모든 연령대의 사람들에게 효과적인 운동"이라는 부제를 달고 나온 《Jogging》은 입소문을 타고 직장인을 중심으로 전파되었다.

아침 조깅의 효과를 직접 체험한 이들은 이 책을 '자신의 생활을 바꾼 바이블'이라며 주변에 추천했고, 그렇게 조깅 문화는 미국인의 대세를 점유했다. 아침에 일어나자마자 간단한 스트레칭을 한 뒤 조깅을 하고 집에 돌아와 샤워를 하고 간단한 토스트에 커피 한 잔. 활력 있는 걸음으로 직장에 출근하는 뉴요커의 라이프 스타일은 이렇게 탄생했다. 지금은 하얀색 애플 에어팟을 귀에 꽂고 아침에 뛰는 것이 쿨한 이미지라면, 당시엔 나이키 조깅화와 조깅복을 착용하고 뛰는 것이 쿨했다.

나이키의 브랜드 이미지에 대한 집중은 미국 시장에서 아디다스를 올드한 것으로 바꾸는 데 성공했다. 아디다스가 부모 세대를 대표하는 '집 마당의 잔디 깎는 중년의 작업복'이라는 이미지로 점차 전락하고 있었다면, 나이키는 신세대 문화의 아이콘으로 등극할 수 있었다. 아디다스는 애초 조깅 따위가 진지한 스포츠가 될 수 있다고 생각하지 않았다. 하지만 나이키는 뛰기가 가장 저렴하며 누구나 쉽게 할 수 있는 최고의 스포츠라고 생각했다.

결정적인 차이는 또 있다. 바로 실행력의 차이다. 나이키는 문화를 창조할 수 있다고 믿었기에 조깅 마케팅을 전개했고, 아디다스는 축구화와 농구화, 육상 선수용 운동화에만 매진했다. 아디다스가 나이키에게 미국 내 시장 점유율 1위를 내준 사건이었다. 나이키는 스포츠 신발 브랜드에서 스포츠 패션 브랜드로까지 자신의 이미지를 구축할 수 있었다.

나이키가 늘 순풍만 받아 전진했던 것은 아니다. 유서 깊은 영국 브랜드 '리복'의 공세에 맥을 못 춘 시기도 있었다. 리복은 아디다스의 스터드 축구화, 나이키의 코르테즈가 세상에 나오기 훨씬 이전인 1900년에 스파이크 육상화를 개발한 회사다.

1900년대 초반 리복의 육상화는 그야말로 신기록 제조기였다. 사람의 발 전체 치수를 과학적으로 측정하는 기법도 리복에서 처음 나왔다. 1896년 영국 스포츠맨이었던 J.W. 포스터(J.W. Foster)가 창업했고 이후 아들, 손자에게 경영권이 넘어가며 명성을 쌓아 왔다. 유럽에선 알려졌지만 미국 시장엔 늦게 진출했다. 이는 손자들이 세계 여행을 하면서 세계 스포츠 시장의 변화를 감지하고 뛰어든 것이 계기가 되었다.

1979년 미국에 판권 계약을 한 리복은 1980년부터 미국 공략을 본격화했다. 나이키가 실외에서의 조깅에 주목했다면, 리복은 당시 실내의 피트니스 붐과 에어로빅 열풍에 주목했다. 1982년 선보인 최초의 여성용 에어로빅화 '프리스타일(Freestyle)'은 엄청난 히트를 기록했다. 이때 세계 시장 점유율은 1위 리복, 2, 3위가 나이키와 아디다스였다. 1위와의 격차가 무척 컸다. 아래 도표를 보면 리복의 성장세를 확인할 수 있다.

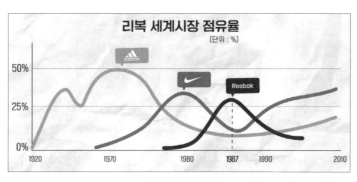

리복의 세계시장 점유율 1976년~2010년. 스포츠 원소스

흥미로운 점은 아디다스가 '조깅'을 진지한 스포츠로 생각하지 않았듯, 나이키 역시 이 '에어로빅'과 같은 '피트니스(physical fitness)'를 진지하게 고려하지 않았다는 점이다.

아디다스는 우연한 계기로 다시 젊음의 이미지를 얻을 수 있었다. 브레이크 댄스 열풍이 몰고 온 스트리트 패션. 스트리트 패션은 전통적으로 캘빈 클라인이나 리바이스와 같은 청바지 브랜드 차지였다. 하지만 1984년 데뷔한 힙합 그룹 'run-D.M.C'가 아디다스의 삼선 운동화 '슈퍼스타'를 신고 TV쇼에서 공연했다. 아디다스 운동복이 스트리트 패션으로 정착된 계기였다.

1990년대 한국에서 서태지와 아이들이 자기 치수보다 큰 운동화와 운동화 밑단까지 치렁대는 힙합 바지에 텍을 떼지 않은 패션을 걸쳤을 때 젊은이들이 이를 바로 수용했던 것과 비슷했다. 나이키가 에어 조던의 열풍으로 청년의 신발을 장악할 때, 아디다스는 스트리트 패션으로 방향을 선회했다. 힙합이라는 트렌드에 올라탄 것이다. 스포츠 브랜드가 신발과 유니폼, 축구공만 팔아서 먹고사는 시대는 저물고 있었다.

회사가 문화의 파도에 올라타지 않으면 결국 도태된다는 걸 나이키와 아디다스는 패배를 통해 배웠다. 나이키가 1980년대 미국 시장을 강타한 비디오 게임기를 보고 경악한 이유가 여기에 있다. 일본 게임 회사 닌텐도가 '슈퍼마리오'와 '게임보이'를 출시하자 아이들은 물론 어른들도 열광했다. 가정에 이 게임기와 프로그램 키트가 없는 집이 없었다.

아이들이 집에 머무는 시간이 늘어날수록 스포츠 인구는 줄어들 것이고, 이는 곧 스포츠 브랜드의 쇠락을 뜻했다. "나이키의

적은 (아디다스가 아니라) 닌텐도"라는 유명한 격언은 문화 주도권
을 놓치면 그 제품 시장의 토대까지 망실될 수 있다는 우려를 보
여 준다. 닌텐도는 과거 화투 패를 만들던 회사였다. 화투와 전
자오락은 단지 '게임'이라는 공통점만이 있었지만, 닌텐도는 화
투에서 비디오게임으로 화려하게 부활했다.

상징자본과 문화자본으로서의 스포츠

2022년 스포츠 패션의 마케팅은 스타 뮤지션에 의존했다. YG
엔터테인먼트의 그룹 '에어핑크'의 손나은이 아디다스 레깅스를 입
고 춤을 추고 블랙핑크가 아디다스 체육복을 입는다. 나이키가 카
니예 웨스트와 협업해서 에어 이지를 내놓고 카이예 웨스트가 나
이키와 손절하자, 아디다스가 바로 계약해서 이지 부스트를 히트
시킨다. 그리고 이지 부스트는 아디다스의 최고 매출에 기여했다.

그렇다면 왜 사람들은 슈퍼스타에 열광하고 특정 브랜드를 소
비하는 것 자체를 자신의 언어(문화적 징표)로 받아들이는 것일
까. 전문가들은 상징자본(symbolic capital)과 문화 자본(cultural
capital)의 작동 방식에 주목한다. 이는 오늘날 우리가 '소프트 파
워(Soft power)'라는 개념을 정립하기 전의 보다 본질적인 개념을
뜻한다.

중세 교회의 신부나 수사들은 라틴어 성경만을 읽었고, 미사 또한 라틴어로만 진행했다. BC 1세기부터 지중해를 아우르는 로마제국의 공용어였고, 313년 콘스탄틴 황제가 기독교를 공인한 이래 라틴어는 신과 대화(기도)하거나 찬양할 때 사용하는 신성한 언어였기 때문이다. 당대에 라틴어를 능란하게 구사할 수 있다는 것은 종교적 권위를 획득했다는 말이었다. 그 언어로 성경을 읽고 해독할 수 있었으며 기도하고 교황청에 보낼 보고서를 작성할 수 있었기 때문이다. 언어가 화폐 그 자체는 아니지만 라틴어를 구사하는 능력은 화폐를 창출할 수 있는 자본이었던 셈이다.

독일 황제였던 카를로스 5세는 라틴 계열의 언어만을 품위 있는 언어라고 인정했다. "나는 기도로 신이랑 얘기할 때는 스페인어로 하고, 외교나 군사적 얘기는 프랑스어, 사랑을 속삭일 때는 이탈리아어로 한다. 독일어로는 내 말과 군인한테 명령할 때만 사용한다."라고 말할 정도였다. 당시엔 프랑스, 이탈리아, 에스파냐(스페인), 포르투갈, 루마니아 언어만 라틴 계열의 언어로 알려졌기 때문이다. 이는 조선의 유학자가 평생 한문과 한학(漢學)만을 팠던 것과도 유사했다.

이 문화자본은 오늘날 세계인의 생각과 문화적 트렌드를 전파하는 미디어로 옮겨졌다. 과거 라틴어를 얼마나 잘하느냐의 실력문제는 이제 인스타그램에서 얼마나 많은 이의 "좋아요"를 획득할 수 있느냐의 문제로 바뀌었다. 이제 방탄소년단(BTS)의 유튜브 1억 뷰 달성은 앨범 매출이나 아메리칸 뮤직 어워드(AMA)에서의 수상, 굿즈의 판매로 이어진다. 즉, 그 영향력은 화폐 가치로도 환산할 수 있다. 하지만 부가적이고 장기적인 가치는 환산하기조차 어려울 정도로 크다. 멤버 진이 입은 티가 공개되면 다음 날 완판되고, 리더 RM의 신발 또한 마찬가지다.

특정 브랜드를 소비한다는 것은 그 사람의 신분과 지위뿐 아니라 문화적 취향과 교양적 품위(?)까지도 변별해 달라는 뜻이다. 이를 일차원적으로 해석하면 과시소비나 모방소비(emulative consumption)를 통해 자신을 드러내 사회적 서열을 확인한다는 뜻으로 해석할 수 있다.

하지만 특정 브랜드의 소비는 사회적 서열뿐 아니라 자신의 문화적 감수성을 통해 타인과 경쟁 또는 주류 문화로의 합류한다는 의미 또한 내포하고 있다. 이는 젊은이들의 아이폰에 대한 충성과 중년의 갤럭시 사랑으로도 표현된다. 그리고 구찌(GUCCI)를 애용하는 여성이 나이키 조깅복을 입어도 어색하게 보이지 않는 사회적 분위기에서도 확인할 수 있다. 그래서 스포츠 브랜드가 진정 가지려 노력하는 것은 사회적 평판 가치, 즉 상징자본과 문화자본의 힘이다.

4장

심미주의의 종언과

스포츠 과학

'머니볼'과
스포츠 자본주의

　아직까지도 통용되고 있는 프로 스포츠 팀의 경영이론은 이랬다. 스타급 플레이어를 사들이는 데 돈을 많이 쓰면 우승 확률이 높아지고, 우승 확률이 높아질수록 리그 상금과 관중 수익, 유니폼 판매량, TV 중계권료 역시 동반 상승한다는 이론이다.

　선수들이 좋은 기록을 낼 수 있었기에 해당 선수를 더 비싼 값에 팔아서 선수층을 업그레이드할 수 있다. 그래서 1980년대 천문학적으로 뛰어 버린 선수들의 몸값을 감당할 수 있는 구단이 상위권에 랭크되고, 돈이 없는 구단은 해가 갈수록 준수한 선수들을 팔아서 운영비를 감당해야 하는 악순환을 반복해야 한다.

　2020/21시즌 프리미어리그의 전체 수익은 8조 2천억 원이었

고, 각 클럽들은 대력 3,000억 원가량을 벌어들였다. 수익은 주로 TV 중계권료, 스폰서십, 상품 판매 등에서 나온다. 이 중 가장 많은 수익은 TV 중계권료다. 세계의 축구 팬이 열광하는 선수 한 명을 구단으로 영입하는 것은 곧 이 중계권료와 직결된다. 한국만 해도 손흥민 선수의 활약을 보기 위해 SPOTV나 JTBC가 토트넘의 경기 중계권을 사지 않는가. 프리미어리그 첫 판권 계약이 있었던 1992/97 시즌에 중계권은 약 3,000억 원이었다. 하지만 최근인 2016/19 시즌의 중계권은 7조 7천억 원에 팔렸다.

두 번째 수익은 경기장 티켓 판매에서 나온다. 프리미어리그 6순위 정도의 팀이라면 경기장엔 남는 좌석이 없다. 그리고 이렇게 벌어들인 구단 수익의 73%(19/20 시즌 기준)가 좋고 비싼 선수를 영입하는 데 사용되었다. 승률과 수익의 경제학은 이렇게 만들어졌다.

슈퍼스타의 영향력이 얼마나 크다고 구단은 이렇게 많은 돈을 투자할까. 2021년 맨유가 호날두를 다시 사들였을 때 이적료 200억 원에 연봉 370억이었다. 너무 비싸게 산 것 아니냐는 일부 팬의 비난이 있자, 구단 측은 10일간의 호날두 유니폼의 판매만으로 그의 이적료를 상쇄하고도 남았다고 발표했다. 즉, 거대한 시장에서 '슈퍼스타는 돈을 벌어다 준다.'는 계산이 성립된다.

하지만 여기엔 몇 가지 놓치지 말아야 할 중요한 사실이 있다. 우선 비싼 팀이 반드시 우승하지는 않는다는 점이다. 만약 우승한 팀이 2위보다 1천만 달러를 더 적게 썼다면 어떨까. 이럴 땐 돈을 많이 쓴 구단이 비효율적인 운영을 하는 셈이 된다. 더 중요한 문제도 있다. 구단은 좋은 선수일수록 비싼 몸값으로 영입하려 한다. 그런데 '좋은 선수'란 무엇일까.

축구로 치면 골을 잘 넣거나 골 배급을 기가 막히게 하고, 선제적으로 수비할 수 있는 선수를 뜻할 것이다. 하지만 축구와 야구와 같은 종목은 팀 스포츠다. 골을 많이 넣는 것과 팀의 전반적인 승리에 대한 기여도는 반드시 일치하지 않는다. 또 스타급 플레이어가 팀에 미치는 영향력이 클지, 팀의 약한 고리라고 지적받는 '구멍' 선수의 악영향이 더 클지 역시 타산해야 한다.

야구 경영에 있어서 처음으로 컴퓨팅 통계 기법을 활용해 선수를 영입하고 훈련시켰던 오클랜드 애슬레틱스의 경험은 이후 미국 메이저리그의 경영 풍토를 영원히 바꿔 놓았다. 2002년 오클랜드는 경영난에 허덕이고 있었다. 시즌을 앞두고 뉴욕 양키스가 1억 1천만 달러를 선수 영입에 투자한 반면, 그해 오클랜드는 3천 9백만 달러밖에 없었다. 그나마 스타플레이어를 팔아야 선수들을 충원할 수 있는 수준이었다. 여기까지는 하위 팀이 리그가 끝난 뒤 겪어야 하는 일반적인 악순환의 시작이었다.

구단주 빌리 빈은 비싼 선수 대신 저평가된 선수들을 찾기 시작했다. 레고 블록을 맞추는 것처럼 팔방미인은 아닐지라도 해당 포지션에 특화된 선수를 분류했다. 과거엔 타자에게 가장 중요한 통계가 타율이었다. 타율이 높은 선수가 많을수록 점수를 낼 확률도 높아졌다. 하지만 돈이 부족하다면 이 기준을 바꿔야 했다. 타율이 아니라 출루율을 최우선 지표로 삼고 다음 지표를 장타율로 삼았다.

또한 과거엔 별로 중요하게 생각하지 않았던 능력, 즉 좋은 선구안을 가져서 포볼을 진루하는 선수들의 가치 또한 재평가했다. 또한 타율은 낮아도 도루만큼은 기가 막히게 하는 선수들을 높게 평가했다. 이를 'OPS(출루율+장타율)' 지표로 설정해 당시 메이저리그에 등록된 2만 명의 선수 데이터를 넣고 지표화했다.

빌리 빈의 야구는 공격 기회에서 쉽게 끝내지 않고 바둑과 같이 차근차근 베이스를 하나씩 점령해 승률을 높이는 것이었다. 투수 영입의 기준 역시 마찬가지였다. 과거의 지표는 세이브와 방어율이었지만, 당시 오클랜드에게 중요했던 지표는 볼넷이 적고 홈런을 적게 맞는 투수였다.

투구 자세가 특이하다는 이유로 아무도 관심을 가지지 않았던 구원투수 브래드포드를 자신들의 데이터로 분석했을 때 그의 가치는 3백만 달러였지만 3만 달러에 영입했다. 오클랜드의 이런 경영 방침은 팬들은 물론 타 구단과 전문가들에게도 비웃음을 샀다. 하지만 시즌이 시작되자 오클랜드는 메이저리그 140년 역사상 최초의 기록을 만들었다. 2002년 8월 13일부터 9월 4일까지

20연승을 거뒀다.

1999년부터 2006년까지, 8년 동안 오클랜드는 537승을 기록했고 다섯 번의 플레이오프 진출, 2001년~2002년 두 번은 102승, 103승을 기록했다. 그 기간 오클랜드의 총연봉은 메이저 30개 팀 중 거의 늘 20위권 밖에 있었다. 빌리 빈은 고연봉 선수들을 거의 영입하지 않고 유망주 중심으로 팀을 운영하였으며, 신기에 가까운 트레이드로 우수한 선수를 데려왔다.

언제나 팀의 중심에 튼튼한 선발진을 구축해 놓고 불펜투수는 키워 쓰거나 싸게 데려와 썼고, 공격은 타율을 앞세운 선수 보다는 출루율과 장타율 위주의 OPS형 타선을 만들었다. 팀 도루는 적어도 충분한 점수를 뽑았다. 오클랜드는 저비용 고효율 팀의 상징이 되었고, 두세 배의 연봉을 쓰는 팀들과 어깨를 나란히 했다.

시간이 좀 지난 후, 당시 부단장이었던 피터 브랜드는 이렇게 말했다.

"메이저리그 팀을 운영하는 사람들은 야구라는 스포츠에 대해 정확히 이해하지 못하고 있어요. 그들은 선수를 사는 일에만 신경을 씁니다. 중요한 건 선수가 아닌 승리(win)를 사는 겁니다."

빌리 빈이 선택한 길은 사람들이 보기에도 타율 3할 3푼을 기록하는 매우 뛰어난 타자를 포기하고 타율도 어정쩡하고 이래저래 애매한 선수들을 데려오는, 당시 기준으로서는 상당히 생소한 운영 방식이었다. 하지만 빈은 확고하게 정립된 기준으로 선수의 가치를 평가하고 저평가된 선수들을 영입했다. 오클랜드는 다른 팀에 비해 적은 연봉 총액에도 불구하고 뛰어난 성적을 올리면서 거의 매 시즌 플레이오프 경쟁자로 군림했다.

이에 많은 메이저리그 관계자가 오클랜드의 운영 방식에 흥미를 보이기 시작했다. 2003년 그동안 빈이 오클랜드 팀을 운영해 온 방법을 논한 《머니볼》이 발간되고 날개 돋친 듯 팔려 나가면서 선풍적인 인기를 끌었다. 심지어는 야구 이외의 분야에서도 머니볼의 발상을 받아들여야 된다고 이야기했을 정도였다. 2011년엔 동명의 영화로 제작되어 스포츠 영화 계보에 한 획을 그었다.

많은 사람이 2002년의 기적을 빌리 빈의 작품이라고 오해하지만, 실제로는 전임 구단주였던 샌디 앨더슨이 새로운 통계지표를 만들어 낸 것이었다. 통계 경영학에 밝았던 분석요원 빌 제임스가 고안한 '세이버매트릭스'라는 통계지표가 선수 영입의 기준표였다.

머니볼 이론이 무적은 아니었다. 머니볼은 확률의 과학이다. 표본 수가 많을수록 확률의 표본오차는 적어진다. 그런데 플레이오프는 정규 시즌이 끝난 후에 우승 팀을 가리기 위해 치르는 7전 4승제다. 운이 작용할 수밖에 없다. 앞서 오클랜드가 선수 기용의 지표로 삼았던 데이터는 선수들의 누적된 정규 시즌 통계였다. 오클랜드는 1990년 이후에도 단 한 번도 월드시리즈 우승을 하지 못했다.

또 다른 고려 지점은 선수들의 멘탈 관리였다. 동일한 통계지표를 지닌 두 선수 중 챔피언십 시리즈를 자주 뛰었던 선수와 처음 도전하는 선수가 있다면 당연히 경험이 많은 선수를 보유한 팀이 유리하다. 자기 관리 능력 또한 경기에 영향을 미친다.

2002년 이후 미국 메이저리그는 팀들은 너 나 할 것 없이 오클랜드의 지표를 연구해 자신들만의 선수 영입 지표를 만들어 냈다. 저평가된 좋은 선수에 대한 경쟁도 치열해졌기에 오클랜드가 점찍은 선수를 영입하는 데에는 한계가 있었다. 하지만 전체적으로 메이저리그 선수 연봉에서 거품이 빠지는 계기가 되기도 했다.

영화 《머니볼》의 마지막 장면에서 보스턴 레드삭스의 구단주가 빌리 빈을 영입하려는 장면이 나온다. 보스턴 레드삭스의 구단주는 존 헨리인데, 그는 리버풀의 구단주이기도 하고 지금까지도 그렇다. 그는 메이저리그에서의 머니볼 이론을 프리미어리그로 가져왔다. 이제 스포츠에서 통계는 목표값에 가장 가깝게 도달할 수 있는 과학적 경영기법으로 활용되고 있다.

우선 선수 영입 과정부터 달라졌다. 과거엔 좋은 선수를 영입하기 위해 구단의 코치나 스카우트들은 그 선수들의 경기를 보기 위해 직접 가야 했다. 적어도 2명의 스카우트가 앉아 한 명이 패스와 패스 차단, 전진 패스와 드리블 돌파와 같은 기록을 불러 주면 이를 나머지 한 명이 받아 적어야 했다. 이런 방식엔 치명적인 약점이 있었다. 무엇보다 돈이 많이 들고 판단이 왜곡될 수 있다는 점이다. 스카우트가 경기를 보러 간 날 하필이면 그 선수의 컨디션이 너무 안 좋았다거나, 감독의 전술로 인해 선수의 실력이 빛을 보지 못한 날일 가능성도 있지만, 스카우트들은 많은 선수의 경기를 관람해야 해서 그런 것까지 고려할 틈은 없었다.

'머니볼 이론'이 모든 것을 말해 주진 않는다. 선수를 영입하기 위해 고려해야 할 요소는 많다. 가령 한 시즌에 10골을 넣은 축구 선수 A가 있고 15골을 넣은 B가 있다고 했을 때, 당연히 데이터는 B가 더 훌륭한 선수라고 말할 것이다. 하지만 B의 팀엔 뛰어난 미드필더가 있어 기가 막힌 패스를 번번이 찔러 준다. A팀엔 미드필더는 물론 수비의 역량 또한 떨어져 A가 윙어지만 후방 빌드 업까지 모두 관여해야 하는 상황이다. 이 경우 과연 B가 더 뛰어난 선수라고 할 수 있을까.

축구 지능도 높고 공간 창출도 잘하는 대학팀 출신 미드필더 C가 있다고 가정하자. 하지만 C는 웬일인지 프로에 데뷔하고 나서는 번번이 교체당하며 벤치 신세다. 경기를 쓸 때마다 자신감은 떨어지고 경기에 대한 압박감은 더욱 커진다. 더욱이 그를 받쳐 줘야 할 센터 백의 빌드 업 능력이 나빠 번번이 고립되기 쉬운 방향으로 볼을 주었다. 이럴 때 좋은 감독은 C의 멘탈을 강화하기 위한 프로그램을 고안해 그를 10배 이상 비싼 선수로 키울 수 있지만, 통계는 이런 정성(情性)적인 요소를 모두 설명하진 못한다.

"포체티노가 다 망쳐 놨다"

머니볼 이론은 통계에 기반한 과학적인 선수 영입 방법론이다. 자본이 부족한 중하위권 팀이 이를 잘만 활용하면 높은 효율의 경기를 할 수 있다. 머니볼 이론은 영국 프리미어리그에 바로 전수되었다. 이를 효과적으로 활용한 구단도 있었지만, 반대로이 '머니볼 효과'를 투자 없는 성공 이론으로 잘못 받아들인 구단도 있었다. 바로 프리미어리그의 토트넘 홋스퍼다.

프리미어리그에서 마우리시오 포체티노 감독처럼 적은 돈으로 높은 효과를 낸 감독은 없었다. 포체티노는 잉글랜드 축구에 정통하고, 짧은 기간 팀을 정비해서 높은 효율을 성취했다. 만년 중하위권(14위)을 전전하던 사우샘프턴(사우스햄튼) 시절에는 2013/14 시즌 초반 리그 4위까지 치고 올라가는 돌풍을 일으켰고, 토트넘 홋스퍼 부임 첫해인 2014/15 시즌에 리그 5위에 팀을 올려놓더니, 이듬해 3위로 챔피언스리그에 들어갈 수 있었다.
이후 3년 연속 챔피언스리그 진출에 성공했고, 2018/19 시즌에는 구단 역사상 첫 챔피언스리그 결승에 진출하는 쾌거를 안겼다. 이 시기 토트넘은 이른바 'DESK'라고 하는 공격 전술을 완성했다. 델레 알리, 에릭센, 손흥민, 케인 이 4명의 선수가 중원에서부터 공간을 창출하고, 케인과 손흥민의 뛰어난 기습 능력으로 상대를 무력화하는 것이었다. 챔피언스리그 4강 2차전 아약스전에서 경기 종료를 앞두고 루카스 모우라의 세 번째 골이 터지자, 포체티노 감독은 그라운드에 엎드려 오열했다. 열악한 조건에서도 그가 얼마나 간절히 챔스 결승을 열망했는지를 드러내는 장면이었다. 포체티노는 2019년 FIFA 올해의 감독 3위로 선정되었고, 런던 풋볼 어워드 올해의 감독으로도 선정될 만큼 강한 인상을 남겼다.

하지만 토트넘의 회장은 잉글랜드 리그에서 가장 짠 구두쇠라고 평가받는 다니엘 레비다. 핵심 선수들에게 제대로 된 연봉 계약을 보장해 주지 않고, 필요한 자원을 제때 지원해 주지 않는 자린고비로 유명하다.

포체티노가 오기 전 토트넘은 가레스 베일, 라파엘 판데르파르트, 루카 모드리치와 스콧 파커와 같은 핵심 자원이 모두 떠난 상태로 유로파 리그나 전전하던 상태였다. 그런 팀을 젊은 자원을 재발굴해 챔피언스리그 결승까지 올려놓았으면 구단이 응당한 보상과 계약 연장을 제시하는 것이 맞지만, 토트넘은 그렇게 하지 않았다. 포체티노가 거둔 성적을 당연하게 생각하게 된 것이다. 팬들의 기대치 역시 높아졌다. 미드필더였던 에릭센이 팀을 떠나자, 이를 대체할 수 있는 선수가 없었다. 구단에 돈이 없기에 팀 스쿼드가 너무 얇았다. 통상 프리미어리그에선 일주일에 2회의 시합을 소화한다. 그런데 이 모든 시합을 소화하려면 2선이 적절히 돌아가야 하는데, 토트넘에는 그런 자원이 없었다.

토트넘이 답답한 경기력을 보이고 고질적인 수비 불안으로 리그 11위까지 내려가자, 레비 회장은 2019년 11월 그를 전격 경질한다. 그의 경질은 선수단에도 알리지 않고 단행되어 포체티노는 작별 인사조차 하지 못한 채 구단을 떠나야 했다. 이후 2021년 포체티노는 파리생제르망의 감독을 맡았고, 토트넘은 조제 무리뉴 감독에 이어 안토니오 콘테 감독으로 이어졌다.

레비 회장에 대해선 포체티노의 후임 조제 무리뉴도 기자들 앞에서 비판적으로 거론한 바 있다. 무리뉴 감독은 중국 리그에서 이적을 준비하던 김민재를 영입하길 원했고, 김민재와는 세 번이나 영상통화를 할 정도로 공을 들였다고 했다. 그리고 계약이 틀어진 이유에 대해 구단 측의 터무니없는 연봉 제시 때문이었다고 했다.

"(당시) 그 선수를 데려오는 데 1,000만 유로(약 134억 원)가 필요했는데, 토트넘은 500만 유로만 제시했다. 700~800만 유로 정도만 냈어도 거래가 성사됐을 텐데 구단은 돈을 쓰지 못했다. … 그는 지금 나폴리에서 '형편없는 활약'을 보이고 있다."

물론 '형편없는 활약'이라는 건 레비 회장을 비꼬기 위한 수사다. 이후 김민재를 영입하기 위해 이탈리아의 나폴리는 터키 리그의 페네르바체에 2,000만 유로를 지급했고 김민재에게 1,400만 유로를 지급했다. 2003년 1월 현재 김민재의 몸값은 3,500만

유로로 추정된다.

"포체티노가 프리미어리그를 망쳐 놨다."는 말은 포체티노에 대한 찬사이기도 하지만, 프리미어 구단주들의 자린고비 경영에 대한 비난이기도 하다. 포체티노가 만년 중하위권 팀을 특별한 예산 증액 없이도 챔스 수준까지 올려놓으니 구단이 감독을 보는 눈이 달라졌다는 뜻이다.

아무리 명장이라도 중하위권 팀을 챔스 결승 팀으로 올려놓기 위해선 3~4년의 시간과 선수 자원에 대한 구단의 투자가 필수라는 것이 그간의 통설이었다. 하지만 포체티노 효과를 체감한 구단주들은 한 시즌이라도 성적을 내지 못하면 감독을 바로 교체하면서도 선수들에 대한 투자는 제대로 하지 않는 악행을 하고 있다는 뜻이기도 하다.

통계과학으로 인한
축구혁명

"Arsene who(아르센이 누구야)?"

1996년 아르센 뱅거가 아스널 감독으로 부임했을 때 뉴스 제목 중 하나였다. 당시 아스널은 중하위권에 머물고 있었고, 가끔 상위권에 오르기도 했지만 강등도 당하는 리그 12위의 팀이었다. 아스널 선수들도 기가 셌다. 신임 감독이 오면 억양이나 사소한 습관 같은 것을 재미 삼아 조롱했고, 노골적으로 감독 길들이기를 하는 선수들도 있었다. 잉글랜드 선수들의 전통적인 외국인 비하 심리도 있었다.

아스널은 뱅거 감독의 영입을 결정했지만, 그가 거친 선수들을 잘 다스릴 수 있을지 걱정이었다. 뱅거 감독과의 첫 미팅에서도 선수들은 프랑스 발음이 섞인 그가 모든 것을 체계적으로 바꾸겠다고 하자, 그저 무시하는 듯한 태도로 일관했다고 전해진다. 하지만 뱅거는 누구보다 통계와 과학적 훈련 기법에 대한 신봉자였다.

그는 부임과 동시에 비밀리에 톱스코어(TOPScore)라는 축구통계업체로부터 아스널 선수들과 경쟁 팀에 대한 데이터를 공급받았다. 영국의 인터넷 발달은 당시 그리 높은 수준이 아니었기에, 통계업체 직원들은 리그 전체 경기 티켓을 끊어 비디오 촬영을 하며 수기로 선수들의 스탯(stat)을 기록해 전달했다.

뱅거는 매일 다른 훈련을 지시했다. 스톱워치나 마네킹을 이용한 전술 훈련, 패스 훈련과 근육 스트레칭, 근육을 최대한 늘렸다가 최대한 빨리 수축하는 플라이오메트릭 훈련도 도입했다. 특히 스프린트가 필요한 선수들에겐 초단거리 전력 질주 후 일반 달리기를 반복해서 훈련시키는 등, 당시 영국 선수들이 처음 체험하는 혁신적인 프로그램이었다.

훈련 후에는 매일 마사지로 근육의 긴장을 풀어 회복력을 높였으며, 선수들이 알아서 먹게 식단도 영양사에게 맡겨 모두 바꾸었다. 선수들은 자기 몸의 변화를 체감했고, 뱅거로 인해 자신의 경기력이 향상되고 있다고 느꼈다. 그러자 훈련장에 미리 나오는 선수들이 늘기 시작했다.

뱅거는 심지어 중요한 경기를 앞두고 요가도 시켰다. 지금은 당연한 심리 강화 훈련의 일종이다. 2023년 전반기 프리미어리그에서 가장 많은 골을 넣고 있는 맨시티의 엘링 홀란드 선수 또한 경기를 앞두고 명상수련을 한다고 밝혔다. 하지만 당시 이 사실이 공개되었다면 영국 언론들은 '의심스러운 민간요법'이라며 맹비난했을 것이다. 하지만 요가를 수련한 날 경기에서 아스널은 2:0으로 승리했다.

이런 과학적인 훈련 기법은 네덜란드 축구 지도자들과 스태프의 노력으로 정립되던 시점이었다. 뱅거는 '킥 앤 러쉬'가 주류를 이루던 당시 리그에서 패스를 통한 볼 점유율과 계획된 전술로 득점하는 것을 중요하게 여겼다. 선수들에겐 항상 구체적인 전술에서의 움직임을 교정할 것을 지시했다. 그 근거는 바로 통계였다.

뱅거 부임 이듬해인 1997/98 시즌에 아스널은 리그 우승을 차지했고, 2004년까지 총 3회의 우승컵을 들었다. FA컵은 7회 우승했고, 2005/06 시즌 UEFA 챔피언스리그에선 준우승했다. 그 중 가장 빛나는 기록은 2003/04 시즌 프리미어리그 우승이다. 그 시즌에서 아스널은 전체 49경기 무패 신기록을 달성했다. 아스널은 패배를 모르는 팀이었다. 뱅거 감독은 프리미어리그의 훈련 기법과 선수 판단 지표를 바꿔 놓았다. 즉, 과학으로서의 축구가 정착되기 시작한 것이다.

ICT 통계 기법이 바꿔 놓은 현대 축구

2022년 카타르 월드컵. 16강 진출을 두고 겨룬 한국과 포르투갈 경기에서 황희찬 선수의 세리머니 장면이 많이 회자되었다. 황 선수가 유니폼을 벗어 던지자 보였던 검은색 탱크톱은 단연 화제였다. 축구에 대해 잘 모르는 이들은 저 검은 것의 용도를 궁금해했다.

그건 트래킹 디바이스를 몸에 고정시키는 'Catapult gps'라는 셔츠였다. 등에 장착한 디바이스는 선수들의 경기장에서의 움직임, 최고 속도, 이동 거리, 심박수 등을 실시간 코치들의 모니터로 전송한다. 이를 통해 감독은 선수의 피로도와 공간 창출 능력, 전술의 문제를 실시간으로 파악한다.

선수들의 움직임임은 이 디바이스로만 전송되는 것이 아니다. 구장 천장에 달린 수십 대의 카메라가 선수들의 움직임을 쫓고 실시간 통계와 동영상을 스태프에게 전달한다. 선수 당 패스 성공률, 탈압박 성공률, 태클 성공률 등을 경기 중에 확인할 수 있는 수준이다. 감독과 코치진은 이 데이터를 보고 선수 교체와 후반전 전술에 대한 판단을 기민하게 할 수 있다.

현재 이런 통계 기법을 가장 잘 활용하는 팀으로는 프리미어리그의 브랜트포드를 들 수 있다. 브랜트포드는 공격수를 영입할 때 과거와 같이 골 숫자만 보는 것이 아니라 과거 전체 시즌의 통계를 활용해 골 기댓값을 본다. 골 기댓값이란 한 시즌에 ○○골 정도는 이 선수가 넣는다는 예측 수치로, 슈팅 대비 득점수를 기준으로 판단한다. 가령 지난 시즌 A 선수가 15골을 넣었는데, 골 기댓값이 7이고, B라는 선수가 10골을 넣었는데 골 기댓값이 12라면 브랜트포드는 A가 아닌 B를 선택한다. 즉, 지난 시즌 A 선수의 득점은 운이 좋거나 일시적인 환경에서의 득점이라고 판단하는 것이다.

매튜 벤엄 구단주의 전직은 스포츠 경기의 승패에 돈을 걸고 배당을 받는 프로 갬블러이자 '스마트오즈(Smartodds)'라는 축구통계 전문업체의 대표였다. 그는 축구를 오직 숫자로 이해했다. 리그가 시작되고 경기가 누적될수록 그의 승률 예측은 더 정교해졌다. "축구의 리그 테이블(순위표)은 언제나 거짓말한다."는 게 그의 철학이었다. 축구는 그 어떤 스포츠보다 운이 많이 작용하는 스포츠이기에 전년도의 순위표엔 언제나 허점이 있다는 것이다.

축구는 손이 아닌 발로 하는 경기다. 그래서 항상 의외성이 존재한다. 심지어 그라운드의 상태와 날씨에 따라서도 영향을 받는다. 축구에서 평균 득점은 한 경기당 2.8골이다. 농구와 야구에 비해 현저히 적다. 슈팅 횟수도 현저히 적다. 축구팀은 한 경기에서 12번 정도의 슈팅을 하는 데 반해 하키의 경우 30회, 농구는 123회나 슈팅을 한다. 미식축구에선 매 9분마다 득점이 나오고 럭비에선 12.5분, 하키에선 22분마다 득점이 터졌다. 축구에서는 66분에 한 골이 나온다. 90분간 파상공세를 펼치며 압도했던 팀의 슛이 골 퍼스트에 3회 맞고 수비수 한 명의 실책으로 1:0 패배를 할 수 있는 게 축구다.

무엇보다 6:0으로 이기나 1:0으로 이기나 똑같은 승점 3점을 얻어 낸다는 것이 축구의 함정이기도 하다. 잉글리시 프리미어 리그는 수년에 걸쳐 승점 제도를 개선했다. 기존엔 승리 팀에 2점을 주고 무승부 시 1점을 주었다. 2019/20 시즌부터는 승리 팀에게 3점, 무승부 시 1점을 주는 것으로 바뀌었다.

기존의 2승점 제도의 문제는 승리와 무승부의 차이가 1점밖에 나지 않는다는 것이었다. 그래서 많은 팀이 우선 빗장을 걸어 잠그고 결정적인 찬스가 날 때만 공격하는 수비축구를 구사했다. 경기는 지루해졌고 팬들이 흥미를 잃기 시작하자, 승리의 가치를 높여 공격적인 축구를 장려한 것이다. 승점 3점 제도 시행 이후 무승부가 눈에 띄게 줄어들었고 상위권 경쟁은 더 치열해졌다. 과거엔 시즌 중반이 지나면 우승 팀이 눈에 보이는 경우가 많았다. 제한된 경기 내에서 2점을 꾸준히 누적해야 선행 팀을 겨우 따라잡을 수 있었기 때문이다.

물론 단점도 노출되기 시작했다. 옐로카드와 거친 태클, 부상자와 퇴장의 수가 늘었고, 1점 리드 이후에 골문을 잠그는 빗장 수비 관행도 있었다. 승점 제도의 변경 후에도 다득점으로 인한 혜택은 없기에 팀들은 승리를 굳히는 데에 집중할 뿐, 많은 득점을 내서 관중을 즐겁게 해 주는 데에는 관심이 없었다. 공격적인 축구를 지속하려면 후방을 일정 비워 놔야 하기 때문이다.

또한 축구는 야구와 달리 게임이 분절되어 있지 않고 흐름에 큰 영향을 받는다. 전반전에 2골 연속 실점하면 선수들은 통제력과 경기 장악력을 쉽게 놓친다. 2연속 실점당한 수비수들은 순간 큰 분노와 무력감을 느낀다고 고백하곤 한다. 상담 자료에 따르면 선수들은 움직임이 둔해지고 쉽게 피로해지며, 상대 팀 스트라이커의 강한 압박과 공격이 들어올 때 위치 선정에 시간이 더 걸리는 것으로 나타났다. 점수 차가 클 경우 경기를 포기하고 싶은 마음마저 들어 적극적으로 움직이지 못한다고 밝힌 선수들도 많았다.

축구에서 흐름과 우연성은 무척 중대한 변수다. 심판의 오심과 핵심 선수의 부상, 퇴장에 따라 경기 양상도 바뀌며 잘 짜 놓은 전술이 무력화되기도 한다. 심지어 우리 팀 수비수의 발에 굴절된 공이 멋진 곡선을 그리며 골망을 가르기도 한다. 그리고 무엇보다 리그 테이블이 거짓말을 하는 이유는 경기 횟수가 너무 적기 때문이다. 한 시즌 38 라운드는 너무나 적은 수의 표본이다. 즉 진짜 실력을 모두 반영했다고 보기 어렵다는 것이다.

브랜트포드의 매튜 밴엄 구단주과 함께 일했던 라스무스 앙케르센(Rasmus Ankersen) 단장은 자신이 그 시절 얻었던 축구 철학과 통계로 이해하는 축구에 대한 강연을 한 적 있다. 2018년 그는 TED에서 "What Football Analytics can Teach Successful Organisations"[37]라는 제목의 강의를 했다. "축구 통계분석이 성공적인 팀에 알려 주는 것"이라는 제목의 강의는 3,700만 이 넘는 조회 수를 기록할 정도 축구 관련자들에게 관심을 받았다.

그가 매튜 밴엄과 함께 일하던 시절이었다. 시즌 종료를 5경기를 앞둔 어느 날, 그는 밴엄에게 물어봤단다. "구단주님, 우리 팀이 승격할 가능성은 어느 정도일까요?" 밴엄은 망설임 없이 답했다. "42%." 그는 이미 모든 경기를 확률로 이해하고 있었다. 그는 뉴캐슬의 사례를 들어 통계과학을 이용해 축구를 과학적으로 접근하는 방법을 설명했다.

2011/12 시즌 뉴캐슬의 환상과 몰락

뉴캐슬은 2011/12 시즌에 5위를 차지했다. 만년 하위 팀에겐 무척 좋은 성적이었다. 구단도 팬도 이 성적에 대만족했기에 선

---

37 https://www.youtube.com/watch?v=Sy2vc9lW5r0&t=2s."What Football Analytics can Teach Successful Organisations" | Rasmus Ankersen | TEDxManchester

수와 감독, 코칭스태프의 계약을 연장하고 새로운 선수를 영입하지 않았다. 하지만 다음 시즌에서 뉴캐슬은 리그 하위인 16위로 몰락했다. 뉴캐슬에게 무슨 일이 있었던 것일까. 사실 무슨 일이 있었던 것은 아니다. '리그 테이블의 거짓말'에 구단과 팬들 모두가 속은 것이다. 앙케르센은 당시 뉴캐슬의 데이터를 분석했다.

5위를 했던 시즌에서 뉴캐슬의 골득실은 +5였다. 골득실은 상대 팀이 넣은 골과 뉴캐슬이 넣은 골을 합친 숫자다. +5라는 숫자는 1, 2, 3, 4위 팀이 거둔 골득실인 64, 56, 25, 25(1위부터 순서대로)에 비해 상대적으로 너무 적은 수였다. 게다가 경기당 골의 분배도 불규칙했다. 가령 2경기를 통해 상대 팀이 6골을 넣고 뉴캐슬이 2골을 넣었는데, 이 경우 통상 상대 팀이 압도적 우위에 있었다고 볼 수 있다.

하지만 뉴캐슬은 1:0 승리 후 1:6 패배를 기록하는 등 불규칙했다. 1경기 승리 시 주어지는 승점 3점을 획득한 것이다. 만약 뉴캐슬이 1:3 패배, 1:3 패배를 했다면 뉴캐슬의 승점은 0점, 상대 팀의 승점은 6이었을 것이다. 시즌 내내 이런 기복은 반복되었고, 전체적으로 3점 차 패배가 많았다. 다만 1:0 승리가 8번이었다는 것이 뉴캐슬에겐 행운이었다.

분석을 위해 'Shot Differential(상대 팀 대비 슈팅 숫자 통계)'도 살펴보았다. 해당 시즌 뉴캐슬의 'Shot Differential'은 −1.4개였다.

상대보다 적게 슈팅했다. 하지만 골 전환율(Conversion Rate)이 굉장히 높았다. 즉, 적은 슈팅 대비 많은 골을 넣었다는 의미다.

2021/22 시즌 토트넘의 손흥민 선수의 골 전환율은 25%로 당시 유럽 5대 리그 선수들을 모두 합쳐 2위였다. 140번 슈팅에 35골을 터뜨린 것은 거의 최상급 플레이어만 가능한 일이다. 1위는 독일 도르트문트 공격수 홀란드였다. 159번 슈팅에 41골을 뽑아내어 25.8%의 골 전환율을 기록했다. 홀란드는 2023년 현재 맨시티로 영입된 이후 리그에서 가장 많은 골을 넣고 있다.

그런데 2011/12 시즌 당시 뉴캐슬의 공격수 파피스 시세는 무려 33%의 골 전환율을 기록했다. 세계 최고의 스트라이커인 메시가 당시 20%를 기록하고 있었다. 다시 말해, 뉴캐슬의 승리는 시세 선수의 환상적인 슈팅 덕이라는 것이다. 이에 비해 나머지 선수들의 기록은 처참한 수준이었다. 선수 1인에 의존하는 스쿼드는 언제든 붕괴될 수 있다.

대체 선수가 없을 때 감독들은 피로 누적에도 불구하고 그 선수를 계속 선발 출전시키는 유혹에 빠진다. 시즌 경기가 얼마 남지 않았을 때 이 유혹은 더욱 강렬해진다. 결국 체력 고갈은 선수에게 부상을 가져오고, 손상된 근육은 다음 시즌 경기력 하락으로 이어진다.

결국 승점 65점에 골득실 +5는 재현되기 어려운, 다시 말해 표본오차가 너무나 커서 확률과 통계로서는 의미 없는 수치였다는 결론에 이른다. 뉴캐슬이 5위를 했을 때와 이듬해 시즌 모두 통계에서 공통점이 하나 있었는데, 그것은 바로 기대승점 통계였다. 기대승점은 두 시즌 모두 리그 14~16위 수준이었다. 뉴캐슬의 실수는 '행운'을 '실력'으로 받아들였다는 것이다. 인간이 늘 반복하는 실수는 결과적으로 잘된 일이면 자신의 역량으로 이뤄낸 것으로 착각한다는 것이다.

반대로, 숫자가 말해 주는 통계를 있는 그대로 믿고 보석을 발굴한 팀도 있다. 2015년 레스터시티의 은골로 캉테 영입이다. 캉테는 168㎝라는 작은 신장으로 실제 능력보다 저평가받던 선수였다. 감독들은 그가 공중볼 경합에 약하고 몸싸움에서 자주 밀린다고 생각했다. 하지만 레스터시티는 전문가들의 말이 아닌, 실제 데이터에만 집중했다.

그는 프랑스 리그앙 경기당 태클 4.8회, 인터셉션 2.9회, 클리어런스 0.9회를 기록했다. 무엇보다 경기 내내 지칠 줄 모르고 공수에 모두 가담했으며 오프더볼 움직임은 가히 세계 최정상급이었다. 레스터 시티는 760만 파운드에 그를 영입해 리그에서 우승했고 첼시에겐 3,500만 파운드에 팔았다. 성적도 올리고 리그 우승으로 돈을 벌고 이적료도 짭짤하게 챙겼다.

모든 골이
다 중요할까

프리미어리그에서 모든 골은 다 중요할까? 스포츠 통계분석관들은 골의 가치에 대해서도 분석한다. 가령 첫 골과 두 번째 골, 세 번째 골이 모두 똑같이 승점에 기여한다면 선수들의 골 기댓값이나 골 전환율 등의 데이터만 보고도 선수 영입을 결단할 수 있을 것이다.

통계에 따르면, 첫 골은 팀에게 최소 1점의 승점(무승부)을 쌓게 해 주지만 승점 3점(승리)을 얻을 확률은 25% 정도였다. 하지만 두 번째 골을 넣었을 때의 승리 가능성은 50%에 달했다. 득점과 승리 가능성에 대한 그래프는 우상향 직선 그래프가 아니라 2골에서부터 급격히 상승하는 지수 형태의 그래프다.

그렇다면 세 번째 골의 가치는 어떨까? 만약 2점 차로 리드하고 있는 상황이라면 세 번째 골은 두 번째 골보다 가치가 없다. 하지만 1점 차로 리드하고 있다면 세 번째 골은 다시 50%의 승점 가능성으로 환산할 수 있다.

2009년에서 2011년까지 프리미어리그 경기들의 득점을 분석한 결과다. 이 기간 가장 비싼 이적료를 받은 서수는 2011년 첼시로 이적한 토레스와 같은 해 리버풀로 이적한 캐롤이었다. 하지만 이적 당시 통계가 말해 주지 않는 중요한 사실이 있었다. 당시 가장 비쌌던 그들이 가장 중요한 골을 넣는 선수들은 아니었다는 것이다. 그들은 골을 많이 넣었지만, 많은 골이 승점에 기여하진 못했다.

2009/10 시즌에서 득점왕을 한 첼시의 디디에 드록바는 승점과의 연관성에서 3위에 그쳤고, 2010/11 시즌 득점왕인 맨유의 디미타르 베르바도프는 4위에 그쳤다. 2009/10 시즌 득점에 가장 많은 영향을 주었던 선수는 웨인 루니였다. 다시 말해 드록바와 베르바도프는 덜 중요한 순간에 득점을 많이 했다는 뜻이다.

통계분석관은 또 하나의 질문을 던져야 한다. 모든 골은 모든 팀에게 동일한 가치일까? 당연히 아니다. 득점이 적은 팀일수록 골의 가치는 커진다. 2011/12 시즌에 첼시가 토레스를 영입하는 데 사용했던 돈은 5천만 파운드였다. 하지만 그 전 시즌인 2009/10, 2010/11 시즌까지의 통계가 말하는 것은 첼시에게 가장 필요한 선수는 토레스 몸값의 절반인 대런 벤트[38]였다.

대런 벤트는 두 시즌 동안 가장 꾸준히 골을 넣은 선수였고, 선수에게 얻을 수 있는 승점 기여도 1위의 선수가 대런이었다. 그는 2009/10 시즌 선덜랜드의 승점 중 45.5%를 공헌했고, 다음 시즌에서 31.5%의 공헌도를 기록했다. 가장 중요한 순간에 골을 넣는 선수는 바로 대런 벤트였다. 2007년에 토트넘 홋스퍼와 계약한 그는 큰 경기에서 결승골을 가장 많이 넣은 선수로 중앙 스트라이커나 윙에서 뛸 수 있는 다재다능한 공격수였다.

그래서 이제 통계분석관들은 'Game state changing goals(경기 결과를 바꾼 골들)'라는 지표를 통해 골의 가치와 선수의 능력치를 분석한다. 'Game state changing goals'는 경기 결과를 바꿔 놓은 골만을 선별한다. 지고 있을 때 비기게 만든 골이나, 비기고 있을 때 역전을 만들어 낸 골 숫자가 공격수의 능력에 가장 가깝다고 보는 것이다. 이 모든 능력치를 종합하면, 어떤 경기에서든 골을 꾸준히 뽑아내는 선수가 팀이 가장 필요로 하는 선수이며 가치도 높다고 할 수 있다.

다음 표는 2010년에서 10년 동안 50골 이상을 넣은 선수 중 평균 골 가치가 높은 순위로 정리한 것이다. 저메인 데포가 가장 꾸준히 골을 넣은 선수로 알려져 있다. 저메인 데포는 토트넘의

---

38 크리스 앤더슨·데이비드 샐리. 이성모 역. 《지금껏 축구는 왜 오류투성일까?》. 브레인스토어. 2016. pp.115~116.

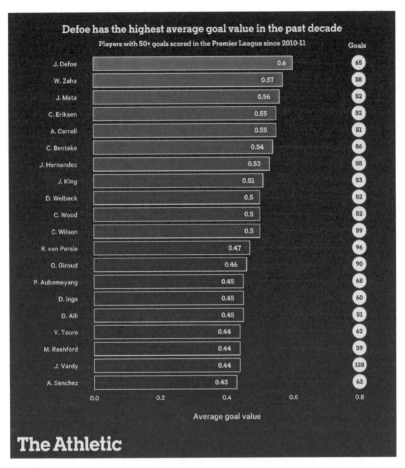

Defoe has the highest average goal value in the past decade

Players with 50+ goals scored in the Premier League since 2010-11

Player	Average goal value	Goals
J. Defoe	0.6	65
W. Zaha	0.57	58
J. Mata	0.56	52
C. Eriksen	0.55	52
A. Carroll	0.55	51
C. Benteke	0.54	86
J. Hernandez	0.53	58
J. King	0.51	53
D. Welbeck	0.5	52
C. Wood	0.5	52
C. Wilson	0.5	59
R. van Persie	0.47	96
O. Giroud	0.46	90
P. Aubameyang	0.45	68
D. Ings	0.45	60
D. Alli	0.45	51
Y. Toure	0.44	62
M. Rashford	0.44	59
J. Vardy	0.44	128
A. Sanchez	0.43	63

Average goal value

The Athletic

지난 10년간(2010~2020) 프리미어리그에서 50골 이상을 넣은 선수들의 평균 골 가치. 저메인 데포가 가장 높다. The Athletics

레전드로 토트넘 시절 362경기 143골 32어시스트를 기록했고, 2009/10 시즌에는 43경기 24골 5어시를 기록했다.

하지만 이 골 가치만으로 해당 선수의 역량을 모두 파악하기 어렵다. 그래서 옵타와 같은 축구 통계전문기관에선 스트라이커와 윙어, 풀백, 미드필더 등의 포지션에 따라 선수 역량을 파악할 수 있는 지표와 용어를 해마다 경신한다. '평균 골 가치'는 주어진 경기에서 득점 기회의 예상 가치를 정량화하는 데 사용되는 수치다. 필드의 특정 위치에서 골을 넣을 확률과 이전 경기에서 해당 위치에서 득점한 평균 골 수를 기반으로 계산한다.

예를 들어, 페널티 지역 가장자리에서 하는 슛은 가까운 거리에서 하는 슛에 비해 득점할 가능성이 높기 때문에 평균 골 값이 낮다. 평균 골 가치는 득점 기회의 품질을 평가하고 공격 플레이의 효율성을 평가해서 개별 선수 및 팀의 성과를 비교하고 선수 모집 및 전술적 조정에 대한 더 많은 정보에 입각한 결정을 내리는 데 사용된다.

앞서 매 경기 꾸준히 골을 넣는 선수가 뛰어난 선수고, 이런 선수의 골이 팀 승리에 더 많이 기여한다고 했다. 그래서 축구 분석관들은 '골 기댓값'이라는 개념을 만들어 냈다. 'xG(eXpected Goal)'로 표기되는 골 기댓값은 유효슈팅과는 다른 개념이다. 유효슈팅은 어떤 각도에서 차든 슈팅의 강도나 슛의 스킬과 관련 없이 골문 내로 향하면 모두 반영된다. 하지만 xG는 슈팅 당시 선수의 위치에 따라 헤더나 발로 차느냐, 패스의 유형, 방어하는 수비수의 숫자, 공격할 때의 상황(세컨드 볼인지 역습인지 단독 드리블인지)을 모두 따져 1이라는 지표를 기준으로 설정한다.

골 기댓값이 1이라는 건 매 경기 거의 확실하게 1골을 넣을 수 있는 능력이라는 뜻이다. 골 기댓값에 비해 득점이 적을 경우 선수가 부진한 것이고, 반대로 득점이 더 많을 경우 해당 선수가 폼이 올라왔다는 것을 뜻한다. 부상 회복 또는 감독의 전술 변화에서 그 원인을 찾을 수 있다. 하지만 앞에서도 언급했듯, 축구에는 늘 불운과 행운이 교차한다. 골 기댓값보다 높은 득점은 분명해당 선수의 선전을 말해 주는 지표이지만, 원인은 다양하다. 때로는 상대 선수의 실수나 엄청난 행운의 결과이기도 하다.

토트넘의 손흥민 선수의 경우, 2020/21 시즌 유럽 5대 리그에서 최고의 골 전환율을 기록하고 골 기댓값에 비해 51% 이상의 득점을 기록해서 화제가 된 적 있다. 이는 손흥민 선수의 슈팅 위치가 득점을 기대하기 어려운 위치에서도 골을 넣은 경우가 많았기 때문이다. 2022년 2022년 9월 18일의 레스터시티와의 경기에선 무려 0.0055의 골 기댓값 위치에서 골을 넣은 적도 있다.

다음 표는 세계에서 가장 뛰어난 공격수로 알려진 메시와 네이마르의 2019/20 시즌 스탯을 비교한 표다. 당시 메시는 바르셀로나, 네이마르는 파리생제르망 소속이었다. 이 두 선수의 스트라이커로서의 자질을 측정하기 위한 통계 기준은 위의 표 순서대로 다음과 같다.

MESSI (19/20)		NEYMAR (19/20)	
xG	0.64	xG	0.88
Shots	5	Shots	4.35
Touches in Box	6.95	Touches in Box	7.41
Passing%	80	Passing%	79
xA	0.48	xA	0.41
Key Passes	2.57	Key Passes	2.65
Through Balls	1.14	Through Balls	1.16
Pressure Regain	2.81	Pressure Regain	3.33
Succ. Dribbles	5.43	Succ. Dribbles	5.85
Dispossessed	2.71	Dispossessed	4.49
Fouls Won	1.76	Fouls Won	4.22

2019/20 시즌 메시와 네이마르의 스탯 비교

xG : 골 기댓값(eXpected Goal)

Shots : 슈팅 횟수

Touches in box : 축구장을 3등분 했을 때 상대 진영인 파이널 써드 (3분의 1 지역)에서의 볼 터치. 상대에게 매우 위험한 위치에 진입할 수 있는 능력치

Passing% : 패스 성공률

xA : 어시스트

Key Passes : 슈팅을 바로 할 수 있도록 패스해 준 것

Through Balls : 상대 수비수 사이를 절묘하게 관통해서 업사이드

라인을 무너뜨리는 패스

Pressure Regain : 90분당 공을 빼앗기고 나서 5초 내에 상대 선수

를 압박해 다시 공을 탈취한 횟수

Succ. Dribbles : 드리블 성공 횟수

Dispossessed : 볼을 빼앗긴 횟수

Fouls won : 상대 파울을 유도하거나 얻어 낸 횟수

위의 표는 선수들의 드리블 돌파 능력을 정렬한 표다. 가로축
이 90분 당 드리블 횟수(Dribbles attempted per 90)이며 세로축은
드리블 성공률(Success rate)이다. 우측으로 갈수록 드리블을 많
이 하는 선수이고 위로 갈수록 드리블 성공률이 높다. 드리블을
많이 할수록 드리블 성공률은 당연히 떨어진다.

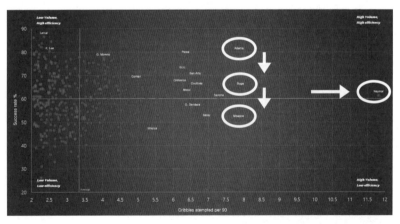

경기당 드리블 대비 성공률 지표. Opta

그런데도 제일 우측에 홀로 있는 붉은 점이 있다. 바로 네이마르다. 네이마르의 드리블 성공률은 공격수 평균에서 웃도는 수준이지만, 드리블 횟수는 단연 독보적이다. 네이마르가 언제나 팀의 키 플레이어라는 뜻이다. 네이마르를 중심으로 전술이 전개되며, 네이마르의 드리블로 기회와 공간이 창출되고 있다는 뜻이기도 하다.

축구에도
좌파·우파가 있었다

2022년 10월 맨유의 안토니 선수가 유로파리그 셰리프전에서 일명 '안토니 스핀'을 해서 논란이 되었다. 안토니 스핀이란 안토니 선수가 즐겨 사용하는 기술로 패스를 받을 때 인사이드로 받아 제자리에서 한 바퀴 도는 것이다. 그 장면이 논란이 된 이유는 안토니가 2회 연속 그 스핀을 구사했고, 상대 팀 선수는 "애 뭘 하는 거지?"라는 표정으로 지켜보았기 때문이다.

중계를 하던 맨유의 레전드 스콜스는 "어이가 없네요. 도대체 무슨 생각을 하는 거죠?"라며 힐난했고, 레스터 시티 출신의 BBC 해설가 로비 새비지는 "창피합니다."라는 말로 정리했다. 감독인 텐 하흐는 경기 종료 후 "안토니가 볼을 잃지 않고 상대를 끌어들인다면, 경기에 도움이 된다면 그런 기술을 써도 좋죠. 하지만 아무런 목적 없이 그저 보여 주기 위한 기술이라면 그에게 말해서 바로잡을 것입니다."라고 밝혔다. 즉, 그의 의도를 묻겠다는 뜻이다.

이 장면에 대한 유럽과 남미 축구팬의 반응은 정반대로 엇갈렸다. 유럽 축구팬들은 "공격 타이밍을 늦추는 쓸데없는 개인기"라는 반응이었고 남미의 축구팬들은 "진정 축구를 즐길 줄 아는 멋진 장면"이라고 평가했다. 눈치챘겠지만 안토니는 브라질 출신이다. 안토니를 힐난하는 전문가들의 모습이 불편했던지 같은 브라질 출신의 네이마르(파리생제르망)는 인스타그램을 통해 그를 지지했다. "안토니, 계속해. 아무것도 바꾸지 마. 자신 있게 하라고. 대담하고 즐겁게."

안토니 역시 인터뷰를 통해 앞으로도 자신의 기술을 마음껏 구사하겠다며 이렇게 밝혔다.

"우리 브라질리언들은 축구 기술로 유명합니다. 나는 나를 이 자리에 있게끔 한 이 기술을 결코 멈추지 않을 것입니다."

안토니 스핀이 쓸데없는 퍼포먼스만은 아니다. 강하게 들어오는 패스를 받을 때 부드럽게 안쪽으로 받아 돌리면 퍼스트 터치를 안정감 있게 할 수 있다. 즉, 볼이 발에서 튕겨 나가는 일을 방지할 수 있다.

이 사건은 한 편의 헤프닝으로 보이지만 축구에 관한 관점의 차이를 여실히 드러낸 장면이기도 하다. 실용적이며 직선적인 축구를 구사하며 승점 3점을 얻는 것을 최우선 과제로 삼는 유럽식 축구와 뛰어난 개인기와 드리블을 통해 골을 만드는 브라질식 축구의 차이이기도 하다.

전략에서도 큰 차이가 난다. 1점을 리드하면 후방으로 내려와 선수 전원이 골대 앞에 2줄의 버스(수비라인)를 세우는 빗장수비를 구사하는 감독이 늘어났고 그런 전술이 축구의 즐거움과 아름다움을 파괴하는 주범이라고 비난하는 팬들도 많다. 승점 3점만을 목표로 하는 실리적인 축구를 할 것인지, 아니면 골에 이르는 과정의 즐거움을 선사하는 심미적인 축구를 구사할 것인지는 감독의 축구 철학에 달려 있다. 그리고 이 축구 철학은 볼 점유율에 대한 시각차를 반영하고 있기도 하다.

골을 많이 넣을 것인가, 적게 먹을 것인가

1978년 아르헨티나의 월드컵 우승을 이끈 세자르 루이스 메노티 감독은 축구에도 '좌파'와 '우파'가 있다고 말하곤 했다. 그에게 좌파는 창의적이며 기쁨으로 가득 찬 긍정적인 축구이고, 우파는 두려움으로 가득 차 결과에만 집착하는 부정적인 축구였다.

앞서 설명한 것처럼 1978년 아르헨티나 월드컵의 무자비한 독재 정권의 만행이 이어지던 가운데 치러졌고, 메노티는 자신을 좌파로 자부했다.

그에게 축구라는 스포츠는 상대보다 골을 많이 넣는 게임이고, 그 골은 많을수록 좋았다. 리드하고 있다고 해서 문을 걸어 잠그는 것엔 전혀 관심이 없었다. 강한 공격이 결국 강하고 두터운 수비를 뚫을 수 있다고 믿었고, 수비는 최후의 수단이 되어야 했다. 그의 철학은 레알 마드리드 기술 고문 호르헤 발다노, 전직 독일과 미국 대표 팀 감독을 역임했던 위르겐 클린스만, 크루이프, 펩 과르디올라, 아르센 벵거, 마르셀로 비엘사, 즈네텍 제만, 브랜든 로저스, 이안 할로웨이 감독에게까지 영향을 미쳤다.

"우파 축구는 인생이 힘겨운 투쟁이라고 주장할 것이다. 그들은 인생에 희생이 필요하며 강철 같은 마음으로 수단과 방법을 가리지 않고 이겨야 한다고 말할 것이다. 그런 축구에서 힘을 가진 사람들이 선수들에게 원하는 것은 순종과 제 역할을 하는 것이다. 그것이 바로 그들이 시스템에 순종적이고 멍청이나 저능아들을 만들어 내는 방법이다."

– 메노티[39]

---

39 앞의 책. p.125.

공격력이 뛰어난 팀의 우승 확률이 높을까, 아니면 단단한 수비력을 자랑하는 팀의 확률이 더 높을까? 평균적인 확률은 가장 많은 득점을 한 팀의 우승 확률이 51% 수준이었다. 다만 흥미롭게도 이탈리아의 세리아 A만은 그 반대로 최소 실점 팀이 55%의 우승 확률을 보였다.

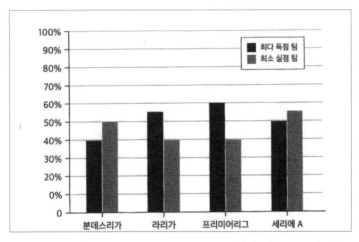

최다 득점 팀과 최소 실점 팀의 리그 우승 확률(1991~2010), 앞의 책

하지만 앞서 언급했듯 4대 리그의 경기 수(표본 수)가 매우 적다는 점을 감안해야 한다. 최다 득점 팀이 반드시 우승한다는 보장은 없다. 득점이 아닌 승점을 기준으로 계산하면 약간의 힌트가 보인다. 2001/02 시즌부터 2010/11 시즌까지 분석하면 10골을 더 득점하는 것은 2~3번의 승리를 더 거두는 것과 같은 효과를 보였고, 반대로 10골을 덜 실점하는 것은 2.16번의 승리와 같았다.

스포츠 인문학 다이제스트

승점제도 아래선 비겨도 1점을 얻는다는 점을 감안해야 한다.

만약 강팀을 상대로 실점을 허용하지 않는 비기는 전술을 채택하고, 약팀을 상대로는 이겨서 승점 3점을 얻는 전술을 선택한다면 어떨까. 분석 결과, 이것이 가장 높은 효능을 안겨 주는 것으로 나왔다. 프리미어리그에서 10골 더 득점하면 예상 패배 수는 1.76 경기가 감소하는 반면, 10골 덜 실점하면 2.35 경기의 패배를 면할 수 있다. 만약 경기에서 지지 않는 것이 목적일 때 실점을 하지 않는 것은 득점보다 33% 정도 더 가치가 있다.

따라서 최선의 공격이 최고의 수비라는 명제는 틀렸다. 반드시 이겨야 할 상대와 비겨야 할 상대에 따라 감독이 한 경기에 2개 이상의 플랜을 들고 나오는 이유도 여기에 있다. 공격을 위해선 전체적인 공수 라인을 하프 라인까지 끌어올려야 한다. 이 경우 반드시 뒷 공간이 상대 팀의 역습에 노출되며, 단 한 번의 '턴오버(패스를 탈취당하는 짓)'만으로도 치명적인 위험을 감수해야 한다. 선수들의 체력 소모는 순간적으로 2배로 늘어난다.

반대로 걸어 잠그겠다고 마음먹으면 위험 지역에선 패스 길을 볼 것 없이 골라인 밖으로 쳐내 선수들이 자기 진영으로 돌아와 수비라인을 정렬할 수 있는 시간을 확보하고, 치명적인 선수에겐 스프린트 자체를 허용하지 않을 정도로 붙어서 그 선수가 돌지 못하도록 등을 커버하는 것이 공격보다 더 수월하다.

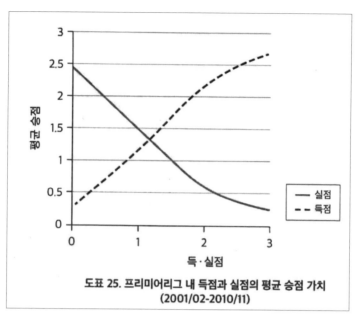

도표 25. 프리미어리그 내 득점과 실점의 평균 승점 가치
(2001/02-2010/11)

프리미어리그 내 득점과 실점의 평균 승점 가치
(2001/02~2010/11 시즌). 앞의 책

앞의 산식을 다시 승점으로 계산하면 이렇다. 무실점 경기는
평균 2.5 승점을 주는데, 승점 1점 정도의 가치가 있는 1득점과
비교하면 실점하지 않는 것이 1득점보다 2배 이상의 가치가 있었
다. 1실점만 하는 경우에도 팀은 평균적으로 1.5 승점을 얻는다.
그것 역시 1득점보다 30% 이상의 가치가 있었다. 또한 무실점과
동일한 가치의 승점을 얻기 위해 필요한 득점은 2골이었다. 다시
말해 무실점 경기는 한 골을 성공시키는 것보다 훨씬 가치 있다.
결론적으로 실점하지 않아야 할 때 실점하지 않는 건 득점보다

스포츠 인문학 다이제스트

훨씬 효과적이라는 뜻이다.[40]

점유율 축구를 비효율적이라고 생각한 사람들

오랫동안 볼 점유율이 높은 팀이 승리 가능성이 더 크다는 믿음이 축구계를 지배해 왔다. 이런 경향은 오늘날에도 이어져 월드컵 중계의 막간에는 양 팀의 패스 성공률과 볼 점유율, 슈팅, 유효슈팅과 같은 스탯이 송출된다. 볼 점유율은 흔히 경기를 누가 주도하고 있는지를 보여 주는 통계로 활용된다.

레알 마드리드나 아스널, 첼시와 같은 팀은 조밀한 공간에서 패스를 주고받으며 수비를 돌파하는 것을 최고의 전술로 사용해 왔다. 그래서 첼시의 투헬 감독 감독은 훈련할 때 축구장의 네 귀퉁이를 없애거나 축구장 크기를 3분의 1로 줄인 상태에서 패스를 통해 밀집 수비를 돌파하는 훈련을 끊임없이 반복해 왔다.

이 경우, 패스의 선택지는 적어지고 패스 길목은 좁아진다. 선수들은 볼을 더 잘 주고받기 위해 많이 움직여야 한다. 우리 팀 선수 누가 볼을 잡더라도 그 선수가 원터치로 볼을 줄 수 있는 위치에 있어야 한다. 이렇게 훈련받은 선수들은 경기가 시작되면

---

40 앞의 책. p.144.

축구장은 넓어 보이고 플레이하기에 훨씬 수월하게 느껴진다.

이와 반대되는 전술을 활용하는 대표적인 감독이 조세 무리뉴와 리버풀의 위르겐 클롭이다. 그들에게 있어 '점유율 축구'는 선수들을 지치게만 할 뿐 치명적인 득점 상황을 창출하는 데에는 비효율적인 전술이다. 상대를 하프 라인까지 끌어올려 몇 번의 역습으로 뒷 공간을 노려 득점하는 것이 효율적인 축구다. 스토크 시티의 천재적인(?) 발상도 바로 이런 철학에서 나왔다.

2010/11 시즌 아스널과 스토크 시티는 정반대의 성격을 가진 팀이었다. 아스널이 경기당 평균 60%의 점유율을 기록하고 있을 때, 스토크는 평균 39%의 점유율만 기록했다. 홈에서 경기했을 때조차도 스토크는 단 26%의 점유율만 가져갔다. 문제의 2011년 5월 경기에서 아스널은 75%의 점유율을 가져가고도 1:3으로 패배했다. 이날 아스널은 611회의 패스에 성공한 반면, 스토크는 223회만 패스했다.

2012년 과르디올라 감독의 바르셀로나에는 메시, 에르난데스, 이니에스타와 같은 스타플레이어가 즐비했다. 챔피언스리그 준결승에서 바르셀로나는 1차전 79%, 2차전 83%의 점유율로 경기를 압도했지만 두 경기 모두 첼시에 패배했다. 그 시즌 바르셀로나는 조제 무리뉴의 레알 마드리드를 만나 72%의 점유율을 가져가고도 패배하기도 했다.

웨일스대학 경기력분석센터에선 1986년 월드컵의 모든 경기를 토대로 볼 점유율에 대해 좀 더 세부적으로 분석했다. 우선 통계적으로(!) 볼 점유율이 높은 팀이 승리한 경우가 더 많았다. 이를 턴 오버(볼을 탈취당하는 것)당한 횟수와 패스의 질, 패스 시간으로 세분해서 살피자 흥미로운 데이터가 나왔다.

골 점유율은 수비적인 축구를 하는 팀에서도 높이 나왔다. 당연히 패스 성공률 중 수비 공간에서 수비수들이 주고받는 패스의 성공률이 가장 높다. 중요한 것은 턴 오버당하는 비율이 낮은 팀이 승리했다는 사실이다. 패스 성공률보다 중요했던 통계는 소유권 분실(턴 오버)이었다. 턴 오버당하는 비율을 50% 미만으로 낮출 때 44%의 경기에서 승리했고, 턴 오버를 상대 팀보다 더 많이 내준 팀은 27%의 경기에서만 승리했다. 볼의 소유 시간이 길면 길수록 팀이 패배할 확률 또한 7.6%로 줄어들었다.

득점의 경우, 더욱 흥미로웠다. 득점은 패스 성공률 따위가 중요한 것이 아니라 전방으로 얼마나 적은 수의 패스를 성공시켜 문전 근처까지 가게 하느냐가 관건이었다. 패스가 적을 땐 매 9번의 슈팅 중 한 번이 골로 연결된 반면, 패스가 많을 때에는 15번의 슈팅 중 한 번이 골로 연결되었다. 패스가 길어질수록 상대 팀 수비수들은 빨리 라인을 정비했고, 그만큼 허비되는 숏이 많았다. 즉, 간결한 전진패스(키 패스나 쓰루 볼)를 통해 상대 수비를 곤혹스럽게 만들었을 때의 성공률이 가장 높았다.

뻥 축구와 크로스 축구의 탄생

그렇다면 스토크 시티의 성공을 어떻게 봐야 할까? 스토크의 성공은 변칙적 전술 운용으로 인한 것이다. 스토크는 볼을 소유한 상황 중 43%에서 볼을 자기 선수들에게 연결하지 못했다. 이에 반해 아스널이 턴 오버당한 경우는 27%에 불과했다. 문제는 스토크가 볼 점유율을 더 많이 가져갔을 때 볼을 더 많이 탈취당했다는 점이다. 즉, 스토크라는 팀의 역량은 볼을 소유하면 소유할수록 볼을 더 많이 빼앗기는 수준이었다는 뜻이다.

스토크에 부임한 토니 풀리스 감독은 한정적인 자본과 선수 역량으로 이기는 방법을 고민했다. 그가 찾은 답은 '볼을 최대한 소유하지 않음으로써 상대에게 공격권을 넘겨주지 않는 방법'이었다. 롱볼을 통해 상대 문전 인근에서 수비와 경합하고 수비가 볼을 라인 밖으로 걷어 내면 드로잉이나 코너킥 상황에서의 세트피스를 이용해 골로 연결하는 전술이다.

2010/11 시즌 동안 각 팀의 짧은 패스(32m 이하)와 긴 패스(32m 이상)의 비율을 분석하자 답이 나왔다. 스토크는 가장 길게 패스하는 팀이었고 매우 적게 패스에 성공하며 매우 적게 슈팅하지만, 골 전환율은 하위권 중에선 비교적 높은 팀이었다. 또한 공격 루트는 주로 상대 진영 좌우측 측면이었고, 빌드 업을 통해 중원을 지배하는 것 따위에는 관심이 없는 것으로 나타났다.

스토크가 구사했던 축구는 슬프게도 한국이 과거 월드컵에서 강팀을 만났을 때 사용했던 전략과 비슷하다. 롱볼을 통한 역습 축구다. 공격 루트는 양쪽 윙으로 집중되며 상대의 볼을 탈취하기보다 라인 밖으로 걷어 낸다. 한국 팀이 중원에서 볼을 돌릴 때 턴 오버당해서 위험한 장면을 연출했던 것을 기억할 것이다.

2002년 월드컵 4강의 주역 중 많은 이가 한국에서 지도자 생활을 하고 있다. 그들은 한국 축구가 16강 진출을 할 수 있었다는 것 자체가 기적이라고 평가한다. 무엇보다 유소년 축구 클럽의 숫자가 터무니없이 적은 데다가 대학 축구 선발 시스템이 축구의 저변을 파괴하는 방식으로 고착되었다는 것이다.

대학의 축구 선발 시스템은 고교 축구 전국 4강팀 중에서 우선 학생을 선발하고, 그래도 부족할 경우 8강까지 확장해서 인력을 충원하는 방식이다. 즉, 고교 축구에서부터 '승리하지 못하면' 대학 진학을 할 수 없는 구조다. 고교 축구 감독들은 승리의 방정식을 잘 알고 있다. 한 골 넣고 잠그는 축구를 하면 된다. 공격권을 빼앗기지 않기 위해 오는 공은 라인 밖으로 걷어 내고 세트피스 상황에서의 득점을 노린다. 왜냐면 볼 점유에서 오는 위험성을 회피하고 상대에게도 볼 점유를 허락하지 않으면서 약속된 플레이가 가능한 세트피스가 득점 확률이 높기 때문이다.

한창 근육과 인대를 잘 관리해야 할 나이에도 피지컬 좋은 선수를 우선 선발해 상대 공격진을 몸싸움으로 경합해서 무력화하는 전술을 즐겨 사용한다. 이 과정에서 축구 지능은 높은데 몸이 왜소한 친구들은 도태된다. 문제는 승리를 위한 축구 전술을 학생들에게 지도하다 보니, 유소년 시절 수준급의 실력을 갖췄던 선수들이 커서는 '뻥 축구'에 익숙해진다는 점이다. 대학에선 유소년 시절에 능란하게 익혔던 기술들을 다시 가르치며 빌드 업을 가르친다. "축구 유소년은 세계 최고, 대학 축구팀은 일본 고교 수준"이라는 탄식이 그래서 나온다고 한다.

2022 월드컵을 위해 초빙했던 벤투 감독의 공언은 무조건 '빌드업'을 통해 한국 축구의 승리 가능성을 높이겠다는 것이었다. 공간을 이해하고 패스를 안정적으로 해내며, 있어야 할 위치에서 패스를 주고받는 능력은 단기간에 습득할 수 있는 것이 아니다. 원래 이런 기술은 15년 이상 몸으로 체득해 축구 지능과 육체가 함께 발현되는 시점에 프로로 진출하는 것이 정상인데, 한국은 탁월한 유소년 꿈나무를 잘 길러 놓고, 중·고교 축구에서 이 능력을 잃어버리게 만든다는 지적이다.

★ 5장 ★

스
포
츠

이데올로기

'노 맨스 랜드'에서의 축구

1차 세계대전 초기인 1914년 프랑스 서부전선. 90m 거리를 두고 영국과 독일은 몇 미터를 더 전진하기 위해 참호전을 전개하고 있었다. 그해 12월 24일, 양 진영의 군인들은 서로의 참호 안에서 크리스마스 캐럴을 부르며 축하 파티를 하고 있었다. 독일군 진영에서 〈고요한 밤 거룩한 밤(Silent Night Holy Night)〉이 울려 퍼졌고 영국군 참호에서 이를 받아 전장의 합창이 되었다.

'노 맨스 랜드' 너머 저편의 독일군 참호 밖으로 올라온 작은 크리스마스트리가 흔들렸다. 노 맨스 랜드(No man's lamd)는 서로의 총격으로 그 누구도 서 있을 수 없는 구간을 지칭한다. 이윽고 독일군 병사 2병이 천천히 참호를 벗어나 영국군 진영으로 걸어왔다. 독일군을 쏘려던 영국군은 그들이 아무런 무기도 지니지 않고 걸어 나왔다는 것을 알았다. 영국군 1명이 나가 그들과 악수하며 담배를 나눠 피웠다. 그리고 양측의 지휘관이 걸어 나와 악수를 하며 "이 성스러운 날만큼은 전투 없이 하나님의 자녀인 우리 모두 신께 경배하며 성탄을 보내자."고 약속했다.

서부전선의 작은 점에서 시작된 평화의 악수는 길게 이어진 참호를 따라 급속히 전파되었다. 양쪽 군인들은 노 맨스 랜드에서 초콜릿을 나누고 서로의 가족사진을 보여 주며 격려했다. 크리스마스의 기적은 이렇게 시작되었다. 이 평화의 구간은 서부전선을 따라 인근 40㎞까지 확대되었고, 전선 지휘관들은 약속이라도 한 것처럼 성탄동안의 휴전을 약속했다. 영국, 프랑스, 독일 병사들은 샴페인을 나눠 마시며 축배를 들었다.

다음 날 크리스마스엔 양쪽 군인 간의 친선의 축구 경기가 열렸다. 군 목회자가 심판을 보았고, 경기는 3:2로 독일이 이겼다. 이날 양쪽 군대는 사망한 전우를 위한 합동 장례식을 함께 열었고, 서로 이발을 해 주며 모처럼의 휴식을 만끽했다. 당시 영국군 카터 소위가 집에 보낸 편지엔 "독일군이 원한다면 우린 1월 1일에도 휴전할 것"이라고 적혀 있었다.

이 '크리스마스의 기적'이 본국에 알려지게 된 것은 영국군 병사들이 집으로 보낸 편지를 통해서였다. 새해에 전선의 아들이 보낸 편지를 받아 본 시민들은 감격했다. 양쪽의 군인들은 크리스마스의 기적을 즐겼지만, 영국군 병사 일부는 축구 경기 결과

에 불만을 품었다. 독일군의 마지막 결승골이 오프사이드였음에
도 영국군 목회자들이 '넓은 아량'으로 봐주었다며 패배에 분노한
병사들도 많았다.

크리스마스 휴전은 1월 영국 신문에 '크리스마스 캐럴의 기적'
이라고 소개되었다. 영국군과 독일군이 축구 경기를 했다는 보도
도 나왔다. 당시 이런 '비공식 휴전'을 경험한 서부전선의 병사들
은 10만 명에 이르렀다고 한다.

사건이 언론에 보도되어 파장이 확대되자, 양측의 사령관들은
난감해졌다. 전장의 평화에 감격할 것이었으면 애당초 이 전쟁은
필요하지 않았던 게 아닐까. 사령부에선 크리스마스 휴전에 동참
했던 지휘관들을 추궁했다. 크리스마스 휴전이 1월 중순까지 이
어진 전선도 있었지만, 휴전의 끝은 급작스럽게 찾아왔다. 사령
부의 명령으로 휴식을 즐기고 있는 상대 진영에 일제히 포격하거
나, '어제처럼' 술병을 들고 아군에게 걸어오는 병사를 저격한 것
이다.

전장의 한복판에서 빚어진 이 놀라운 기적에 대해 당시 참호전
을 연구하던 학자들은 1914년 크리스마스 이전에도 이런 분위기
가 양쪽 참호에서 감지되곤 했다고 말한다. 그리고 참호전이 장
기화되기 이전인 1914에는 어떤 전쟁에 대한 낭만주의적인 시선
이 널리 유포되어 있었다고 한다.

1차 세계대전 전까지, 유럽은 전쟁 없는 긴 평화를 보냈다. 전쟁 없는 평화가 유럽의 시민에게 안도감만을 준 것은 아니었다. 그들은 나폴레옹 전쟁과 합스부르크 왕가의 전쟁, 크림전쟁 등으로 제국에 영광을 안겨 준 '신화의 시대'에 대한 이야기를 나누었고, 전쟁은 영웅을 잉태하는 용광로 같은 역사의 산실로 인식되었다.

젊은이들은 자신의 충성심과 능력을 조국에 증명할 기회가 없음을 안타까워했다. 당시 영국, 프랑스, 독일의 젊은이들은 전쟁은 기껏해야 몇 달 안에 끝날 것으로 예상했다. 전쟁영웅의 신분으로 다시 고향으로 돌아오는 것을 대단한 영광으로 여겼다. 특히 대학생의 참전 열기가 대단했다. 이런 분위기는 당시 유럽인들이 전쟁을 다소 낭만적으로 바라보고 있었음을 보여 준다. 그들은 자국의 군사력에 대한 맹목적인 신뢰와 함께 앞으로 사용하게 될(혹은 당하게 될) 전쟁 무기의 수준에 대해서도 무지했다.

크리스마스의 기적 이후 양측의 사령부는 병사들에게 주적 교육을 강화했다. 전쟁의 양상도 잔인해졌다. 2년 후인 1916년에는 독가스가 유럽의 모든 전장에서 사용되었다. 그리고 1918년 크리스마스까지 1,600만 명이 사망했다. 전쟁 중에 치러진 양국의 축구 경기에 대한 이야기는 2차 세계대전 이후에 더 많이 알려졌다.

영국 프리미어 리그와 유럽축구연맹은 1914년 '크리스마스 축구'를 축구의 또 다른 중대한 가치로 받아들였다. 그들은 '풋볼 리멤버(Football Remembers) 주간'을 마련했다. 각 리그의 선수들은 이 주간에 경기 후 소속 팀과 상관없이 모여서 사진을 찍고 이 사진을 보관하기로 했다. '크리스마스 휴전' 100주년이었던 2014년엔 영국군과 독일군은 영국 햄프셔주 올더숏 육군본부에서 기념 축구를 했고, 2년 후인 2016년엔 아프가니스탄에 파병된 양측 군인들이 카불의 연병장에서 축구 경기를 했다.

어떤 전사 연구자는 "이 크리스마스 휴전 축구만을 조망하면 전쟁을 낭만적으로 그리게 되고, 휴전 축구 이후의 진정한 지옥을 옳게 보지 못할 수도 있다."고 주장한다. 그래서 전쟁 중 피어난 사랑과 우정 따위가 영화와 소설로 치장되는 것은 사람들에게 '환영'만을 제공할 뿐이라고. 하지만 또 다른 전사 연구자는 이렇게 말한다.

"휴전 축구는 아무것도 바꾸지 못했다. 하지만 휴전 축구는 전쟁 중이라도 사람들이 이렇게 행동할 수 있다는 희망을 보여 주었다."

100시간 축구 전쟁: 온두라스와 엘살바도르

전장의 한복판에서 평화의 캐럴을 불러왔던 축구도 있지만,

그 반대로 축구 때문에 전쟁이 난 적도 있다. 1970년 멕시코 월드컵 예선전 때의 일이다. 1969년 온두라스와 엘살바도르는 3번의 홈 앤 어웨이 경기에서 2승을 한 팀이 월드컵 본선에 나가게 되었다. 국경을 맞댄 이 두 나라는 독립할 무렵부터 사이가 좋지 않았다. 온두라스가 1838년에 독립했고 엘살바도르는 3년 후에 독립했다.

식민지 시절 작위적으로 그어진 국경선으로 인해 양 나라는 1960년대부터 영토 분쟁을 했고, 엘살바도르가 지주와 자영농을 중심으로 일방적인 토지 분배를 실행하자 땅을 소유하지 못한 엘살바도르의 난민 30여만 명이 온두라스로 '불법 입국'했다. 이들은 곧 온두라스의 상권을 잠식하기 시작했다. 이것은 온두라스에 중대한 사회문제였다. 국경선과 난민 문제를 중재하기 위해 '중앙아메리카 사법재판소'가 별도로 구성되어 있을 정도다.

첫 경기는 온두라스 테구시갈파에서 열렸다. 온두라스 축구 팬들은 엘살바도르 팀의 숙면을 방해하기 위해 엘살바도르 선수단 숙소 앞에서 밤새 폭죽을 터뜨리고 북을 치고 스피커의 음량을 키웠다. 경기장의 당일 분위기는 선수들이 생명의 위협을 느낄 정도로 험악했다. 그 결과 1:0으로 온두라스가 첫 승을 가져갔다. 그런데 당시 경기를 지켜보던 18세의 엘살바도르 여성 아멜리아 볼라니오스가 화를 참지 못하고 권총으로 자살하는 일이 벌어졌다.

엘살바도르의 한 유력 신문은 그녀의 죽음에 대해 "이 어린 여성은 그녀의 조국이 무릎을 꿇는 것을 참을 수 없었다."며 축구 경기에 조국의 존엄이 달려 있다는 식의 논조를 펼쳤다. 국민적인 애도의 물결이 엘살바도르를 뒤덮었다. 분노한 군중들이 거리로 뛰쳐나왔고 그녀의 장례식은 수도 산살바도르에서 대통령을 비롯해 축구계 인사와 장관들이 참석한 가운데 성대하게 치러졌다. 당시 장례식을 TV로 생중계할 정도였으니, 달아오른 엘살바도르의 분위기를 쉽게 짐작할 수 있을 것이다.

2차전은 일주일 뒤, 그녀의 장례가 치러졌던 수도 산살바도르에서 열렸다. 엘살바도르 시민들은 1차전 때 온두라스가 자국 팀에게 했던 일에 대한 보복이라며 더 광적인 보복에 나섰다. 온두라스 선수단의 숙소 창문은 시민들이 던진 돌로 처음부터 박살나기 시작했고 그 틈으로 죽은 쥐와 썩은 토마토가 날아들었다. 온두라스 선수들은 두려움에 떨며 밤을 지새워야 했다.

킥오프를 앞두고 온두라스 국가가 나오자 엘살바도르 시민들은 엄청난 야유를 보내며 온두라스 국기를 불태웠다. 경기 결과는 3 : 0으로 엘살바도르의 승리였다. 경기가 끝났지만 장외에선 온두라스 원정 응원단을 향한 집단 폭력이 이어졌다. 온두라스 선수단은 장갑차를 타고 경기장을 빠져나가야 했다. 엘살바도르 응원단은 온두라스 응원단 일부를 잡아 국외로 추방하라며 린치를 가했고, 이 과정에서 온두라스 응원단 2명이 사망했다.

이 소식은 온두라스에도 전해졌고 온두라스 전역에선 엘살바도르 이주민을 추출하기 위한 인간 사냥이 시작되었다. 밤새 방화와 약탈이 이어졌고 집에서 자다가 끌려 나온 엘살바도르 이주민들은 무참히 린치당해 이 과정에서 수십 명이 살해당했다. 많은 이주민들이 집과 재산을 모두 두고 고국으로의 탈출을 시도해야 했다.

두 번의 경기로 승부를 가르지 못한 양국은 멕시코시티에서 3차전을 치렀는데, 연장 혈투 끝에 3:2로 승리한 엘살바도르가 월드컵에 진출하게 되었다. 엘살바도르는 '국교 단절' 카드를 꺼내 들며 온두라스에 피해 보상 등의 조치를 압박했지만, 먼저 국교 단절을 선언한 쪽은 온두라스였다. 이에 1966년 7월 10일 엘살바도르는 '자국민 보호'를 명목으로 온두라스의 수도 테구시갈파 공군기지를 선제공격했다. 4일 후엔 보병 1만 2천 명이 온두라스를 침공해 수도를 점령했다. 당시 엘살바도르는 영토는 온두라스보다 작았지만, 경제력과 군사력은 앞서 있었다.

전쟁 발발 4일 만에 미국이 주도하는 '미주기구(Organization of American States, OAS)'가 개입했다. 7월 18일 온두라스가 휴전협정에 서명하고, 7월 19일 엘살바도르군이 철수하기로 합의하면서 휴전했다. 축구전쟁은 이렇게 종결되었다. 4일간의 전쟁이었기에 '100시간 전쟁'으로도 불린다. 양국에서 총 1만 7천 명의 사상자와 15만 명의 난민이 발생했다. 사상자 대부분은 온두라스

농민이었다.

후유증은 컸다. 우선 온두라스에서 쫓겨난 엘살바도르 이주민 30만 명은 고국에서 하층민으로 전락했고 이는 큰 사회적 문제가 되었다. 이에 더해 온두라스가 '중앙아메리카 공동시장(CACM)'에서 탈퇴하며 엘살바도르와의 교역을 중단했다. 엘살바도르에 온두라스는 가장 큰 수출국이었다. 엘살바도르는 정치·경제적으로 만신창이가 되었다. 화해는 더디기만 했다. 전쟁 발발 11년 후인 1980년에서야 양국 간 평화협정이 체결되었고, 국경 분쟁은 1992년 국제사법재판소의 중재로 2006년에야 양국 정상이 합의해 국경 37㎞를 확정할 수 있었다.

이 '100시간 전쟁'은 축구가 군중심리를 난폭하게 자극하거나, 공격적인 애국주의 표출의 장이라는 것을 설명할 때 자주 인용되는 소재다. 축구 때문에 전쟁도 일어난다는. 하지만 축구에는 죄가 없다. 특정 사회의 민족 감정이 축구를 통해 분출된 것일 뿐이다. 이와 반대로 축구는 "월드컵 기간만큼은 전쟁을 멈추자."는 평화의 매개체가 되기도 한다.

월드컵의 기적, 드록바

축구로 전쟁을 치렀던 나라들이 있는 반면, 내전을 멈추게 만든 축구도 있다. 2006 독일 월드컵을 앞둔 예선전. 당시 내전을 치르고 있던 코트디부아르는 수단을 꺾고 최초로 월드컵 본선에 진출하게 된다. 하지만 당시 코트디부아르는 내전 중이었다. 1960년 프랑스로부터의 독립을 쟁취했던 우푸에부아니 대통령은 독립영웅이라는 지위를 이용해 30년간 집권했다.

하지만 1993년 그가 사망하자, 코트디부아르에선 쿠데타와 민중봉기가 반복되었다. 군부는 가톨릭과 이슬람으로 나눠진 부족 간의 갈등을 정권 찬탈에 활용했다. 1999년 시작된 내전은 프랑스군과 유엔평화유지군 파병 이후에도 계속되었다. 월드컵 예선전이 열렸던 2005년 11월 당시에는 정부군이 코트디부아르 남부를 장악하고 있었고, 반군은 북부를 장악하고 있었다. 거리의 총성은 13년째 이어지고 있었다.

월드컵 본선 진출을 확정 지은 코트디부아르의 디디에 드록바는 코트디부아르 공영 TV와의 인터뷰 도중 무릎을 꿇었다. 그를 따라 선수들 모두 무릎을 꿇었다. 드록바가 카메라를 보고 호소했다.

"우리는 오늘 코트디부아르인 전체가 월드컵에 진출하기 위한 공동의 목표를 가지고 공존하고 함께 경기할 수 있음을 증명했습니다. 우리는 축하 행사가 사람들을 하나로 묶을 것이라고 약속했습니다. 오늘, 우리는 무릎을 꿇고 당신들에게 간청합니다.

서로 용서합시다! 서로 용서합시다! 서로 용서합시다. 많은 부를 가진 아프리카, 나의 조국은 전쟁에 빠지지 않아야 합니다. 무기를 내려놓으십시오. 선거를 치르십시오. 모든 것들이 더 좋아질 것입니다. 우리는 즐겨야 합니다. 전쟁을 멈춰 주세요."

당시 디디에 드록바는 잉글랜드 프리미어 명문 팀인 첼시 FC에서 뛰던 스트라이커였다. 괴물 같은 피지컬에 유연한 몸놀림과 발재간에 더해 축구 지능도 뛰어났다. 그는 성큼성큼 몇 걸음만 뛰어서 새로운 공간을 창출하는 능력이 탁월했다. "첼시는 평범한 팀이지만, 드록바가 있기에 특별한 팀이 되었다."는 평가도 있다. 세계적 명장 무리뉴는 "자신이 지도했던 모든 선수 중 최고는 단연 드록바"라고 추켜세울 정도였다. 그는 코트디부아르에선 대통령보다 유명했고 그 어떤 연예인도 그의 명성을 따라올 수 없었다. 그는 단연코 청소년이 가장 닮고 싶은 조국의 상이었다.

그런 드록바의 메시지를 듣지 못한 코트디부아르 국민은 없었다. 그는 남과 북 모든 국민의 자랑이었다. 그리고 그의 호소는 실제 휴전으로 이어졌다. 월드컵 기간 정부군과 반군은 교전을 중단했다. 그리고 2년 후인 2007년 평화협정이 체결되었다. 물론 프랑스군의 지원을 받던 정부군이 압도적인 공세를 이어 가고 있었기에 가능한 일이었지만, 드록바의 '월드컵 휴전 호소'와 이에 화답한 국민의 의지가 큰 영향을 끼쳤다.

드록바는 '2009/10 시즌'에 29골이라는 경이로운 기록을 세웠다. 그의 활동 기간 첫 유럽 챔피언스리그 우승과 프리미어리그 4회 우승, 2회의 득점왕 신화를 보이며 은퇴했다. 그리고 은퇴할 때 그에겐 '아프리카의 검은 예수'라는 애칭이 붙어 있었다.

위에서 언급한 세 가지 사례를 보고 혹 일부 독자는 축구의 파괴적 영향력을 떠올릴지도 모르겠다. 사람들은 축구에 열광하고 '한 골'에도 사람들의 피가 끓는다. 경기 과열로 인한 응원단끼리의 충돌, 훌리건의 난동으로 인한 사망자 역시 축구 경기가 가장 많다. 국가 대항이 아닌 지역 대항 경기에서 이런 일은 자주 발생한다.

인도네시아에선 2022년 10월 2일, 프로축구 경기가 끝나고 174명의 사망자가 나왔다. 홈팀 아르마 FC가 페르세바야 수라바야에게 2:3으로 패하자, 흥분한 아르마 응원단이 경기장으로 난입, 이를 제지하기 위해 쏜 최루탄에 군중이 출구로 내몰리면서 발생한 사건이다. 프리미어 리그에선 같은 연고지 내의 '더비(derby)'⁴¹가 가장 치열한 경기지만, 인도네시아에선 이 양 팀이 불구대천의 앙숙이다. 1980년대 광주 해태 타이거즈와 부산 롯데 자이언츠 경기 결과에 따라 술집 매상이 오르내리고, 출근길

---

41 프리미어리그의 더비 매치는 다음과 같다. 아스날과 토트넘의 북런던 더비, 리버풀과 맨유의 노스웨스트 더비, 맨유와 맨시티의 맨체스터 더비, 리버풀과 에버튼의 머지사이드 더비.

분위기가 달라졌다는 말처럼.

과거엔 스포츠를 향한 과도한 몰입과 적대감의 원천을 사회적 분열을 정치적 동력으로 삼는 시스템의 문제로 보는 학설이 많았다. 정치지도자와 언론, 시민이 축구 경기를 스포츠가 아닌 민족 간의 대결로 '믿을 때' 축구는 전쟁이 되고, 전장의 군인들이 축구 경기를 잃어버린 소중한 일상의 상징으로 대할 때 축구는 평화의 상징이 된다는 주장이다.

하지만 최근의 경향은, 특히 지역을 연고지로 한 프로축구의 경우 사람이 지닌 귀속감과 애착 감정을 가장 효과적으로 자극하면서 성장한 결과라는 쪽이다. 자기 팀에 대한 애착보다 상대 팀에 대한 아유가 인간을 보다 더 자극하며, 경기 분위기를 달아오르게 한다. 그래서 지역감정과 적대감은 프로팀의 경기에 없어선 안 될 흥행 기제가 되었다.

스포츠 경기 하나엔 지역적 정서와 국가에 대한 태도, 당시 시민들의 문화와 사회적 열망 모두가 담겨 있다. 그래서 스포츠 사회학자들은 스포츠 그 자체가 아니라 스포츠가 미치는 사회적 영향 또는 사회가 스포츠에 가하는 압력을 연구한다. 따라서 축구 역시 당대 시민들의 문화를 볼 수 있는 거울일 따름이다.

스포츠워싱과
클럽 전쟁

카타르 게이트

2022 카타르 월드컵을 계기로 스포츠워싱(Sportswashing) 논란
이 재점화되었다. 크리스티아누 호날두가 프로축구 역사상 가장
높은 약 2억 유로(2,683억 원)의 연봉으로 사우디아라비아의 알
나스르에 입단했다. 조건도 파격적이었다. 2년만 의무 출전이
고, 이후에는 2030년 월드컵 유치를 홍보하면서 소속팀 연봉 외
에 추가로 2억 유로를 더 받는 조건이다. 지금까지 축구에서 최
고 연봉은 파리생제르망(PSG) 소속 킬리안 음바페의 1억 414만
유로(약 1,445억 원)였다.

이에 한술 더 떠 알 나스르의 최대 라이벌인 알 힐랄은 파리생

제르망의 메시에게 호날두의 연봉보다 1,000억 원 더 많은 금액을 제시하겠다고 밝혔다. 파리생제르망은 2011년 카타르의 국왕인 타밈 빈 하마드 알 타니가 사들인 구단이다. 현재 리오넬 메시, 킬리안 음바페, 다 실바 네이마르, 누노 멘데스, 파비안 루이스 등의 월드클래스 선수들로 인해 몸값으로 따지면 지구 최강 군단으로 평가받고 있다.

스포츠워싱은 스포츠를 이용해 국가의 부정적인 이미지를 세탁한다는 뜻이다. 주로 여성 인권과 독재, 테러 지원과 같은 부정적인 이슈를 스포츠를 활용해 덮는 역할을 한다. 스포츠워싱이라는 단어는 화이트워싱(Whitewashing)에서 파생된 말이다. 화이트워싱은 유색인종이 주인공인 원작을 영화로 제작할 땐 주인공을 백인으로 바꾸는 것을 뜻한다. 대표적으로 펄 벅의 원작 《대지》의 주인공인 중국인 왕룽과 오란을 백인 배우가 연기하고, 《닥터 스트레인지》의 티베트 수도자 캐릭터를 백인 배우 틸다 스윈튼으로 바꾸는 것과 같은 행태다. 여기에 동양인 캐릭터를 괴상한 발음의 비루한 용모로 캐스팅하거나 인디언이나 흑인이 당했던 수난과 치욕을 백인 주인공의 활약으로 되갚는 행태 역시 포함된다.

2022 카타르 월드컵에서 아르헨티나가 우승했다. 전 세계가 지켜보는 가운데 우승 트로피를 전달하고 월드컵 MVP로 선정

된 메시에게 아랍 전통 의상인 비시트를 뒤에서 입혀 주는 인물
이 있었다. 이 사람이 바로 파리생제르망의 구단주이자 카타르의
국왕인 타밈 빈 하마드 알 타니다. 이후 아르헨티나 선수들 한가
운데 선 메시가 비시트를 걸치고 기념 촬영을 하는 장면이야말로
카타르가 가장 원했던 순간이었는지도 모른다. 카타르 월드컵의
경우 개최지 선정부터 논란이 되었다.

알사니 국왕은 원래 스포츠 광팬으로 알려졌다. 애초 그는 맨
체스터 유나이티드를 인수하려 했지만 가격 협상에서 난항을 겪
고 마음을 접었다. 이때 당시 프랑스 대통령 사르코지가 알 타니
국왕에게 파리생제르망을 인수할 것을 적극 권고해 알 타니가 인
수한다.

그리고 2022 월드컵 개최지 선정을 열흘 앞두고 사르코지 대
통령과 알 타니 국왕 그리고 미셸 플라티니 유럽 축구연맹회장이
비밀리에 회동을 했다. 이후 카타르는 프랑스의 항공기 에어버스
50대(73억 달러) 매매계약을 확정했다. 이는 카타르가 월드컵 개
최를 위해 그렸던 큰 그림 중 한 장면일 뿐이다. 유럽축구연맹의
임원 한 명을 포섭했다고 월드컵을 확보할 순 없다. 그래서 카타
르는 북중미카리브 축구연맹과 아프리카축구연맹, 유럽 축구연
맹의 집행위원들을 오일 머니로 구워삶았다.

소위 '카타르 게이트' 의혹이 사실로 드러나자 차기 FIFA 회장
으로 가장 유력했던 플라티니 유럽 축구연맹회장은 경찰에 긴급
체포되었다. 물론 프랑스 정부와 FIFA의 영향력으로 바로 석방

될 수 있었지만, 그는 과거 유럽 최고의 축구선수라는 명예를 잃었다. 이 사건으로 인해 FIFA의 월드컵 개최지 선정은 전 회원국의 투표를 통해 결정하는 방식으로 바뀌었다.

카타르의 월드컵 유치는 처음부터 반대가 압도적이었다. 한낮 45℃ 이상까지 올라가는 날씨로 인해 겨울 개최를 하게 될 경우 거의 모든 국가의 프로리그 일정을 빽빽하게 압축해 충분한 휴식 없이 강행해야 했기 때문이다. 그리고 카타르 인구는 290만 명밖에 되지 않는다. 이 중 외국인이 90만 명 수준이다. 한 경기당 4만 명 정도 되는 관객을 채울 수 없는 인구 구조다. 게다가 축구와 관련한 인프라가 전혀 깔려 있지 않고, 100만 명 수준의 관광객을 수용할 수 있는 숙박시설이 없다는 점 또한 우려를 낳았다.

중동에서의 월드컵 개최라는 역사적 의의에도 불구하고 서방 주요국에선 여성에 대한 차별정책과 이주노동자에 대한 가혹한 처우와 노동인권 문제도 꼬집었다. 특히 '카팔라 제도'에 대한 국제기구의 지적은 오랫동안 있었다. 카팔라는 외국인 노동자는 카타르 국적 후견인의 보증이 있어야만 일을 할 수 있고 언제라도 후견인이 보증을 철회하면 추방할 수 있는 제도다. 이 제도로 인해 카타르에 입국한 이주노동자들은 여권을 후견인에게 빼앗긴 채 장시간 노동을 하며 에어컨도 없는 컨테이너에서 숙식을 해결해야 했다.

외신의 폭로와 국제 인권 단체들의 경고가 잇따르자, 2020년 카타르는 카팔라 제도의 운용을 일시 중단했다. 하지만 카타르 정부와 주요 경기장 건설 책임을 맡았던 중국 기업들의 이주노동자를 대하는 태도는 변하지 않았다. 그 결과 경기장을 짓는 데만 5,900여 명의 이주노동자가 사망했고, 월드컵 개최를 위한 인프라 확충 과정에서 사망한 이주노동자의 수는 개최지 선정 이후 월드컵 개최까지 15,000명이 넘는 것으로 알려졌다. 노동자들은 주로 인도, 방글라데시, 네팔, 스리랑카에서 왔다. 이에 항의해 파리, 스트라스부르그, 릴 등 프랑스의 주요 도시는 월드컵 기간 중 야외 경기 시청을 하는 '팬 존'을 운영하지 않겠다고 발표하기도 했다.

축구계 최악의 비겁한 침묵, 아르헨티나 월드컵

최악의 스포츠워싱은 1978년 아르헨티나 월드컵이었다. 개최국 아르헨티나가 우승했지만 경기가 치러지던 당시에도 독재 정권에 항거하던 시민들은 인근에서 처형당하고 그 시신은 바다에 버려지고 있었다. 월드컵 개최 2년 전인 1976년, 쿠데타로 페론 정권을 전복하고 집권한 비델라 정권은 소위 '더러운 전쟁(Guerra Sucia, 1976~1983)'을 통해 3만 명 이상의 시민을 납치 · 구금해 4천 명을 죽였고, 1만여 명은 아직도 실종 상태이다. 당시 고문하고 죽였던 인사들 상당수의 시신을 헬기에 싣고 강과 바다에 버렸다. 해안경비대는 날마다 해변으로 밀려온 사체를 치우느라 곤욕을 치러야 했다.

이 사건은 현 프란치스코 교황에게도 씻을 수 없는 멍에였다. 당시 아르헨티나 예수회 책임자였던 그가 민주화를 위해 투쟁하던 동료들과 같은 행보를 하지 않았던 것에 대한 비난이 오랜 시일 이어졌다. 자식을 잃은 어머니들이 모여 결성한 단체가 '5월 광장 어머니회'인데, 이 단체는 한국의 광주민주화운동 희생자 단체나 유가협(전국민족민주유가족협의회)과 연대해 왔다. 당시 국제사회는 아르헨티나에서 실종되거나 해변으로 밀려온 주검의 참상을 알고 있었지만, 월드컵 보이콧은 하지 않았다.

중동의 항변, "스포츠 워싱이 아닌 미래 국가로의 도약"

서방의 언론들은 카타르 월드컵을 전형적인 스포츠워싱이라고 비판했지만, 중동 지역의 시선은 좀 다른 듯하다. 단지 국가 이미지 재고를 위해 월드컵에 천문학적인 자본을 쏟아부을 이유는 없다는 것이다. 실제 중동 산유국의 고민은 다음 세대의 먹거리에 있다.

"나의 아버지는 낙타를 탔고, 나는 메르세데스 벤츠를 탔다. 그러나 내 증손자는 다시 낙타를 탈 것이다."

두바이 프로젝트의 창시자 세이크 라시드 국왕이 한 말이다. 석유와 천연가스 자원만을 가진 산유국의 약점은 몇 가지 있다. 얼마 지나지 않아 고갈된다는 점이다. 또 석유는 국제 정세에 따라 가격 변동성이 크다. UAE는 산유국임에도 2009년 채무상환 유예까지 선언해야만 했다. 그리고 파리협약 이후 UN과 미국, 유럽을 중심으로 전 세계가 화석연료에 대한 과세를 강화하고 있으며, 미국의 셰일가스 개발로 더는 중동 산유국의 지위가 예전 같을 순 없다는 데 있다.

석유만으로 후손들이 먹고살 수 없다는 것을 아랍에미리트 국왕은 알고 있었다. 석유산업에서 탈피해 금융과 항공, 관광, ICT 혁신 산업국가로 진입하기 위한 고민은 두바이에서 시작되었다. 그리고 아랍에미리트의 '두바이 프로젝트'는 사우디아라비아에 영감을 주었고, 사우디아라비아는 '네옴(NEOM) 프로젝트(비전 2030)'라는 명칭의 메가 프로젝트를 진행 중이다.

이 프로젝트는 3개의 축으로 구성된다. 상업 · 주거 도시인 '더 라인(The line)'은 서울의 단 6%의 면적으로 서울 인구에 버금가는 900만 명을 수용할 수 있는 두 개의 직선 고층 도시로 건설 중이다. 또 도시에 친환경 에너지를 공급하는 '옥사곤(Oxagon)'과 관광레저 도시인 '트로예나(Trojna)'가 건설된다. 이 중 옥사곤은 4차 산업혁명 기술을 집약한 미래 산업 도시다.

중동 산유국의 희망은 모두 한결같다. "우리나라엔 석유 말고도 관광과 레저, 국제회의를 개최할 수 있는 세계 최고의 인프라가 있다. 무엇보다 세계를 움직이는 투자의 허브가 바로 이곳." 이라는 것이다. 이들 국가의 희망은 단순히 희망 사항만은 아니다. 실제로 이들 나라의 위치는 유럽과 아시아, 아프리카, 호주를 오가는 항공기의 중간 기착지로 손색없는 입지다. 유럽에서도 카타르 항공(Qatar Airways)과 에미레이트 항공(Emirates)이 각종 스포츠 스폰서십 경쟁을 하는 이유도 여기에 있다. 이들 항공사는 아낌없는 투자로 최신예 항공기를 가장 많이 보유할 수 있었고, 돈이 많은 만큼 안전에 대한 투자 역시 소홀히 하지 않을 것이라는 유럽의 인식을 얻을 수 있었다.

카타르는 월드컵을 개최하기 위해 280조 원이라는 돈을 썼는데, 이는 러시아 월드컵에 투자한 비용의 20배에 달한다. 통상 올림픽이나 월드컵과 같은 대형 국제대회가 끝나고 나면 빚더미에 올라앉는 도시가 많은데, 그 이유는 경기장과 숙박시설을 경기 이후 활용하지 못하기 때문이다.

하지만 카타르는 이런 우려를 잘 알고 있었다. 경기장은 중국 업체가 974개의 컨테이너 박스로 조립해 건설했다. 경기가 끝난 후 카타르는 신속하게 경기장 해체를 시작했다. 카타르는 컨테이너를 저개발국에 기증하겠다고 밝혔지만, '2030 월드컵' 개최를 희망하는 우루과이가 이 컨테이너 인수전에 뛰어들었다. 탄소 제로 월드컵을 만들겠다는 카타르의 장담이 호언(好言)만은 아니었다. 이 중

실내 화장실 등의 내부 설비를 제거하지 않은 컨테이너는 2023년 2월에 대지진이 발생한 터키 지진 피해 현장으로 보내졌다.

그리고 월드컵을 위한 지출 비용 중 70%는 인프라 구축에 사용되었다. 지하철과 도로, 공항, 5G 데이터 통신망, 국제회의를 위한 대형 호텔에 투자했다. 월드컵은 카타르에 대한 인지도 역시 높였다. 카타르 월드컵 전체 관중은 2018년 러시아 대회의 300만 명보다 많은 340만 명이었으며 15억의 인구가 결승전 중계를 지켜보았다. 결승전 당일의 경기 관중은 1994년 미국 월드컵 결승(브라질:이탈리아)에 이어 역대 2위로 흥행했다.

카타르는 UAE의 만수르가 국부 펀드를 이용해 맨체스터 시티(이하 '맨시티')를 인수한 것을 인상 깊게 지켜보았다. 2008년 9월 만수르가 프리미어 리그의 맨시티를 인수했을 당시 영국의 여론은 호의적이지 않았다. 만수르는 인수하면서 "챔피언스리그에 도전하고 싶다."고 밝혔지만, 이 발언을 곧이곧대로 믿는 사람은 많지 않았다. 그도 그럴 것이 국외 자본이 구단을 인수해 짧은 기간 투자해서 다시 되파는 일도 있었기 때문이다.

하지만 만수르는 자신의 약속을 지켰다. 맨시티에 전폭적으로 투자해 인수 첫해 이적 시장에서 구단 최고의 이적료로 호니뷰, 아구에로, 제코, 다비드 실바 등을 영입했고 2010/11 시즌에 FA 컵[42] 우승, 이듬해인 2011/12 시즌에 리그 우승을 차지했다. 이는 창단 44년 만의 일이었다. 이후 2022 시즌까지 맨시티는 6번

우승했고, 결승에 진출하지 못한 시즌은 단 2번뿐이었다.

만수르의 투자는 계속해서 이어졌다. 구단 운영에 개입하지 않았고, 선수 영입 역시 운영진에게 전권을 주었다. 무엇보다 유소년 아카데미에 대한 전폭적인 투자는 유럽 축구 팬의 시각을 호의적으로 바꾸었다. 사람들은 그가 축구에 '진심'이라고 생각했다. 그는 2014년 바르셀로나 부회장 출신인 페란 소리아노 영입해 '시티 풋볼 그룹'을 창설했다. 이 시티 풋볼 그룹은 그야말로 글로벌 풋볼 그룹이다.

맨시티 외에도 뉴욕 시티(메이저 리그 축구팀), 멜버른 시티(오스트레일리아), 지로나(스페인), 팔레르모(이탈리아), 요코하마 F. 마리노스(일본), 몬테비데오 시티 토르케(우루과이), 뭄바이 시티 등의 12개 팀을 인수했다. 이 인수는 즉각 시너지 효과를 냈는데, 과학적 트레이닝 기법과 의료와 전술 데이터를 그룹 산하 팀과 공유했을 뿐만 아니라 특히 선수를 영입하거나 트레이드하는 데에도 활용하고 있다.

그렇다면 만수르의 투자는 화수분 같은 축구 사랑일까. 그럴리 없다. 만수르 본인도 맨시티 인수 당시 "나는 더 다양한 투자 포트폴리오를 가지고 싶다. 다만 그 계획은 단기가 아닌 장기적

---

42 프로리그뿐 아니라 잉글랜드 축구협회에 소속된 프로와 아마추어 모든 팀이 참가하는 토너먼트 대회. 잉글랜드가 FA컵 대회의 원조다.

인 계획이다."라고 밝힌 바 있다. 우선 시티 풋볼 그룹의 가치평
가액은 48억 달러. 우리 돈 6조 원가량이다. 맨시티 선수들의 유
니폼에 새기진 '에티하드(ETIHAD)'는 아부다비 공항에 허브를 두
고 있는 UAE 국영항공사다.

에티하드는 2009년부터 2014년까지 6년 연속으로 '세계에
서 가장 앞서 나가는 항공사(World's Leading Airline)'로 선정되었
다. 2013년엔 항공 전문 평가기관인 스카이트랙스에 의해 '최고
의 일등석(Best First Class)', '최고의 일등석 좌석(Best First Class
Seats)', '최고의 일등석 기내식(Best First Class Catering)' 부문에서
세계 1위로 선정되며 일등석 부문상을 모두 휩쓸었다. 2019년
코로나 팬데믹이 오기 전까지 에티하드는 중동 2위의 항공사로
높은 주가를 기록했다. 당시 항공사 세계 순위는 1위 아랍에미레
이트항공, 2위 에티하드항공, 3위 카타르항공이었다. 현재는 카
타르항공이 2위로 치고 올라왔다.

카타르 국왕의 파리생제르망 역시 인수 당시엔 2,500억 원 수
준의 가치였지만 현재는 1조 원을 넘어서고 있다. 파리생제르망
유니폼에 새겨진 이름은 당연히 '카타르 에어웨이(Qatar Airway)'
다. 중동 산유국들의 스포츠 시장 진입이 단순히 국가 브랜드 홍
보의 목적만을 가지고 있는 것은 아니다.

만수르의 맨시티 인수는 유럽 리그에 오일 머니가 들어오는 것
도 나쁘지 않다는 여론을 형성했다. 이런 분위기 속에서 2010년

카타르 왕실 인사 압둘라 알사니가 재정난에 허덕이던 '말라가 CF(스페인 라리가 리그 소속)'를 인수했다. 인수 초기에 전폭적으로 투자해 2010/11 시즌에 구단 최고 성적인 리그 4위를 기록했고 2012/13 시즌엔 챔피언스리그 8강까지 진입하는 등 돌풍을 일으켰다. 흥분한 팬들은 레알 마드리드의 '갈락티코 정책'[43]에 빗대 '말락티코 정책'이라고 말할 정도였다.

하지만 2014년부터 구단주인 압둘라 알 타니의 태도가 돌변하기 시작했다. "구단 수익이 형편없다."면서 이적료를 포함한 운영자금, 세금 예치금마저 중단한 것이다. 나중에 구단주 알 타니는 말라가 클럽을 이용해 자금 세탁을 해 오고 구단의 자금을 아무 때나 쌈짓돈처럼 끌어 쓴 것이 밝혀졌다.

2020년, 결국 그는 경영권을 박탈당했다. 재정이 예전보다 더 어려워진 팀은 2부로 강등되었고, 현재는 2부 최하위에 머물고 있다. 스포츠를 이용해 이미지를 세탁하는 것이 아니라 실제로 자금을 세탁하는 행태가 드러나자 스페인 국민들은 경악했다. 영국, 프랑스 리그와는 사뭇 다른 '악랄한' 경험을 한 것이다.

---

43 레알 마드리드 창단 당시 구단주 페레즈는 세계의 모든 슈퍼스타를 영입해 역사상 단 한 번도 없었던 드림팀을 구성하겠다는 '갈락티코 정책'을 발표한다. 1기가 곤살레스, 구티, 카시야스, 이에로, 카를루스, 호나우두, 지단, 반니스텔루이, 루이스 피구, 데이비드 베컴이었다. 넉넉한 자금력으로 그야말로 지구 최강 군단을 창설한 것이다.

타 국가의 클럽 소유를 어떻게 볼 것인가

사우디아라비아 역시 경쟁국들의 약진하는 스포츠 산업을 지켜보고 있지만은 않았다. 무엇보다 사우디아라비아는 2030 월드컵 개최를 가장 열망하는 국가다. 사우디아라비아의 빈살만 왕세자는 국부펀드 PIF 총재 알루미안을 앞세워 뉴캐슬 유나이티드(이하 '뉴캐슬') 인수 협상에 나서도록 했다.

2019년, 사우디아라비아의 뉴캐슬 인수 협상 소식이 알려지자 여론이 들끓었다. 카타르와 UAE가 클럽을 인수할 때와는 또 다른 분위기였다. 국부펀드가 나섰지만 사실상 사우디아라비아라는 국가가 영국의 클럽을 소유하는 것이 도마 위에 올랐고, 사우디아라비아의 통치자인 빈살만 왕세자는 영국엔 더 큰 문제였다. 2018년 사우디아라비아의 반체제 언론인 카슈끄지가 이스탄불 주재 사우디 영사관에서 잔인하게 살해당한 사건이 있었는데 이 배후가 빈살만 왕세자라는 것은 누가 봐도 명백했다.

뉴캐슬 인수 소식이 알려지자, 국제엠네스티가 영국 프리미어리그 사무국에 공개서한을 보냈다.

"그들은 프리미어리그의 화려함과 위신을 이용해 국제법 위반 및 세계 축구계의 가치와 상충하는 행동들을 은폐하려는 자들입니다."

유니세프 영국지부의 사샤 데스무크 대표 역시 《가디언》지와의 인터뷰를 통해 강하게 비판했다.

"심각한 인권 침해에 연루된 자들이 단지 주머니가 두둑하다는 이유만으로 영국 축구계에 뛰어드는 것을 허용하는 대신, 우리는 EPL이 인권 문제를 다룰 수 있도록 구단주와 구단의 임원 테스트 방식을 바꾸도록 촉구합니다."

인권 변호와 탐사 전문 매체인 '페어스퀘어(FairSquare)'의 맥기한 인권 전문가는 "모든 국가의 스포츠클럽 소유 금지"를 촉구했다.

"축구에 대한 중동 국가의 관심이 유럽 축구의 형태와 방향에 대해 막대한 권한을 갖고 있다는 사실이 놀랍습니다. 정말 빠릅니다. 개인이 게임의 주요 인물이 되고 있어요. 빈 살만과 만수르가 EPL에서 가장 성공적인 두 클럽을 운영하게 될 거라는 생각은 모두를 공포에 떨게 할 겁니다. 이들은 가장 위험하고, 타락하며, 부패한 세계 지도자 중 두 명이에요. 여기에서 벗어날 방법은 없습니다. 이 둘은 약탈형 정치가이자 연쇄적으로 인권을 유린해 온 자들입니다."

빈살만 왕세자는 결국 뉴캐슬을 인수했다. 사우디 정부가 뉴캐슬 구단 경영에 관여하지 않을 것을 확약하는 조건으로 프리미어리그 사무국이 승인한 것이다. 매입 대금은 3억 파운드(약 4천

855억 원)이며, 사우디 국부펀드 PIF가 그중 80%를 부담한다.

골프마저 빼앗길 수 없다는 미국PGA

오일 머니의 스포츠 시장 잠식은 축구만은 아니다. 2022년 국제 골프계의 쟁점은 바로 사우디아라비아 국부 펀드가 후원하는 '리브(LIV)'라는 신생 골프 투어였다. 48명의 선수가 컷오프 없이 3라운드 54홀 경기를 하는 대회다. 컷오프가 없다는 것은 모든 선수가 끝까지 경기에 임할 수 있다는 뜻이고, 54홀은 미국 PGA(남자프로골프대회) 일정보다 하루가 짧은 3일이다. 체력 소모 없이 간단히 즐기고 떠나라는 의미이기도 하다.

문제가 된 것은 어마어마한 상금과 함께 미국PGA 회원 선수들을 빼내 계약하거나 참여시키는 행태 때문이다. 2021/22 시즌 미국PGA 투어에서 가장 상금 규모가 큰 '플레이어스 챔피언십'의 우승 상금이 360만 달러였는데, LIV의 경우 이보다 14억 7천만 원이나 더 많은 셈이다. 초대 LIV시리즈(2021/22) 우승자 슈워츨은 475만 달러(개인전 400만, 단체전 75만 달러), 우리 돈 59억 원을 벌어들였고, 1,000달러 이상을 벌어 간 선수만 모두 5명이었다.

참가만 해도 상금을 받는다. 초대 LIV에서 최하위를 한 앤디 오글트리(미국)는 사흘간 24오버파의 형편없는 성적을 내고도 상금 12만 달러, 한국 돈으로 1억 5천만 원을 챙겼다.

2023년 LIV 측은 더 파격인 조건을 내걸었다. 총상금 3천억 원을 책정하고 보너스 역시 250억 원을 확보했다. 타이거 우즈에 겐 참가비로 1조 원을 제안했다. 미국PGA 소속 골퍼들이 동요할 수밖에 없는 조건이다.

미국PGA투어사무국은 강력하게 반발했다. 통상 선수들이 다른 나라의 대회에 출전할 경우 45일 전에만 신고하면 허락해 주던 관례에서 벗어나 미국PGA 회원 전원에게 LIV 투어의 출전을 금지했다. 또한 출전한 골퍼에겐 이후 세계대회 출전 자격을 박탈하겠다고 엄포를 놓았다. 1조 원이라는 엄청난 액수를 제안받은 타이거 우즈가 말했다. "내가 쌓은 유산은 이곳(PGA)에 있다. 54홀 경기는 더 나이가 든 다음 시니어 투어에서나 하는 것이다."라고 말하며 거절한 것이다.

하지만 일부 선수들은 미국PGA 측의 규제에 대해 선수의 자율적 선택권을 침해한 것이라며 반발하고 있다. 미국PGA의 경고를 본 선수들은 압박감을 느꼈다. 초대 LIV에 참가했던 한 선수는 "나는 많은 대회에서 상금을 타 왔지만, 지금까지 내가 누구에게 돈을 받는지를 의식한 적은 없다."면서 이런 충돌을 불편하게 느끼며 리브를 떠났다.

세계 4대 골프대회는 많게는 163년의 전통을 지니고 있다. 미국PGA 챔피언십(1916년 창설)이 가장 짧은 107년이다. 전통적인 골프 애호가들은 LIV를 돈으로 전통을 훼손하는 짓이라고 폄하한다. 브리티시오픈(1860), 미스터즈대회(1934), US오픈(1895)과 같은 메이저 대회의 역사성을 감안한다면 이런 반발이 자연스럽다고 볼 수 있다. 결국 오일 머니로 할 수 있는 것은 "사는 것"일 뿐 "역사와 전통"을 만들지는 못한다. 미국PGA는 사우디아라비아와 같은 석유 부국이 아무리 돈이 많아 선수를 살 순 있어도, 전통과 권위는 살 수 없다는 것을 알려 주고자 한다.

유럽과 미국 골프계의 이런 반발에 대해 LIV 측은 "방해에도 굴복하지 않을 것"이라는 입장을 밝혔다. 만약 유럽이나 미국의 슈퍼 리치나 스포츠 기업이 새로운 골프 투어를 창설했더라면 당신들이 이렇게 반발했겠느냐고 반문한다. 즉, 골프 대회가 당신들의 전유물이냐는 항변이다. 미국PGA의 강압적인 조치는 그들의 오만함이라기보다 위기감으로 인한 것으로 보인다. 나머지 3대 메이저 대회 역시 앞으로는 미국PGA에 동조할지 모른다. 하지만 이런 제재가 언제까지 효과를 발휘할지는 장담할 수 없다.

스포츠맨십,
인간에 대한 예의

2019년 6월, 프랑스 여자월드컵 조별 예선에서 미국 대표 팀은 태국을 13:0으로 꺾었다. 경기 초반부터 경기를 주도했던 미국팀은 경기 종료 15분을 앞두고도 전의를 완전히 상실한 태국팀에게 6골을 내리 몰아쳤다. 태국 팀 선수들은 경기 후반 비참한 기분을 떨치지 못해 끝내 울음을 참으며 뛰어야만 했다. 이는 여자월드컵 사상 최고의 점수 차다.

경기가 끝난 후 미국의 주요 방송에서조차 13번의 골 세리머니가 필요했었는지 의구심을 보였고, 일부 매체는 상대에 대한 존중이 없었다고 비난했다. 캐나다 방송 중계를 하던 전 캐나다 여자축구 대표 클레어 루스타드는 "인간애를 보여 줬으면 좋았겠지만 그들은 그렇게 하지 않았다. 이런 게임에서 마지막까지 골 세리머니를 하는 건 불필요한 행동"이라고 말하며 미국 대표 팀을 비판했다. 경기 후에 보수적인 미국 언론 FOX TV가 포문을 열었다.

"여자 대표 팀의 세리머니는 스포츠맨십에 어긋난다. 이 행동은 부끄럽고 과했으며 무례했다는 지적도 있다."

"안 그래도 전 대회 우승 팀인데 이제 일이 더 커졌다. 이제 미국 대표 팀은 악당이자 약자를 괴롭히는 팀으로 되었다."

반대로, 대표적인 정치 풍자 TV 토크쇼 〈더 데일리쇼 위드 트레버 노아〉에 출연한 여성 법조인은 대표 팀을 두둔했다. "어제 여자 대표 팀은 본인들의 가치를 입증했습니다. 단순한 한 경기가 아니라 소송에서 이기려고 뛰었던 거죠."

이 논란을 이해하기 위해선 미국 여자월드컵 대표 팀이 제기한 소송을 이해해야 한다. 여자 대표 팀은 국가를 대표해서 참가하는 여자 선수에게도 남자 선수와 동일한 대우를 해 달라며 문제를 제기했다. 남자 팀과 동일한 훈련 지원과 숙박, 버스, 보수, 포상금에 대한 것이었다. 이 논란은 마치 흑백 갈등처럼 미국 내에서 찬반을 불러왔다. 대표 팀 감독이었던 질 엘리스는 기자회견을 통해 반박했다.

"남자 대표 팀에서 10:0이라는 스코어가 나왔어도 똑같은 질문이 나왔을까요? 정말 궁금하네요. 세계챔피언을 가리는 대회니 참가한 모든 팀은 여기까지 온 것만으로도 대단하다고 할 수 있습니다. 그러니 상대 팀을 존중하는 건 최대한 열심히 뛰는 거죠. 그리고 감독으로서의 제 일은 선수들에게 고삐를 채우는 것이 아닙니다. 본인들이 꿈꾸던 무대니까요."

스포츠

태국에 13-0 완승한 미국 여자 축구대표팀 '비매너 논란'

2019년 06월 12일 16시 05분 댓글 2개

여자 월드컵에 출전한 미국 대표팀이 태국과의 경기에서 13-0이라는 기록적인 스코어로 승리했지만 과도한 골 세리머니를 펼쳐 '매너가 실력을 따라가지 못했다'는 비판을 받고 있다.

2019년 6월 12일자 YTN 인터넷판 기사

2022 카타르 월드컵 한국과 브라질의 16강전에서도 비매너 논란이 있었다. 경기 스코어는 4:1이었는데, 골을 넣을 때마다 선수들은 감독과 함께 춤을 추는 세리머니를 했다. TV 해설을 하던 맨유 출신의 로이 킨은 "이렇게 많은 댄스 세리머니는 본 적이 없다."면서 "이를 브라질 문화라고 말할 순 있지만, 내가 볼 땐 상대 팀에 대한 존중이 없는 행위다. 첫 골은 그럴 수 있다고 치

더라도 심지어 감독까지 함께하는 건 정말 아니다."라고 말했다. 그러나 함께 중계를 하던 에니 알루코는 "브라질식 파티를 보는 것 같아 좋다. 한국을 존중하지 않는다고 말할지 모르지만 네이마르는 어느 팀을 상대로도 똑같이 행동한다."며 골 세리머니는 축구의 즐거움 중 하나라는 입장을 보였다.

2014년 브라질 월드컵 '미네이랑의 비극'은 좀 다른 양상으로 전개되었다. 준결승에서 독일을 만난 브라질은 미네이랑 주경기장에서 7:1이라는 치욕적인 스코어로 패배했다. 전반에만 5골을 먹더니 후반에도 2골을 더 잃었다. 이날 경기를 보기 위해 몰려온 노란 물결의 브라질 응원단 속에는 머리를 쥐어뜯으며 우는 사람들과 브라질 팀이 공을 잡을 때마다 야유하는 사람 그리고 고개를 절레절레 흔들며 침묵에 빠진 다수의 관중이 있었다.

독일 대표 팀도 믿기지 않는 표정이었다. 4골부터는 세리머니를 하지 않기 시작했고, 하프타임에는 라커룸에 모인 선수들이 후반전을 어떻게 할 것인가를 진지하게 토론했다. 그들이 느끼기에 브라질 선수들은 혼이 나간 것 같았고, 특히 후방을 책임지고 있던 수비들의 발은 마치 커다란 쇠고랑을 채워 놓은 것 같았다. 마음만 먹으면 얼마든지 골을 넣을 수 있는 경기였다. 독일 팀은 "위대한 팀에 대한 존중은 끝까지 최선을 다하는 것"으로 결론 냈다.

하지만 정작 심한 불안감에 떨었던 이들은 경기장의 독일 관중들이었다. 이 분위기라면 경기장을 나가자마자 사달이 날 것 같았다. 6:0이 되자 독일 관중들도 조용해졌다. 7:1 상황에서 외질이 8번째 골을 넣기 위해 질주하자 관중석에선 "안 돼! 그만!"
이라는 외마디 절규가 나올 정도였다. 경기가 끝난 후 경기장 내
외에는 무장경찰들이 배치되었고, 독일 관중들은 브라질 관중이
모두 빠져나간 것을 확인한 후에 나가라는 방송이 반복되었다.
독일 대표 팀은 무장 경찰의 호송을 받으며 이동해야만 했다. 브
라질 전역에서 소요가 일어났고, 브라질 언론의 1면은 대부분 추
도를 뜻하는 검은색으로 가득 찼다.

브라질 월드컵 당시 자국 팀의 충격적인 패배를 보도한 브라질 매체들의 헤드라인

① "2014년 6번째 우승의 꿈, 여기 잠들다"　② "수치" (6번째 별이 떨어지는 장면)

③ (암흑 속 1:7이라는 전광판)　④ "망신 중의 망신"

⑤ "분노, 분개, 고통, 좌절, 초조, 망신, 망신, 실망"　　⑥ "비판, 수치, 굴욕, 의식상실"

1등 선수가 쓰러지자 2등 선수는 달리기를 멈추었다

　언론이나 네티즌들에 의해 진정한 스포츠맨십이라며 소개되는 몇 개의 미담이 있다. 2017년 텍사스주에서 열린 BMW 댈러스 마라톤 대회 때의 일이다. 183m를 남기고 1위를 달리던 챈들러 셀프가 오버 페이스로 인해 주저앉고 말았다. 바로 뒤에서 뛰던 17살 고교생 아리아나 루터먼은 그를 지나치지 않고 멈췄다. 그리고 "결승선이 바로 저기 눈앞에 있어요."라며 그를 부축해 뛰었다. 결승선에 선 그녀는 챈들러 셀프에게 1위를 양보했다. 중계하던 해설자는 감격해하며 말했다.

　"이것이야말로 스포츠가 줄 수 있는 최고의 감동적인 장면입니다. 그녀의 행동은 1등보다 가치 있는 것이 있다는 것을 증명한 것입니다."

2020년 스페인 바르셀로나에서 열린 '2020 산탄데르트라이애슬론(철인3종) 대회'에서도 이와 비슷한 일이 있었다. 수영과 자전거를 마치고 최종 마라톤을 뛰다가 생긴 일인데, 영국 선수 티글은 3위로 달리고 있었다. 하지만 그는 결승선을 50m를 앞둔 교차로에서 코스를 혼동해서 잘못 들어서고 말았다. 가던 길이 철제 펜스로 막히자 티글은 휘청거렸고 다시 걸음을 돌리느라 페이스를 잃고 말았다. 순간 뒤에서 뛰던 스페인의 멘트리다가 티글을 앞질렀다.

그런데 멘트리다는 결승선을 조금 남겨 두고 티글이 뛰어올 때까지 기다렸다. 그는 티글을 앞세우고 원래 뛰던 순위를 유지하며 달렸다. 결승선에서 티글과 멘트리다는 악수했고 결국 티글이 동메달을 차지했다. 경기가 끝난 후 멘트리다가 말했다. "그가 길을 놓친 걸 보고 그저 멈췄을 뿐입니다. 이것이 공정한 결과이고 그는 메달을 딸 자격이 있습니다." 대회 주최 측은 멘트리다에게도 명예 동메달을 수여하고 상금을 주었다.

언론에서는 이 사건들을 두고 '진정한 스포츠맨십' 또는 스포츠가 줄 수 있는 감동이라고 전했다. 하지만 석연치 않은 구석이 있다. 1위를 양보하고 동메달을 양보한 선수들의 행동을 '공정한 경쟁'이라고 볼 수 있을까. 자신의 오버 페이스로 인해 눈앞의 결승선을 보고 쓰러져 일어나지 못하는 선수를 부축하는 것과 경주 코스를 숙지하지 못해 이탈한 선수에게 순위를 양보하는 것을 과

연 스포츠맨십이라 불러야 하느냐의 문제가 있다. 보편적으로 적용되는 스포츠 윤리강령은 아래와 같다.

① 게임을 위한 게임을 하라.
② 자기를 위해서가 아니고, 자기편을 위하여 플레이하라.
③ 겸손한 승리자, 당당한 패배자가 되어라.
④ 모든 결정을 냉정히 받아들여라.
⑤ 패배한 상대에게 예의 바르게 행동하라.
⑥ 이기적이 아니고, 항상 다른 사람이 발전할 수 있도록 도와라.
⑦ 관중으로서는, 어느 편이든지 훌륭한 경기 기술에 대해서는 박수를 보내라.
⑧ 판정이 어떠하든 결코 심판을 방해하지 말라 등이다.

국제스포츠체육협의회의 윤리에 관한 전문 중 일부는 아래와 같다.

"스포츠는 '인간의 완성과 더불어 교육을 높이며 인생의 본질에 있어서 가치 있는 공헌을 하는 것'이라고 하였다. 진정한 스포츠맨십은 훌륭한 페어플레이 정신을 가진 자를 의미한다. 페어플레이 정신은 자신에 대해서는 정직과 진실성을 가지고 솔직 담백하며 자기통제, 용기, 지구력을 가진 자를 말한다. 또한 팀 동료에 대해서는 신뢰성을 가지며 상대에 대해서도 신뢰를 가져야 한다. 특히 상대가 이기거나 지더라도 상대로부터 신뢰받아야만 한다. 또한 심판에 대해서도 적극적으로 협력하여 심판에 대한 신뢰를 갖도록 하는 것을 의미한다. **실제로 스포츠 시합의 존재목적이란 동의 되어 있는 룰에 의해 규제된 제한의 범위 내에서 똑같은 시간과 공간 속에 신체와 용구를 움직여 어느 쪽이 우월한 능력을 갖춘 것인가를 시합을 통해서 상호 간에 공정한 기회를 제공하고 평가하는 것에 있는 것이다.**"

— 국제스포츠체육협의회(ICSPE: International Council of Sport Science and Physical Education)

앞에서 언급한 두 가지 사례 모두 스포츠 윤리강령이나 스포츠 맨십 규정과 연결하긴 쉽지 않다. 물론 이런 사례가 아주 흔한 것은 아니다. 두 경기 모두 아마추어리즘을 표방한 대회였고 상금 또한 매우 적었다. 또한 단체전이 아닌 개인 자격으로 참여한 기록경기였다는 점도 지적해야 한다. 프리미어리그에서 상대 팀의 에이스 선수가 우리 팀 선수와의 헤더 경합으로 심각한 부상을 입어 교체되었다고 해서 우리 팀의 에이스를 빼진 않는다. 그게 프로다.

중요한 점은 '왜 그들은 결정적인 순간에 승리를 양보하기로 했을까?'이다. 인간이 스포츠를 통해 얻고자 하는 진정한 가치에서 그 단서를 얻을 수 있다. 그것은 바로 명예와 존중이다. 관중과 상대 선수로부터도 존중받을 수 있는 경기였는가. 무엇보다 자기 스스로 원했던 방식의 승리인가가 그들에겐 중요했다. 이는 우리가 스포츠를 통해 얻기를 원하는 것, 즐거움의 성격에 대한 문제이기도 하다.

앞에서 언급했던, 낮은 볼 점유율과 기량으로 변칙적인 전술을 구사했던 스코트의 경기를 보고 '추악한 경기'라고 힐난하는 평단이 있었고, '영리한 전략'이라며 추켜세우는 축구 분석관들이 있었다. 이런 고민은 결국 우리가 스포츠를 통해 발전시키고자 하는 인류의 미적 가치에 관한 것이기도 하다. 아마 세월이 더 흐를수록 팬들은 승리 그 자체가 아니라 승리의 성격과 아름다운 장면을 탐닉하는 데 열중하게 될지도 모른다.

스포츠에서의 윤리 문제는 결국 스포츠가 추구하는 가치에 대한 문제다. 인간이 갖고자 하는 진정한 아름다움을 스포츠를 통해 얻으려는 이들이 있고, 정신과 지략과 신체의 우월함을 통해 얻는 승리 그 자체가 인간의 삶에 무한한 영감을 준다고 믿는 이들이 존재한다. 그래서 이 윤리와 가치에 대한 문제는 경기 속을 들여다보면 더욱 복잡한 양상으로 얽혀 있음을 알 수 있다.

경기 안에는 규정으로 엄단하기 어려운 미묘한 윤리적 문제가 있다. 가령 농구의 경우 1점 뒤지고 있는 상황에서 상대가 공을 가지고 있다면 보통 일부러 반칙을 한다. 반칙을 해서 자유투 2개를 주고 공격권을 확보한 후에 3점 슛을 넣어 연장전으로 가거나, 원 앤드 원 반칙을 유도해서 승리하는 전략을 선택한다. 보기에 따라선 규정의 취지와 달리 악용한 것으로 볼 수 있다.

고의적인 반칙으로 승리를 얻은 유명한 사례가 있다. 2010 남아공 올림픽 8강에서 우루과이와 가나가 만났다. 연장 추가 시간까지 1:1 상황. 경기 종료 몇 초 전 가나의 슛이 골문에 들어가려는 찰나, 우루과이의 수아레스 선수가 손으로 볼을 쳐냈다. 수아레스는 퇴장당하고 가나에 페널티킥이 주어졌지만 가나 선수가 실축하는 바람에 우루과이가 4강에 진출했다. 경우의 수를 따졌을 때, 퇴장 후 페널티킥을 주는 것이 우루과이에 더 유리했기에 그런 짓을 했던 것이다.

만 미터 육상경기나 마라톤에서 페이스메이커를 사용한다. 페이스메이커는 통상 30㎞ 지점을 목표로 오버 페이스를 한다. 이를 통해 상대 선수의 페이스를 무너뜨리고, 어려운 구간에선 바람을 정면으로 막아 줘 자기 팀 선수를 돕는 역할을 한다. 주로 경기 운영에 능한 선수를 배정한다.

이런 전략은 스피드 스케이팅에서도 흔히 볼 수 있는 전략이다. 메달을 딸 선수를 선정한 후 페이스메이커 역할을 하는 선수는 바람을 맞아 줘 자기 선수의 체력을 유지시키고 다른 팀 선수의 진로를 방해하거나 오버 페이스를 유도한다. 경기 막판에 진짜 카드가 치고 나올 때 추월을 위해 공간을 마련하는 역할을 한다. 주로 인코스로 파고드는 척해서 2순위의 선수가 인코스로 진로를 옮기면 진짜 카드는 아웃코스로 추월한다.

주목해야 할 것은 스포츠 자본은 과거에 비할 바 없이 비대해지고 스포츠 인구 또한 폭발하고 있는데, 스포츠 윤리에 대한 인식과 투자 역시 그렇게 되고 있는가에 대한 것이다. 4차 산업혁명을 연구하는 이들은 AI의 출현과 유전자 가위로 인한 질병 없는 신생아의 출현, 세포 복제와 산업용 로봇으로 인한 인간 노동의 소외 현상을 고민한다. 그들의 최대 고민은 바로 '마지막까지 수호해야 할 윤리의 마지노선'이다.

한국에서의 스포츠 윤리에 대한 성찰은 매우 낮은 수준이다. 이는 매해 반복되는 승률 조작, 마약과 음주운전, 성폭행, 얼차려와 폭행, 파벌 간의 따돌림 문화만 보아도 알 수 있다. 스포츠 맨십을 스포츠인이 가져야 할 본연의 가치관이 아닌 스포츠 경기에서만 적용하는 '준법' 정도로만 가르치기 때문이다. 오히려 선수들은 경기장 밖에서 더 위험하다. 스포츠 윤리의 문제는 경기 운영에만 적용되는 것이 아니다. 선수 육성과 보호를 담당해야하는 스포츠 클럽과 지도자 그리고 선수들의 동정을 전하는 언론사에게도 엄격히 요구된다.

그놈의 사발식과 선배에 대한 충성

지금은 많이 개선되었다고 하지만 매해 대학 체육학부에선 신입생 환영식을 계기로 후배들에게 강압적인 예절교육을 한다. 구보와 얼차려, 화장 금지, 치마 착용 금지, 멀리서도 들릴 수 있게 "선배님, 안녕하십니까!"라고 외치고 하는 배꼽 인사, 집합과 단톡방 출석, 군대식으로 "다나까" 언어를 사용하게 하는 악습 등. 일부 대학의 학생들은 군대보다 더 많은 규율과 엉터리 군기를 강요한다.

2002 월드컵이 끝나고 대한민국엔 '히딩크 리더십'이라는 열풍이 불었다. 이름으로 서열을 없애고 경기장에서 온전히 플레이어로서 의사소통을 하는 수평적인 문화에 열광했다. 하지만 20년이 지나도 체육계의 강압적인 위계 문화는 사라지지 않는다. 이런 문화는 체대에만 있는 것이 아니다.

2016년 ○○대에선 민소매와 반바지 차림의 사범대 신입생들이 파란색 천막을 바닥에 깔고 고개를 숙인 채 도열해 앉았다. 학과 선배들은 줄지어 앉은 신입생들을 둘러싸고 막걸리를 뿌렸고, 당시 현장에는 교수들도 있었던 것으로 확인됐다. 교수들은 심지어 선배들보다 먼저 '의식'의 포문을 여는 의미로 막걸리까지 뿌린 것으로 알려졌다. 문제가 된 행사는 해마다 사범대에서 고사 형식으로 치르는 행사로 전해졌다.

같은 해 경북에 위치한 △△공과대학교 신입생 오리엔테이션 (OT)에서 선배가 후배를 폭행하고 사발식은 물론 침을 뱉은 술을 마실 것을 강요하고 여성 후배에 대한 신체 접촉을 하는 게임 또한 강요했다는 폭로가 나와 파장이 일었다.

이처럼 2000년 들어 해마다 신입생 환영회에 문제가 생기자, 2006년《한국스포츠사회학회지》에선 신입생 환영회 개선 방안에 대한 논문을 실었다. 아래는 그 내용 중 일부다.

물론, 신입생 환영회가 긍정적인 기능을 수행하고 있음을 부인할 수 없다. 집단규범을 전달받고 집단 구성원들과의 유대감을 형성할 수 있는 점은 신입생 환영회의 다른 중요한 본질이자 의의이다. 즉, 예절교육을 받음으로써 선배와의 상호 작용 방식을 배우고, 관계망을 확장하는 데에 긍정적으로 작용한다. 이는 신입생이 학교생활에 원활히 적응할 수 있게 한다. … 이를 고려해 보았을 행사의 의미와 본질을 살리면서도 신입생 환영회가 긍정적인 기능을 수행할 수 있도록 프로그램에 변화를 줄 필요가 있다. 그리고 변화 방향은 '공동체적 속성'에 부합해야 한다. 이는 신입생이 행사의 주인공으로 자리매김하고, 과정에서 육체적 · 정신적 고통이 발생하지 않는 것을 의미한다. 즉, 헤이징[44]에서 건전한 통과의례로의 전환이 요구된다.

---

44 hazing. 신참자를 골탕 먹이거나 괴롭히는 행위.

예컨대, A 대학은 매년 신입생이 신입생을 상대로 실시하는 '사발식'이라는 프로그램에서 개선 방향을 모색할 수 있다. A 대학의 사발식은 막걸리를 사발과 같은 그릇에 담아 한꺼번에 마시고 토하는 의례이다. 행사는 구토라는 행위를 통해 과거의 오염된 속성을 제거하는 정화 의례의 의미를 가진다. 이때 A 대학 선배들은 모두에게 강제로 술을 마시고 토하도록 강요하지 않는다. 신입생에게 선택권을 주고, 그들의 자발적인 참여를 유도한다. 또, 술을 마실 수 없는 신입생은 술처럼 보이는 음료를 대신 마시고 뱉게 하게 한다. 이때의 핵심 가치는 모든 신입생이 전통을 경험하되 과정에서 발생하는 그들의 고통을 줄이고, 그들을 최대한 배려하는 방향으로 행사를 진행하는 데에 있다.[45]

도대체 사발식이 무엇이건대 저명한 학회지에서 그 대안으로 사발식의 변형을 권할까. 사발식은 일제강점기 보성전문학교 학생들이 종로경찰서 앞에서 막걸리를 마시고 구토를 하며 표출한 저항 정신을 계승하기 위해 고려대에서부터 시작됐다는 근거 없는 야사가 전해져 온다.

1970년대 어느 대학인지 모를 곳에서 시작되어 전파된 이 의식은 "일제강점기의 식민교육과 황국정신을 모두 토해 내고 새로운 민족혼으로 다시 태어나라는 정화의식"이라며 무슨 역사적 맥

---

45 〈체육대학의 신입생 환영회에 관한 질적 고찰〉, 한국스포츠사회학회지, 제29호,1호, 2016, p.38.

락이 있는 것처럼 대학가에 유통되었다. 일제에 저항하기 위해 학생들이 기껏 했다는 게 술 먹고 경찰서 앞에서 구토했다는 발상은 유치하다 못해 당시 항일 학생운동의 치열성과 희생에 대한 이미지를 훼손하고 있다는 우려마저 든다.

스포츠가 좋아서, 운동이 좋아서 대학에 진학한 친구들이 가장 먼저 배우는 것이 스포츠 정신이나 스포츠가 일러 주는 인생의 메시지 같은 것이 아니라 선배에 대한 예절과 집단규범이어야 한다는 인식은 아직도 변하지 않는 것 같아 씁쓸하다. 그런 것 없이도 선후배가 서로 돕고 끈끈한 연대를 이어 가고 있는 종목과 단체들이 너무나 많다. 학과에 먼저 들어왔다고 해서 존경받아야 할 이유는 없다. 스포츠인은 생활과 스포츠로 서로 존중하고 예절을 지켜야 한다.

2023년 2월, 대학에서의 신입생 환영식이 변하고 있다는 흥미로운 언론 보도가 이어졌다. 팬데믹으로 열지 못했던 신입생 환영식이 3년 만에 개최되었는데, 대부분의 대학에서 신입생의 신고식은 선배의 신고식으로 바뀌었고, 술은 빠지고 문화는 더했다는 기사가 쏟아졌다. 행사를 준비해야 하는 학생들도 진땀을 뺐다. 경험이 없기 때문이다. 3년간의 공백은 역설적으로 낡은 악습을 청산하는 기간이기도 했다.

"로블록스가 멈추자 아이들이 이상행동을 보이기 시작했다"

아이들이 한창 방학을 즐기던 2022년 12월 28일, 로블록스가 멈췄다. 내부 시스템 문제로 3일간 서비스가 중단되었다. 미국 내 언론은 로블록스가 멈추자 아이들이 '이상행동'을 하기 시작했다는 위트 섞인 뉴스를 내보냈다. 즉, 방 안에서 메타버스에 빠져 있어야 할 아이가 밖에서 눈싸움을 하고 부모와 대화하기 시작했다는 것이다. 한 아이의 엄마는 SNS에 이렇게 썼다. "밖에서 축구하는 내 딸이 지구 종말을 고하고 있다. 로블록스가 멈췄다." 아이가 밖에서 축구하는 모습이 너무나 생경한 모습이었다며, 이를 '지구 종말'이라는 말로 재미있게 표현한 것이다.

로블록스는 미국 아이들이 가장 많은 시간을 보내는 가상현실 게임이다. 미국 초등학생 60%가 가입한 것으로 알려졌다. 하루 사용자만 5,780만 명이 넘고 2022년 12월 한 달에만 이용자들은

47억 시간을 쏟았다. 로블록스에서 아이들은 게임 화폐 '로벅스'로 땅을 사거나 게임을 개발하거나 구찌 신제품을 입어 보고, 축구 게임을 즐기는 등 현실에서 이뤄지는 거의 모든 것을 할 수 있다. 로블록스의 시가총액은 2022년 12월 기준 43억 원에 육박한다.

FIFA는 2022 카타르 월드컵을 앞두고 로블록스 플랫폼에 몰입형 가상 스포츠 게임인 '피파 월드'를 론칭했다. 나이키 역시 미래의 시장이 게임과 메타버스에서 판가름 나리라는 것을 잘 알고 있다. 시장조사업체 스트래티지 애널리틱스에 따르면, 2021년 세계 메타버스 시장 규모는 61억 6,000만 달러(약 7,292억 원)였고, 2026년에는 416억 2,000만 달러(약 49조 원)에 이를 것으로 전망된다.

나이키는 오리건주 나이키 본사를 본떠 만든 게임인 '나이키랜드'를 무료로 개방했다. 유저들은 이곳에서 나이키의 제품을 착용해 볼 수 있고 미니게임도 즐길 수 있다. 나이키는 앞으로 메타 월드컵이나 메타 슈퍼볼과 같은 게임을 개최하겠다고 밝혔다. 메타버스(Metaverse)는 현실세계를 의미하는 'Universe(유니버스)'와 '가공, 추상'을 의미하는 'Meta(메타)'의 합성어로 3차원 가상세계를 뜻한다.

낮은 체지방, 아름다운 몸과 근육이 종교가 되어 버렸다

지난 팬데믹 기간 집에 머물던 사람들은 집에서도 건강을 유지할 수 있는 방법에 열중했다. 유럽의 여러 국가들은 아침 조깅까지도 차단할 정도의 높은 수위의 봉쇄정책을 이어 갔기에 "세상엔 '확진자'와 '살찐 자' 2종류만 남게 될 것"이라는 농담까지 돌았다. ICT 기술을 활용한 홈 트레이닝 기구와 콘텐츠 산업이 폭발적으로 성장했던 시점이었다. 스쿼트, 사이클, 폴 댄싱, 요가, 러닝, 댄싱, 헬스, 점핑코어 운동과 같은 피트니스 기구에 강사가 실시간 지도를 하는 프로그램이 인기를 끌었다.

팬데믹 이전에도 관련 산업의 성장세는 확연했다. 특히 VR 기기를 활용한 실내 피트니스가 인기를 끌었다. 숙련도에 따라 레벨을 올릴 수도 있었고, 무엇보다 45분에 달하는 운동 시간 동안 전혀 지루할 틈을 주지 않았다. VR, AR 프로그램으로 꾸준한 운동 효과를 체험했다는 후기가 그 어느 때보다 많았던 시점이었다.

스마트폰 하나로 모두 연결된 사람들은 자신이 원하든 그렇지 않든 군살 없이 단단하게 가꿔진 몸매의 인스타그램 스타들을 만나게 된다. 유튜브에선 극심한 경쟁과 스트레스로 인해 떨어진 자존감과 망가진 몸을 새롭게 리셋하라는 피팅 열풍이 불었다. "운동은 자신감과 건강을 회복시켜 주며, 남들이 부러워하는 몸이 자기 경쟁력의 출발"이라는 성공한 자들의 조언은 이런 열기를 더욱 고조시켰다.

이제 사람들은 과체중을 신체적 결함이 아닌 정신적 결함으로 인식한다. 과체중인 사람은 분명 자기 관리를 하지 못할 정도로 빈곤하거나, 정신력이 약한 루저라는 사회적 분위기가 형성된 것이다. '감량'이라는 키워드 하나만 쳐 봐도 현대인들이 살을 빼고 자신감을 회복하기 위해 얼마나 피나는 노력을 하고 있는지, 또 그것이 삶의 목적 자체가 되어 버린 이들이 얼마나 많은지 확인할 수 있다.

특히 미국에선 생산과 소비로 연결된 파편화된 인간관계 대신 자기계발 피트니스에서 만난 '동지'들과의 모임을 생활 최고의 낙으로 삼는 이들이 점차 많아지고 있다. 이런 문화현상을 '광적'이라고 규정한 몬텔의 《컬티시》에 대한 소개가 흥미롭다.

2010년대 이후 젊은이들이 기성 종교와 주류 의학을 외면하면서, 일부 피트니스가 또 다른 '컬트'로 떠오르고 있다고 저자는 말한다. 교회를 떠난 사람들이 신체적 · 영적 공허를 채우기 위해 피트니스 스튜디오로 모인다. 좋은 향기가 나는 어두운 방에 시끄러운 음악을 틀어 놓고 여러 명이 모여 실내 자전거를 타는 '솔 사이클(soul cycle)'이 대표적인 '컬트 피트니스'. 강사는 자전거가 '언덕'을 오르며 신체가 극한에 달할 때 "나는 비할 바 없이 강하다."처럼 참가자들이 영적 고양을 경험할 수 있는 메시지를 던진다. 회원들은 울면서 자전거를 타고, 치유받는다.

2020년 말 미국에서는 종교적 언어를 자유자재로 쏟아 내 신처럼 숭배된 솔 사이클 인기 강사들이 편애하는 회원과 아닌 회원 간 위계를 세우고, 회원들에게 성관계를 강요하는 등의 스캔들이 터졌다. 컬트 지도자들의 '전형적' 타락이었다. 현대의 또 다른 '교주'로 군림하는 일부 소셜미디어 인플루언서들도 비슷한 궤적을 따른다.[46]

이런 피트니스 클럽은 청년층의 교회처럼 타인과 이어지고 공동체를 이루는 장소가 됐다. 피트니스 클럽은 회원들 사이 경쟁을 유도해 더 강하고 아름다운 몸을 갈망하게 한다. 이를테면 운동 그룹이 함께 기록이나 체중을 비교하는 것이다. 멤버십을 연장하게 하려면 여기에 소속감과 자부심을 더해야 한다. 크로스핏 강사들은 군대 교관처럼 전투적인 말투와 운동선수의 단어를 사용한다. 강사들은 자기최면적인 구호를 외치고, 회원들은 이를 복창하며 더 강도 높은 운동에 빠져든다. 피트니스는 가장 강력한 자기계발이다. 회원들은 몸이 변하면, 마음이 변하고 삶이 변한다는 생각으로 일체화된다. 공통적으로 가진 믿음은 수업을 통해 인생이 극적으로 나아지리라는 것이다. 회원들은 강사를 인생이 더 행복해지는 정답을 알고 있는 구루(영적 스승)처럼 느끼게 된다. 몬텔은 "피트니스는 새로운 종교일 수도, 아닐 수도 있지만, 강사들이 새로운 성직자인 것만은 확실하다."고 적었다.[47]

---

46 "소셜미디어·피트니스는 현대의 '컬트'가 됐다". 조선일보. 2023년 1월 26일자.
47 "사이비 종교, 다단계, 피트니스 클럽…세뇌 없는 '광신'". 경향신문. 2023년 1월 27일자.

피트니스 클럽에서 수강생과 강사가 맺는 관계, 그리고 동호 회원들의 과잉된 운동 집착을 '광적인 컬티시'라고까지 규정할 필요가 있을까 싶기도 하지만, 이런 종류의 연구는 현대인의 세계관, 몸과 스포츠에 대한 관점 변화를 잘 설명해 준다.

MZ세대의 현실 가능한 자기실현 욕구

"행복도 돈으로 살 수 있고, 성공도 돈으로 살 수 있죠. 그런데 저는 돈이 없잖아요. 몸 만들기는 내가 얻을 수 있는 가장 빠른 성취일 겁니다."

심리학자 매슬로우의 5단계 욕구 이론은 나온 지 꽤 오래된 이론이지만 이후 행동경제학자들과 비즈니스 모델을 연구하는 경제학자에게까지 영향을 미쳤다. 그의 5단계 욕구 다이어그램에 따르면, 인간의 욕구는 가장 본능적이고 1차원적인 욕망에서 시작해 더 사회적이고 고차원적인 것으로 발전해 결국 자기 자신(SELF)으로 향한다고 한다.

생리적 욕구 → 안전의 욕구 → 애정과 소속의 욕구 → 존중과 존경받고자 하는 욕구 → 자기실현 욕구

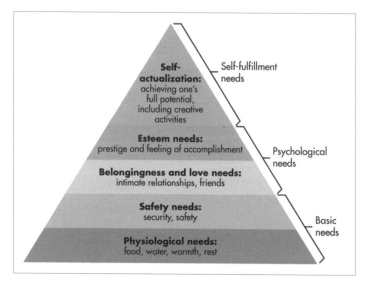

이를 비니니스 모델로 정리하면 2단계 안전에 대한 욕구에서 5
단계 자기실현의 욕구까지가 피트니스 클럽과 동호인을 통해 얻
을 수 있는 것들이다. 피트니스로 몸을 단련해 건강을 유지하고
불의의 상황에서 자신을 방어할 수 있는 주지수와 같은 운동을
배운다. 또 건강한 커뮤니티를 형성하고 운동으로 자신감을 회복
하며 몸으로 사람들의 존중을 얻을 수 있다. 그리고 결국 자기 자
신이 되고 싶었던, 또는 될 수 있는 존재로까지 자신을 성장시켜
'진정한 자신을 완성'하는 데에까지 나아간다.

그리고 통상 이런 모델은 초보적인 경제 문제가 해결된 후에
반드시 찾아오는 인간의 사회적 욕망이다. 열심히 운동한 끝에

인스타그램의 프로필에 자신의 몸(전신)을 공개할 수 있을 정도가 되었을 때 얻는 사회적 관심과 이로 인한 성취감은 MZ세대가 누릴 수 있는 가장 쉬운(?) 사회적 성취가 아닐까.

그래서 운동을 통해 자신의 몸을 가꾸는 행동은 건강을 넘어 '사회적 관계와 자신에 대한 치유와 당당한 드러냄의 영역'으로까지 그 가치를 인정받고 있다. 이런 경향성은 최근 불기 시작한 MZ세대의 테니스 열풍으로도 설명할 수 있다. 물론 테니스가 더 파워풀한 운동이지만, 시간 대비 운동 효과는 스쿼시가 더 높다.

즉, 다이어트에 더 유리한 운동은 스쿼시다. 테니스와 스쿼시 모두 실내 운동이 가능하고 도심 접근성이 좋은 편이다. 그런데 왜 굳이 테니스일까. 몇 가지 이유 중 가장 설득력 있는 주장이 바로 '테니스가 주는 이미지'라는 것이다. 테니스는 애초 귀족 스포츠로 알려져 있다. 일정한 수준의 랠리를 위해선 최소 1년 정도의 운동이 필요하다. 이에 반해 스쿼시에 대한 이미지는 살 빼는 운동이라는 것이다.

당신이 만약 SNS에 올린 이미지에 민감하고 감각적인 사람이라면 스쿼시와 테니스를 하는 사진 중 어떤 것을 올리겠는가. 스쿼시는 누구나 할 수 있는 운동이지만, 테니스를 누구나 즐기는 건 아니다. 패션 또한 무시하지 못한다. 테니스 패션은 과하지 않은 댄디한 스타일이다. 그리고 반드시 테니스복을 입어야 한다는 법도 없다. 자기 연출이 가능한 스포츠 패션이 바로 테니스다.

세상의 변화를 가장 빨리 읽는 곳은 역시 전자기기 회사다. 2021년 삼성은 '삼성 폼피트니스 프로그램'을 론칭했다. 바디웨이트, 댄스, 필라테스, 요가 등을 사용자가 집에서도 강사의 동작에 따라 운동할 수 있는 유료 프로그램이다. 그리고 2022년 LG전자는 SM엔터테인먼트와 손잡고 '피트니스 캔디'를 설립했다.

피트니스 캔디는 근력운동, 코어 강화 댄스, K팝 댄스, 고강도 인터벌 트레이닝, 스트레칭, 명상 등의 콘텐츠를 제공한다. 스마트밴드, 스마트폰과 스마트TV와 같은 디바이스에 연결에 이용자들이 피트니스 프로그램을 수행하도록 해 준다. TV로 콘텐츠를 송출하면 AI 카메라는 사용자의 동작을 인식해 교정을 유도하고 손목에 찬 스마트밴드를 통해 활동량과 심박수, 이동 정보, 스쿼트 횟수 등을 관리해 준다.

기획팀은 기존 애플 피트니스 플러스가 단순히 운동 동작을 알려 줬다면 SM의 K팝 음원 등의 지식재산권을 활용해 '세상에 없던 콘텐츠'를 제공할 것이라고 밝혔다. 이듬해 세계 최대 전자 박람회인 'CES 2023'에 LG전자는 TV를 통해 '웹OS 23'을 공개했다. 다양한 운동 중 산책을 선택하면 별도 기구 없이도 TV 화면에 나오는 산책길을 따라 걸을 수 있게 한 것이다.

증강현실에서 당신은 무엇을 하고 싶은가

증강현실을 통해 스포츠를 즐기고 싶다는 인류의 욕망은 2016년 '포켓몬 고(Poketmon Go)'로 확인되었다. 포켓몬 고는 역사상 가장 짧은 기간에 가장 많은 매출을 올린 게임 프로그램이었다. 출시 1개월 만에 2억 달러를 돌파했고, 8주간 5억 회 이상의 다운로드를 기록했다. 사용자들은 46억㎞ 이상의 거리를 걸어 포켓몬을 잡는 데 열중했다.

2017년 한국에서도 서비스가 시작되었는데, 속초와 고성에 희귀한 포켓몬들이 출현한다는 경험담이 공유되며 속초와 고성 지역은 주말이면 초성수기를 방불케 하는 인파로 즐거운 비명을 질렀다. 스마트 폰만 보고 뛰는 이용자들 때문에 교통사고가 빈번하자 속초시에선 "'주머니괴물 GO' 게임보다 당신의 안전이 중요합니다."라는 현수막을 도로 곳곳에 붙일 정도였다. 고성군은 아예 포켓몬 고 투어 행사를 열었다. 포켓몬 고 화면에 잡힌 지역 사진을 인증하면 주요 관광지 입장료 50% 할인을 해 주는 행사였다.

앞으로 증강현실이 구현하는 이미지가 실제 영화 〈메트릭스〉의 세계만큼 섬세할 수 있다는 것을 보여 준 사건은 2018년에 개봉한 제임스 카메론의 영화 〈아바타〉였다. 〈아바타〉가 구현한 3D CG의 황홀경을 체험한 이들은 영화를 보고 난 후 집으로 돌아와 영화와는 전혀 다른 남루한 현실에 절망해 극심한 우울증에 시달리는 사람이 많았다. 심지어 자살하는 사람까지도.

스포츠 산업이 증강현실과 AI, 뉴럴링크와 같은 4차 산업혁명의 핵심 기술과 결합하는 방향으로 폭발할 것이라는 데에는 이론의 여지가 없다. 일부 비관주의자들은 집에서 즐기는 증강현실 게임 등으로 인해 사람들이 더는 격렬한 구기종목과 같은 집단 스포츠를 즐기지 않을 것으로 예상하기도 한다.

하지만 이는 틀렸다. 3차 산업혁명(인터넷 통신 혁명)과 농업과학의 발전으로 인해 풍족해진 식량과 소비산업의 발달로 비만 인구가 폭발적으로 늘어난 것은 사실이지만, 반대로 스포츠를 즐기는 인구 또한 비약적으로 늘었다. 즉 테슬라의 '모델 3'가 자율주행까지 해 주는 세상이지만, 사람들은 이 '모델 3'를 타고 이동해 산악 스포츠나 스키, 야구를 즐긴다.

산업용 로봇 기술의 혁신과 범용 AI의 출현으로 인해 생산력이 극대화되는 시점이 오면, 사람들의 일자리는 지금보다 더 줄어들 것이며 노동 시간은 단축될 것이다. 기업은 물론 각국의 정부에서도 미래에 다가올 가장 중요한 문제 중 하나는 상대적 빈곤과 인간의 노동소외 현상이라고 말한다.

이 시점에서 인류에게 가장 중요한 행복의 원천 중 하나는 문학예술과 스포츠가 될 것이 자명하다. 지구에는 아직 GPS와 인터넷의 혜택을 받지 못하고 있는 인구가 절반이나 된다. 그들이 스포츠를 즐기지 못하는 이유는 낙후된 기반시설 탓도 있지만, 그보다는 저임금 장시간 노동 탓이 더 크다. 임금의 격차와 양극화의 문제는 미래에도 해결하기 쉽지 않겠지만, 지난 역사의 방향성을 보면 노동 시간이 짧아지고 수명과 여가 시간은 대폭 늘어날 것이다.

글로벌 스포츠 브랜드가 이른바 스포츠 빈국이라 규정되는 제3세계 아동들에 대한 투자를 늘리는 이유 또한 여기에 있다. 미래에 그들은 가장 중요한 시장이다. 스포츠는 더욱 다양해질 것이며 스포츠로 인한 교류는 더 수월해질 것이다. 그리고 무엇보다 중요한 지점은 바로 스포츠의 성격이 바뀔 것이라는 점이다.

현재 바이오 메디컬 공학은 타인의 촉각을 디바이스를 통해 전달하는 수준까지 도달했다. 2019년 11월《네이처(Nature)》는 〈촉각을 송수신할 수 있는 기술〉이라는 제목의 논문을 소개했는데, 산모의 팔에 디바이스를 부착하고 떨어져 있는 아기가 스크린을 터치하면 그 감촉이 엄마에게 그대로 전달된다. 단조로운 자극이 아니다. 1초에 200사이클(Cycle)을 가동하는 정밀센서로 전달된다. 2022년 뇌 송수신 기술은 팔과 다리에 연결된 전기신호로 타인이 왼손을 들거나 다리를 들어 올리면 연결된 자 역시 똑같이 행동하게 하는 수준이다.

그리고 2023년 일론 머스크의 뉴럴링크(Neuralink)는 인간의 두뇌에 칩을 심겠다는 계획을 발표했다. 현재 뉴럴링크의 기술은 뇌에 연결된 칩으로 원숭이가 생각하는 이미지를 임의로 글자로 바꿔 화면에 구현하거나 간단한 게임을 하는 수준이다. 가령 원숭이가 화면을 보며 생각만으로 "Can I please have snacks?" 자막을 띄우면 실험자는 여러 종류의 스낵 종류를 화면에 띄워주고 원숭이가 터치한 맛의 스낵을 주는 방식으로 원숭이의 뇌 신호(뇌파)를 인간 언어로 치환하는 작업까지 성공했다는 것이다. 원숭이 뇌에 심어진 칩은 무선으로 충전되며, 발열을 2℃ 이하로 유지하는 데에도 성공했다.

물론 이 기술은 우선 척수마비 환자나 시각장애를 가진 이들을 위한 임상용으로 제공될 것이다. 그리고 이후 반려동물 산업으로 진출할 것이다. 간단한 시술을 통해 사람들은 자신의 개나 고양이의 생각을 읽을 수 있을 것이다. 특히 자신의 고양이나 강아지가 문제 행동을 보였거나 수술 후 보내는 신호를 읽고자 하는 보호자들은 이 시술을 반길 것이다.

애초 머스크가 뉴럴링크를 설립한 목적은 인간의 뇌를 컴퓨터나 디바이스에 연결하겠다는 것이었다. 그 이유를 묻자 머스크는 "앞으로 탄생할 AI로봇 중 완벽히 안전한 로봇이 나올 가능성은 5~10% 남짓인데, 이 경우 인간이 로봇을 통제하지 못하는 상황이 나올 것"이라고 밝혔다. 그리고 트위터에 메시지를 남겼다.

"If you can't beat em, join em."

인공지능 로봇을 이길 수 없다면 합류하라는 뜻이다. 다시 말해, 인간이 인공지능 대열에 합류해야지만 그들을 통제해 인간의 우위성이 확보될 수 있다는 말이다. 물론 이 발언이 100% 진심이라고 보긴 어렵다. 일론 머스크의 메시지는 주로 기업의 주가를 올리거나 투자자를 획득하기 위한 목적으로 디자인되는 경우가 많기 때문이다. 실제로 일론 머스크의 발언이 허풍에 가깝다는 것은 2022년 '테슬라 AI-Day'에서 폭로되었다.

인간과 닮은 안드로이드 제품을 기대했던 사람들은 코웃음을 쳤다. 경쟁사인 '보스턴 다이내믹스'의 산업용 로봇인 'HUBO2'나 휴머노이드 로봇 '아틀라스'에 비하면 애들 장난감 수준만큼도 못한 수준의 관절 움직임을 보여 줬기 때문이다. HUBO2나 아틀라스가 공중제비를 돌고 무거운 짐을 옮기고 자유자재로 춤추는 데 반해 테슬라의 로봇은 걷기조차 힘들어 보이는 중중장애를 가진 노인의 움직임 정도만 구현할 수 있었다.

뉴럴링크와 바이오 두뇌 공학자들의 장기적인 목표는 그것만이 아니다. 'BRAIN ACTIVITY'라는 뉴럴링크의 카피가 말해 준다. 뇌로 할 수 있는 모든 것을 하겠다는 것이다. 일론 머스크는 '초인지 스마트 시스템'을 말한다. 즉 생각만으로 문을 열고, 전기를 끄고 우버 택시를 호출하거나 자동 타이핑으로 짧은 시간에 훌륭한 에세이 한 편을 뽑아내는 수준이다. 이것이 더 발전하면 생각만으로도 인공지능에게 명령해 훌륭한 코딩 프로그램을 뽑아낼 수 있게 될 것이다.

그런데 이것이 스포츠 게임으로 연결되면 어떻게 될까. 키보드가 부셔져라 두들기거나 조이 스틱을 섬세하게 조절해서 하는 게임은 그야말로 아날로그 버전 취급을 받게 될 것이다. 촉각과 신경을 전달하는 뇌 공학이 발전하면 이런 일이 가능하다. 시각적 자극이 아닌 스포츠를 통해 즐길 수 있는 모든 감각을 전달할 수 있다.

이용자가 증강현실을 보여 주는 VR 기기를 착용하고 콘텐츠를 선택하면 윙 슈트를 입고 바람보다 빨리 협곡을 통과하는 체험을 하거나 3m가 넘는 파도 위에서 곡예를 하며 서핑을 하는 느낌을 그대로 전달받을 수 있다. 지금까지 우리에게 스포츠란 직접 몸으로 하고 눈으로 보는 게임이었다. 하지만 미래에는 타인의 경험을 느끼는 것을 넘어서 현실에선 불가능한 모든 것을 느낄 수 있는 게임으로 진화할 것이다.

인공지능은 이제 각종 스포츠에서 실시간 전술을 지시하는 수준까지 도달할 수 있다. 상대 팀 움직임을 분석해서 상대가 대응하기 어려워하는 패스 길목을 찾아 공격할 수 있고, 상대가 이에 대응하면 바로 전술을 바꾸는 수준까지 끌어올릴 수 있을 것이다. 심지어 알파고의 바둑처럼 포메이션 배치에 따른 승률과 세트피스 상황에서의 공격수 위치에 따른 골 기댓값과 상대의 대응도 인공지능이 산출해 낼 수 있을 것이다.

현재의 VAR 시스템은 정확하긴 해도 경기 흐름을 자주 끊는다는 비판을 받아 왔다. 하지만 얼마 지나지 않아 선수들의 등에 달린 디바이스 신호와 경기장의 모든 선수를 체크하는 카메라로 인해 축구의 경우 정당한 태클이었는지, 아니면 상대 선수의 발을 먼저 건드리는 태클이었는지를 판별할 것이다.

이는 특히 패널티 박스 안에서의 위험 행동을 판단하는 데에도 도움을 줄 것이다. 심판이 VAR을 하지 않고서도 디지털 손목시계로 전송되는 기호에 따라 경기를 속행할 것이다. 현재 이 기술은 골이 골대 안으로 진입했는지 아닌지를 실시간으로 알려 주고 선수의 오버래핑 위치가 업사이드 위치였는지 실시간으로 전송하는 수준까지 발전해 있다.

카타르 월드컵 경기장 지붕 아래에 설치된 12대의 카메라는 선수들의 관절 움직임을 29개로 나눠 어느 위치에 있는지 측정했고, 센서가 탑재된 공인구는 초당 500회 이상 공의 위치를 감지해 비디오판독시스템(VAR)으로 전송한다. 수집된 데이터는 인공지능이 분석해 오프사이드 여부를 판단 후 주심에게 알려 최종적으로 판정한다. 하지만 라인에 미묘하게 걸친 공이 골 아웃되었는지를 판단하는 것은 여전히 사람의 몫이다.

2022 카타르 월드컵 포르투갈과 우루과이전에서 동료 브루노 페르난데스 선수가 찬 골이 골대로 들어가는 순간, 호나우두는

자신의 머리에 맞아 골인되었다며 골 세리머니를 했다. 워낙 미묘한 차이라서 동영상으로 보아도 분별하기 쉽지 않았다. 하지만 하루 뒤 공인구 제작사인 아디다스가 상황을 종결시켰다. 월드컵 공인구에는 외부에서 힘이 가해질 경우 민감한 센서가 1초에 500개의 파동 정보를 실시간으로 영상 판독관에게 전달하는데, 공이 호날두를 지나갔을 당시에는 아무런 파동도 측정되지 않았다고 발표했다.

이런 기술들은 4차 산업 기술의 발전으로 인한 스포츠의 변화, 그 중 일부만을 보여준다. 통계와 과학적 훈련 기법을 통한 스포츠 역량 강화와 웨어러블 기술을 활용하는 방법들은 이미 현실화되었다. AI 알고리즘을 활용해 선수의 부상 부위와 부상의 정도를 예측할 수 있으며, 상대팀 전술변화에 따른 새로운 전술 채택 또는 최적의 선수를 선별하는 작업 같은 것들은 경기장에서 실시간으로 확인할 수 있는 수준이다.

정말로 중요한 변화는 4차 산업시대의 특징이라 할 수 있는 '초연결성'과 '가상현실'으로 인해 올 것이다. 2002 월드컵 결승전을 시청한 인구는 15억 정도라고 한다. 현장에 있었던 관중을 제외하곤 모두 TV 동영상의 형태로 경기를 관람했다. 하지만 가상현실과 증강현실 기술이 발전하면 시청자들은 실제 경기장에 있는 것 같이 현장을 그대로 느끼며 원하는 좌석과 각도에서 경기를 체험할 수 있을 것이다. 골키퍼의 시선 또는 심판의 시선으로 축구장 안에 들어온 것처럼 느낄 수 있을 것이다. 여러 경기를 학습한 인공지능이 제공하는 증강현실에서 선수들은 시뮬레이션 전략게임을 하듯 훈련할 수 있을 것이다. 물론 e스포츠는 말할 것도 없다. 열광할 수 있는 요소도 더 많아진다. 아는 만큼 보인다고, 승패나 일반적인 기록을 보며 감탄하는 것을 넘어 사람들은 섬세한 데이터와 영상자료를 통해 스포츠를 더 풍부하게 감상하게 될 것이다. 이는 스포츠 산업의 성장과 직결된다.

스포츠의 영역도 비약적으로 확대될 것이다. 그 중 핵심은 비(非)스포츠 인구의 참여다. 스포츠를 즐기지 못하는 이유는 생각보다 다양하다. 이슬람권에서 여성의 스포츠 활동을 제약하고 경기장 관람을 제한하는 것이 대표적인 정치 · 문화적 장벽이라면, 장애와 질병으로 인해 활동을 제약받는 신체적 장벽 또한 존재한다. 경제적 장벽도 있다. 제3세계 빈국의 경우 노동인력의 장시간 노동 또는 스포츠 장비와 시설 부족으로 스포츠가 활성화되지 못했다. 이 중 신체적 장벽이 가장 빨리 제거될 것으로 보인다. 재활 또는 질병 치료를 목적으로 이뤄지는 운동이 지금까지는 재활의학 또는 재활스포츠의 영역으로 한정되었지만 인류 고령화로 인해 치유 스포츠 시장은 폭발적으로 성장해 스포츠의 중심 위치를 차지할 것이다. 이는 스포츠에 대한 관점 변화도 가져올 것이다. 가령 현재는 당뇨와 노인성 질환을 앓고 있는 노인이 혈당수치 관리를 위해 걷기를 반복하는 것을 스포츠로 보지 않았다. 하반신 슬개골이 망가진 교통사고 환자가 재활을 위해 수영장에서 무릎의 굽힘 각도를 넓히기 위해 움직이는 것 또한 마찬가지였다. 하지만 4차 산업 기술을 활용한 스포츠 산업을 고민하는 연구자와 경영인들은 현재 이 시장을 가장 폭발 가능성이 큰 시장으로 보고 연구를 거듭하고 있다.

일례로 애플은 채혈하지 않는 혈당측정기를 애플워치에 넣기 위해 연구해왔다. 현재는 아이폰 크기에서 손목시계 정도의 크기로 줄이기 위한 연구에 박차를 가하고 있다. 기술은 광(光) 반도체와 분광 흡수계를 이용해 피부 아래의 모세혈관의 간질액에 레이저를 쬐어 혈당을 측정하는 기술이다. 국제당뇨연맹(IDF)에 따르면 2021년 기준 전 세계적으로 약 5억 3,700만 명이 당뇨병을 앓고 있다. 이 숫자는 2045년까지 6억 4,700만 명으로 증가할 것으로 예상된다. 측정 기술의 혁신이지만, 이 기술은 당뇨병 환자의 운동량을 비약적으로 늘리고 다양한 스포츠로의 접근 또한 유도할 것이다.

가상현실 기술은 스포츠에서 소외된 인구를 인입하는 효과를 가져 올 것이다. 스포츠 관련 기반시설을 건설하는 속도보다 VAR을 활용해 방안에서 스포츠를 즐기는 속도가 더 빠를 것이 분명하다. 이슬람권이 정숙을 요구하며 여성의 스포츠 참여를 가

로막고 있는 현상도 개선될 것이다. 사우디아라비아의 경우 국제 인권 규범 수준에 도달하기 위해 가장 먼저 여성에 대한 제약을 해제하는 방향으로 혁신을 하고 있으며, 각종 저항과 비판에 부딪히고 있는 국가들 역시 이를 점진적으로 해결하고자 한다.

앞으로 많은 것이 변하겠지만, 변하지 않는 것도 있을 것이다. 인간의 신체 능력에 대한 열광과 치열한 끝에 얻은 승리에 대한 갈구, 지혜와 전략, 그리고 협동심, 인내심에 대한 경외심 같은 것들. 즉 스포츠의 본질적 부분은 바뀌지 않을 것이다. 오히려 4차 산업 기술의 적용으로 인해 사람들은 그러한 요소들을 더욱 세밀하고 엄격하게 변별할 것이다.

"스포츠의 본질과 성장 과정에 대한 통찰력이 놀랍다. 스포츠의 선한 영향력과 스포츠 산업의 미래 전략에 대해서도 깊이 있는 영감을 제시한다."

— **김덕** 서울외대 특임교수
(통합가치 저자포럼 고문 및 후원회장, 『통합가치와 대중음악』 저자)

"스포츠의 본질에서 과학과 인문학을 융합한 역작이다. 다각적인 부분에서 스포츠산업의 통합가치를 모색하고 미래로 나아갈 지표에 도움이 되리라 생각한다.

— **여지희** 통합가치 저자 포럼 회장
(『통합가치와 투자 및 재테크』, 『통합가치 중국통합과 문화예술』 저자)

"스포츠를 인문학과 비즈니스 플랫폼의 관점에서 재해석함으로써 4차 산업혁명 속에서 스포츠 경영이 나아갈 새로운 길을 모색하고 있다."

— **이영호** 교수(가천대학교 디지털정보처장)

"스포츠문화에 대한 고찰은 역사, 철학, 경영, 과학 등 다양한 시각에서 스포츠를 해석하고 이해하게 함으로써 스포츠학문 탐구의 프레임을 확장해 주고 있다."

— **이창길** 경영학 박사(前 인천대학교 교수, 現 한국보험경영연구소 소장)

단행본

- 강석진. 《축구공 위의 수학자》. 문학동네. 2012.

- 강원식 · 이경명. 《우리 태권도의 역사》. 상아기획. 2002.

- 남정석 외. 《기억을 공유하라! 스포츠 한국사》. 이콘. 2012.

- 다비드 르 브르통. 김화영 역. 《걷기 예찬》. 2002.

- 박노자. 《우승열패의 신화》. 한겨레출판. 2005.

- 박성배. 《스포츠 에이전트, 천사인가 악마인가?》. 인물과사상사. 2017.

- 박혁수. 《인사이트 스포츠: 스포츠에서 배우는 통찰과 지혜》. 블랜비 디자인. 2020.

- 볼프강 베링거. 강영옥 역. 《스포츠의 탄생》. 까치. 1977.

- 스테판 지만스키. 이창섭 역. 《축구자본주의》. 처음북스. 2016.

- 시어도어 젤딘. 김태우 역. 《인간의 내밀한 역사》. 어크로스출판그룹. 2020.

- 어맨다 몬텔. 김다봄 역. 《컬티시: 광신의 언어학》. 아르테. 2023.

- 어맨다 시아폰. 《브랜드의 비밀》. 성안당. 2021.

- 우치다 카즈나리. 《갤럭시S의 경쟁자는 코카콜라다》. 비즈니스맵. 2010.

- 이기형. 《여운형 평전》. 실천문학사. 2004.

- 이승훈. 《구독전쟁》. 한스미디어. 2021.

- 이은경. 《여자가 운동을 한다는데》. 클. 2020.

- 이종성. 《세계사를 바꾼 월드컵》. 브레인스토어. 2022.

- 이태영. 《스포츠 영웅 불멸의 손기정》. 대한체육회. 2012.

- 장윤선. 《통합가치와 배려의 리더십》. 완성. 2022.

- 정희준. 《스포츠 코리아 판타지》. 개마고원. 2009.

- 천정환. 《끝나지 않는 신드롬》. 푸른역사. 2005.

- 크리스 앤더슨·데이비드 샐리. 이성모 역. 《지금껏 축구는 왜 오류투성일까?》. 브레인스토어. 2016.

- 필 나이트. 《슈독(Shoe Dog)》. 사회평론. 2016.

- 한스 U. 굼브레히트. 한창호 역. 《매혹과 열광》. 돌베개. 2008.

논문

- 손동인 외. '체육대학의 신입생 환영회에 관한 질적 고찰'. 한국스포츠

사회학회지. 제29호. 1호.

• 오준석. '스포츠 마케팅의 본질과 시장분석'. 용인대체육과학연구소.
2001.

• 정원식. '스포츠 규칙의 윤리학적 고찰'. 부산대학교 교육대학원.
2003.

• 최언정. '스포츠의 현대적 가치에 대한 사회학적 접근'. 원광대학교 교
육대학원. 2002.

학술잡지

• 농촌경제연구원. '농촌의 사회통합 실태와 정책개선방안'. 2019.

• 여성가족부. '2021년 전국 다문화가족 실태조사'. 2021.

기사

• 곽아람. "소셜미디어 · 피트니스는 현대의 '컬트'가 됐다". 조선일보.
2023년 1월 26일자.

• 박광재. "라면소녀는 와전된 얘기… 도가니탕 · 뱀탕까지 먹고 뛰었죠"
문화일보. 2010년 4월 16일자.

• 신명철. "죽었다던 손 군(손기정)이 살아 있으니 내가 또 운다". 스포
TV 뉴스. 2016년 7월 09일자.

• 정태화. "올림픽 신기록으로 우승한 손기정". 마니아타임즈. 2020년
12월 8일자.

──────. "조선인 2명을 대표로 내 보낼 수 없다". 마니아타임즈. 2020
년 11월 19일자.

• 한홍구. "조선은 죽어라 달린다". 한겨레21. 2002년 11월호.

• 허진무. "사이비 종교, 다단계, 피트니스 클럽…세뇌 없는 '광신'". 경
향신문. 2023년 1월 27일자.

동영상 자료

• "나이키 vs 아디다스, 100명의 선택은?" ‖ 심플앤샘플.
  https://www.youtube.com/watch?v=XV8YCImizBE&t=2s

• "What Football Analytics can Teach Successful Organisations" ‖
  TEDxManchester.
  https://www.youtube.com/watch?v=Sy2vc9lW5r0&t=2s. "What
  Football Analytics can Teach Successful Organisations" |
  Rasmus Ankersen | TEDxManchester

• "안토니가 쓸데없이 빙빙 도는 이유" ‖ 김진짜.
  https://www.youtube.com/watch?v=zgrweBceccA

• "석유 재벌들이 축구 클럽을 사는 진짜 이유" ‖ 김진짜.
  https://www.youtube.com/watch?v=_jx-hC9fTZE

• "'챔스 우승' 투헬 감독이 천재인 이유" ‖ 김진짜.
  https://www.youtube.com/watch?v=BQETzf4Am-8&list=PLQ
  Xek5c8sKg8GhtcWXSTfqciMxyq_taJC&index=38